创业网络联结组合的治理与演化

Governance and Evolution of
Entrepreneurial Tie Portfolio

韩 炜 著

社会科学文献出版社
SOCIAL SCIENCES ACADEMIC PRESS (CHINA)

图书在版编目(CIP)数据

创业网络联结组合的治理与演化/韩炜著. --北京：社会科学文献出版社，2020.4
(中国社会科学博士后文库)
ISBN 978 - 7 - 5201 - 6338 - 5

Ⅰ.①创… Ⅱ.①韩… Ⅲ.①互联网络 - 应用 - 企业创新 - 研究 Ⅳ.①F273.1 - 39

中国版本图书馆 CIP 数据核字（2020）第 033970 号

·中国社会科学博士后文库·

创业网络联结组合的治理与演化

著　者 / 韩　炜

出 版 人 / 谢寿光
组稿编辑 / 恽　薇
责任编辑 / 冯咏梅

出　　版 / 社会科学文献出版社·经济与管理分社（010）59367226
　　　　　　地址：北京市北三环中路甲29号院华龙大厦　邮编：100029
　　　　　　网址：www.ssap.com.cn

发　　行 / 市场营销中心（010）59367081　59367083
印　　装 / 三河市龙林印务有限公司

规　　格 / 开　本：787mm × 1092mm　1/16
　　　　　　印　张：16　字　数：267 千字

版　　次 / 2020 年 4 月第 1 版　2020 年 4 月第 1 次印刷
书　　号 / ISBN 978 - 7 - 5201 - 6338 - 5
定　　价 / 128.00 元

本书如有印装质量问题，请与读者服务中心（010 - 59367028）联系

▲ 版权所有 翻印必究

第八批《中国社会科学博士后文库》编委会及编辑部成员名单

（一）编委会

主　任：王京清

副主任：崔建民　马　援　俞家栋　夏文峰

秘书长：邱春雷

成　员（按姓氏笔画排序）：

卜宪群	王立胜	王建朗	方　勇	史　丹
邢广程	朱恒鹏	刘丹青	刘跃进	孙壮志
李　平	李向阳	李新烽	杨世伟	杨伯江
吴白乙	何德旭	汪朝光	张车伟	张宇燕
张树华	张　翼	陈众议	陈星灿	陈　甦
武　力	郑筱筠	赵天晓	赵剑英	胡　滨
袁东振	黄　平	朝戈金	谢寿光	樊建新
潘家华	冀祥德	穆林霞	魏后凯	

（二）编辑部（按姓氏笔画排序）：

主　任：崔建民

副主任：曲建君　李晓琳　陈　颖　薛万里

成　员：王　芳　王　琪　刘　杰　孙大伟　宋　娜
　　　　张　昊　苑淑娅　姚冬梅　梅　玫　黎　元

序　言

博士后制度在我国落地生根已逾30年，已经成为国家人才体系建设中的重要一环。30多年来，博士后制度对推动我国人事人才体制机制改革、促进科技创新和经济社会发展发挥了重要的作用，也培养了一批国家急需的高层次创新型人才。

自1986年1月开始招收第一名博士后研究人员起，截至目前，国家已累计招收14万余名博士后研究人员，已经出站的博士后大多成为各领域的科研骨干和学术带头人。这其中，已有50余位博士后当选两院院士；众多博士后入选各类人才计划，其中，国家百千万人才工程年入选率达34.36%，国家杰出青年科学基金入选率平均达21.04%，教育部"长江学者"入选率平均达10%左右。

2015年底，国务院办公厅出台《关于改革完善博士后制度的意见》，要求各地各部门各设站单位按照党中央、国务院决策部署，牢固树立并切实贯彻创新、协调、绿色、开放、共享的发展理念，深入实施创新驱动发展战略和人才优先发展战略，完善体制机制，健全服务体系，推动博士后事业科学发展。这为我国博士后事业的进一步发展指明了方向，也为哲学社会科学领域博士后工作提出了新的研究方向。

习近平总书记在2016年5月17日全国哲学社会科学工作座谈会上发表重要讲话指出：一个国家的发展水平，既取决于自然科学发展水平，也取决于哲学社会科学发展水平。一个没有发达的自然科学的国家不可能走在世界前列，一个没有繁荣的哲学社会科学的国家也不可能走在世界前列。坚持和发展中国特色社会主义，需要不断在实践和理论上进行探索、用发展着的理论指导发展着的实践。在这个过程中，哲学社会科学具有不可替代的重要地位，哲学社会科学工作者具有不可替代的重要作用。这是党和国家领导人对包括哲学社会科学博士后在内的所有哲学社会科学领域的研究者、工作者提出的殷切希望！

中国社会科学院是中央直属的国家哲学社会科学研究机构，在哲学社会科学博士后工作领域处于领军地位。为充分调动哲学社会科学博士后研究人员科研创新积极性，展示哲学社会科学领域博士后优秀成果，提高我国哲学社会科学发展整体水平，中国社会科学院和全国博士后管理委员会于2012年联合推出了《中国社会科学博士后文库》（以下简称《文库》），每年在全国范围内择优出版博士后成果。经过多年的发展，《文库》已经成为集中、系统、全面反映我国哲学社会科学博士后优秀成果的高端学术平台，学术影响力和社会影响力逐年提高。

下一步，做好哲学社会科学博士后工作，做好《文库》工作，要认真学习领会习近平总书记系列重要讲话精神，自觉肩负起新的时代使命，锐意创新、发奋进取。为此，需做到：

第一，始终坚持马克思主义的指导地位。哲学社会科学研究离不开正确的世界观、方法论的指导。习近平总书记深刻指出：坚持以马克思主义为指导，是当代中国哲学社会科学区别于其他哲学社会科学的根本标志，必须旗帜鲜明加以坚持。马克思主义揭示了事物的本质、内在联系及发展规律，是"伟大的认识工具"，是人们观察世界、分析问题的有力思想武器。马克思主义尽管诞生在一个半多世纪之前，但在当今时代，马克思主义与新的时代实践结合起来，愈来愈显示出更加强大的生命力。哲学社会科学博士后研究人员应该更加自觉坚持马克思主义在科研工作中的指导地位，继续推进马克思主义中国化、时代化、大众化，继续发展21世纪马克思主义、当代中国马克思主义。要继续把《文库》建设成为马克思主义中国化最新理论成果的宣传、展示、交流的平台，为中国特色社会主义建设提供强有力的理论支撑。

第二，逐步树立智库意识和品牌意识。哲学社会科学肩负着回答时代命题、规划未来道路的使命。当前中央对哲学社会科学愈发重视，尤其是提出要发挥哲学社会科学在治国理政、提高改革决策水平、推进国家治理体系和治理能力现代化中的作用。从2015年开始，中央已启动了国家高端智库的建设，这对哲学社会科学博士后工作提出了更高的针对性要求，也为哲学社会科学博士后研究提供了更为广阔的应用空间。《文库》依托中国社会科学院，面向全国哲学社会科学领域博士后科研流动站、工作站的博士后征集优秀成果，入选出版的著作也代表了哲学社会科学博士后最高的学术研究水平。因此，要善于把中国社会科学院服务党和国家决策的大智库功能与《文库》的小智库功能结合起来，进而以智库意识推动品牌意识建设，最终树立《文库》的智库意识和品牌意识。

第三，积极推动中国特色哲学社会科学学术体系和话语体系建设。改革开放30多年来，我国在经济建设、政治建设、文化建设、社会建设、生态文明建设和党的建设各个领域都取得了举世瞩目的成就，比历史上任何时期都更接近中华民族伟大复兴的目标。但正如习近平总书记所指出的那样：在解读中国实践、构建中国理论上，我们应该最有发言权，但实际上我国哲学社会科学在国际上的声音还比较小，还处于有理说不出、说了传不开的境地。这里问题的实质，就是中国特色、中国特质的哲学社会科学学术体系和话语体系的缺失和建设问题。具有中国特色、中国特质的学术体系和话语体系必然是由具有中国特色、中国特质的概念、范畴和学科等组成。这一切不是凭空想象得来的，而是在中国化的马克思主义指导下，在参考我们民族特质、历史智慧的基础上再创造出来的。在这一过程中，积极吸纳儒、释、道、墨、名、法、农、杂、兵等各家学说的精髓，无疑是保持中国特色、中国特质的重要保证。换言之，不能站在历史、文化虚无主义立场搞研究。要通过《文库》积极引导哲学社会科学博士后研究人员：一方面，要积极吸收古今中外各种学术资源，坚持古为今用、洋为中用。另一方面，要以中国自己的实践为研究定位，围绕中国自己的问题，坚持问题导向，努力探索具备中国特色、中国特质的概念、范畴与理论体系，在体现继承性和民族性，体现原创性和时代性，体现系统性和专业性方面，不断加强和深化中国特色学术体系和话语体系建设。

新形势下，我国哲学社会科学地位更加重要、任务更加繁重。衷心希望广大哲学社会科学博士后工作者和博士后们，以《文库》系列著作的出版为契机，以习近平总书记在全国哲学社会科学座谈会上的讲话为根本遵循，将自身的研究工作与时代的需求结合起来，将自身的研究工作与国家和人民的召唤结合起来，以深厚的学识修养赢得尊重，以高尚的人格魅力引领风气，在为祖国、为人民立德立功立言中，在实现中华民族伟大复兴中国梦征程中，成就自我、实现价值。

是为序。

中国社会科学院副院长

中国社会科学院博士后管理委员会主任

2016 年 12 月 1 日

摘　要

　　创业企业成长是其构建、维系、治理外部网络的过程。已有关于创业网络的研究或侧重于网络整体结构层面的探讨，或沿着单一联结角度分析网络资源与关系，鲜有对联结组合特征与内容的挖掘。但现实观察显示，创业企业非常注重构建适宜自身生存与成长的联结组合，而不是着眼于通过单一链条的资源获取。关于创业网络的新近研究指出，对于创业企业来说，联结组合作为整体所体现出的跨联结间协同相比单一联结可能更有价值，因为联结组合蕴含多条差异化联结，联结间存在交互关联性，即相互支撑、相互补充，互补型联结组合所承载的资源组合更有利于创业企业绩效的提升。因此，有效管理外部网络联结组合是创业企业快速成长的重要手段，创业企业如何从单一联结的关系管理提升为对联结组合的网络管理是理论界和实践界共同面临的热点课题。

　　本书以资源依赖理论、网络理论、交易成本理论等为基础，以联结组合为分析单元，采用一手数据与二手数据相结合的研究设计，即扎根理论式典型企业调查与对上市公司联盟合作公告的编码相结合，从联结组合的协同作用而非单一联结的独立作用角度解释联结组合的资源构成、治理机制与演化过程。

　　从联结组合的资源构成角度来看，构建适宜的联结组合能够使面临资源约束的创业企业通过联结组合带来的资源匹配效应获得成长。但已有研究仍局限于从主体多样性角度解析联结组合的构成，未对"如何构建不同的联结组合以创造不同的资源匹配效果"做出合理解释。对此，本书从联结主体与联结方式两个视角解读联结组合的构成特征，并分析其对资源匹配效应的影响。利用嵌入式案例研究方法，本研究发现，与具有资源多样性的体制外企业建立重复性联结以接入体制内企业，能够使创业企业获得重复性联结、间接联结与直接联结间的资源匹配；与具有资源互补性的体制内企业建立封闭式联结，能够使创业企业获得来自封闭式联结内、封闭式联结外的资源匹配；与资源集中的体制外企业建立直接强联结，且构建富含结构洞的联结组合，有助于激发直接联结间的资源匹配。

从联结组合的治理机制角度来看，治理方式的选择与运用有助于最大化联结组合的经济交换价值，最小化这种复杂交换关系的治理成本。本书以创业板上市公司为研究对象，通过上市公司年报、联盟公告的二手数据编码获得关于创业板上市公司联盟组合的数据。利用大样本统计检验，研究发现，与来自不同行业的具有不同体制属性的企业建立联盟组合，并不能直接反映在创业企业绩效提升上。只有当创业企业以股权治理的方式管理其多样化的联盟组合，特别是管理具有体制多样性的联盟组合时，创业企业绩效才能够提升。本研究有助于揭示联结组合的可管理特征，研究结论表明联结组合的协同作用不在于其复杂架构本身，而在于能够对其进行适宜的管理。

从联结组合的演化过程来看，针对创业网络联结组合的研究侧重于静态的结构与内容，而忽视了对动态过程及其驱动行为的探讨。本书运用探索式案例研究方法，分析了创业企业构建联结组合并推动联结组合演化的过程。研究发现，创业网络联结组合的演化有赖于创业企业实施从关系接触到关系交往、从关系调试到关系建立的一系列创业行动。伴随着创业网络联结组合的演化，组合中不同联结主体间也经历了由认知匹配到运营匹配再到战略匹配的过程。其中，关系传递扮演了重要的角色，创业者先前关系的传递效应影响着关系交往与关系调试，而通过新关系的传递效应带来的新网络联结的建立，驱动网络嵌入的深入。

综上，本书从质量维度而非数量维度揭示联结组合的构成内容，挖掘联结组合本身的资源匹配特性，而不是关注联结主体的多样性；本书从治理成本角度挖掘适应创业企业联结组合的治理机制,探究了如何塑造联结组合管理能力以实现治理目的;本书还突破以往侧重于时间维度的创业网络周期性演化研究框架,剖析联结组合在主体、资源、关系维度上的演化过程与机理。本书的研究目的在于揭示具有高度不确定性与资源不对等关系的联结组合的独特内容与管理规律,有助于丰富对创业网络内容、过程与治理的理论解释。

关键词: 联结组合　资源匹配　网络治理

Abstract

The growth of entrepreneurial enterprises is the process of constructing, maintaining, and managing external networks. There has been research on entrepreneurial networks focusing on the overall structure of the network, or the analysis of network resources and relationships along a single connection perspective, however little has been examined on the characteristics and content of the connection portfolio. Yet industrial observations show that startups are very focused on constructing a combination that is suitable for their own survival and growth, rather than on resource acquisition through a single chain. Recent research on entrepreneurial networks points out that a link may be useful for start-ups, but the overall connection portfolio plays a more important role in improving the performance of entrepreneurial enterprises. The portfolio means the simultaneous establishment of multiple connections, rather than single connections established in turn, and the portfolio achieves synergy across the connections. Therefore, effective management of external network connection portfolio is an important means for the rapid growth of entrepreneurial enterprises. How to upgrade from a single-link relationship management to a network management of connection portfolio is a hot topic in theoretical and practical fields.

This book is based on resource dependence theory, network theory, transaction cost theory etc., with connection portfolio as the analysis unit. The research design combines first-hand data and second-hand data, that is, the typical enterprise investigation according to rooted theory and the coding of announcement from alliances of listed companies. This book interprets the resource composition, governance mechanism and evolution process of the connection portfolio through the synergy effect, rather than the independent role of a single connection.

From the perspective of resource composition, constructing an appropriate connection portfolio enables the enterprises facing resource constraints to grow through the resource matching effect. However, the existing research is restrained to analyze the portfolio composition through subject diversity, and does not provide a reasonable explanation for "how to construct different connection portfolio to create different resource matching effects". In this regard, the book interprets the constituent characteristics of the connection portfolio from the perspective of the subject and the connection method, and analyzes its impact on resource matching effect. Using embedded case study method, this study finds that establishing a repetitive connection to an enterprise outside the system with resource diversity and accessing the enterprise within the system enable the startup enterprise to obtain resource matching between repetitive connection, indirect connection and direct connection. Establishing a closed connection to enterprises within the system with complementary resources enables the startup to obtain resource matching from inside and outside the closed connection. Establishing a direct and strong connection to enterprises outside the system with concentrated resources and constructing a connection portfolio rich in structural holes help to stimulate resource matching between the direct connections.

From the perspective of the governance mechanism, the choice and application of governance methods can help maximize the economic exchange value of the connection portfolio and minimize the governance cost of this complex exchange relationship. This book uses listed companies from the Growth Enterprise Board (GEM) as research sample, and obtains data on the alliance portfolio of GEM listed companies through encoding second-hand data of the listed company's annual report and alliance announcement. Using large-scale statistical tests, the study found that establishing alliances with companies from different industries and enterprises with different institutional attributes cannot directly reflect the improvement of the performance of startup enterprises. Entrepreneurial performance can only be improved when entrepreneurs manage their diversified, especially institutionally diversified alliance portfolios in the form of equity governance. The research reveals the manageable characteristics of the connection portfolio and shows that the synergy of the connection portfolio is not in its complex architecture per se, but in its ability to manage it appropriately.

From the evolution perspective, the research on entrepreneurial network mainly focuses on the static structure and content, whereas the discussion of the dynamic process and its driving behavior is limited. This book uses the exploratory case study method to analyze the process of establishing a connection portfolio of entrepreneurial enterprises and promoting its evolution. The study found that the evolution of the entrepreneurial network connection portfolio depends on the entrepreneurial enterprise's implementation of a series of entrepreneurial actions from relationship contact to relationship communication, and from relationship debugging to relationship establishment. Along with the evolution of the combination of entrepreneurial networks, different connected subjects in the portfolio experience the process from cognitive matching to operational matching and to strategic matching, among which relationship transfer plays an important role. The transfer effect of entrepreneurs' previous relationship affects relationship communication and debugging, and the new network connection is brought about by the transfer effect of new relationship, which drives further network embedding.

In summary, this book reveals the composition of the connection portfolio from its quality rather than quantity, and explores the resource matching characteristics of the essence of the connection portfolio rather than the diversity of the connected subject. This book also explores the governance of the connection portfolio of entrepreneurial enterprises from the perspective of governance cost and how to shape the management ability to achieve the governance. It also breaks through the periodic evolution of the entrepreneurial network focusing on the time dimension, and analyzes the evolution process and mechanism of the connection portfolio in the subject, resource and relationship dimension. The purpose of this book is to reveal the unique content and management rules of the connection portfolio of high uncertainty and resource inequality, which enriches the theoretical interpretation of the content, process and governance of the entrepreneurial network.

Keywords: Tie Portfolio; Resources Fit; Network Governance

前　言

　　网络研究并不是一个新颖的话题。组织研究领域早在 20 世纪 30 年代就开始了对网络这一组织形式的关注，其研究的逐步推进归功于社会学、人类学理论的贡献。然而，近年来关于个体、群体以及组织间网络和关系的研究蓬勃发展，网络不仅会对个体行为产生影响，而且会对组织的管理方式、竞争优势的保持以及可持续发展产生影响。甚至有研究指出，"网络重塑了全球的经济结构"。特别是在互联网和数字经济背景下，网络被赋予了新的外延和内涵。互联网催生的创新商业模式使企业边界变得模糊，企业能够以更低的成本、更快的速度与其他组织建立网络联结，从而使网络规模不断扩大，多样性逐步提高。在这一背景下，企业特别是创业企业如何利用网络来获得成长成为重要的理论与实践问题。

　　我对企业网络特别是创业网络进行了长期研究。从主持的国家自然科学基金青年项目到面上项目，再到博士后基金项目，我始终对创业网络抱以浓厚的兴趣。本书即本人所主持的国家自然科学基金面上项目"创业网络联结组合的构成、治理与异变过程研究"（71472159）的最终成果。通过对文献的梳理，我发现关于创业网络的研究仍较多地聚焦于网络的结构特征，且围绕"结构－绩效"的研究较为普遍，但这些研究以创业网络已经建成为起点，探讨什么样的网络更能发挥作用。然而，对于"创业网络从何而来""如何治理创业网络从而使其更好地发挥作用"等关键问题却没有系统的理论解释。带着这些疑问，我的国家自然科学基金青年项目以技术创业为切入点，着重分析了新技术企业创业网络的形成过程与治理机制。

　　在将创业网络作为整体探究其运行规律的过程中，我发现了一个有趣的现象：创业者可能出于资源储备或关系储备的需要建立了大规模的社会网络或企业间关系网络，但当其实施具体的创业行动或执行特定的新项目时，仅仅会调用网络中的一部分。建立较多的网络关系并不意味着创业企业拥有管理网络的资源并具备一定的能力，而是采用期权的思路先期建立关系，以备不时之需。这恰与 Jack（2010）关于休眠联结（Dormant Ties）的观点不谋而合。而创业行动需要调用某种资源时，与之相关的资源提供者联结将被激活，构成创业行动或创业项目所需的"联结组合"。从形态上看，联结组合像是网络的局部，但其本质在于组合中的多条联结由于某种原因而存在交互关联性。正如 Ozcan 和 Eisenhardt（2009）所指出的，联结组合的形成是多条联结的同时建立而非单一联结的逐步建立，其蕴含跨联结间的协同。出于对联结组合这一现象的好奇，以及对其交互、协同特性的疑问，我利用国家自然科学基金面上项目着重研究了创业网络联结组合如何构造交互特征从而创造协同，以及创业企业如何管理这种协同。

在从事博士后研究的过程中，我对创业网络演化过程给予了较多的关注，特别以关系为切入点，探讨了不同类型的关系行动对创业网络演化的推动作用。与以往的过程研究拘泥于过程描绘、阶段划分不同，我的博士后基金项目研究立足行动层面剖析创业网络演化过程的机理，突破前期仅从路径角度解读网络演化的局限，转而识别出创业网络演化前端过程的行动序列。该项目基于关系传递的视角，利用关系接触、关系交往、关系调试、关系建立所构成的行动序列剖析创业网络的演化过程，其中蕴含不同主体间、不同形式的关系传递，为本书基于联结组合层面探讨联结组合的演化过程提供了理论基础与研究证据。

随着研究的推进，看似简单却具有挑战性的研究问题不断引发我的思考。首先，具有什么样构成内容的创业网络联结组合更有利于创业企业成长？早期的研究侧重于援引成熟企业网络的结构变量，多从数量维度解读创业网络的构成，对于何种内容，如主体多样性、资源结构等如何影响创业网络联结组合的治理方式，如何影响联结组合的有效异变等问题尚缺乏深入的研究。因此，本书第三章围绕联结组合资源匹配回答了这一问题。其次，如何对创业网络联结组合进行管理？大多数研究仍借鉴网络治理理论解释创业网络治理问题，对于关注科层还是市场治理、关注契约还是信任治理，并没有深入探讨多联结协同的联结组合适应性治理机制。事实上，在创业网络情境下，契约与信任更多地表现为互补关系，从而形成有别于单一联结情境下适应联结组合的混合治理机制。本书第四章利用项目研究过程中建立的二手数据库，实证检验了联结组合治理机制的选择。最后，创业网络联结组合有效的演化过程是什么？已有围绕创业网络过程的研究侧重于时间维度下从衍生到成长、发展的过程，而没有关注创业网络过程的自发性与目的性，呈现行为驱动下创业网络从一个均衡状态至另一个均衡状态的演化过程。本书第五章采用案例研究方法探索了联结组合的演化，形成了对这一问题的解答。

未来，创业网络研究仍然具有广阔的前景，主要体现为数字经济、互联网背景下网络的新形态与新问题。在互联网背景下，网络可能表现为平台、生态系统等新形态，这不仅是概念上的差异，而且是企业利用网络创造价值的逻辑差异。从形态上来说，由网络概念拓展而来的企业生态系统呈现"匹配结构"（Alignment Structure），而不是交易结构（Transaction Structure），这一结构依赖价值共识形成结盟，而不是契约或信任。生态系统中蕴含多边关系，这就需要将多主体参与的价值共创作为分析单元，而不像传统网络分析那样以双边联结为分析单元。更进一步，利用这样的"网络"，创业企业创造价值和获取价值的方式也会发生变化，网络中的节点企业都成为价值创造的参与者而不仅仅是资源提供者，它们参与价值共创，同时也参与价值分配。上述独特性复杂而有趣，同时也引发我们思考，需要在新的情境下探索"网络"新的主体与资源构成、联结与治理方式以及网络整体的价值创造模式。

一直想把自己近年来对创业网络研究的发现与成果集合成书，如今终于完稿。本书还在最后部分附上了我在研究过程中对相关文献的整理，以供对创业网络联结组合感兴趣的同人参考。

韩　炜

2018 年 12 月 16 日

目 录

第一章　绪论 …………………………………………………………… 1

第二章　创业网络联结组合的研究进展 …………………………… 14
　　第一节　创业网络联结组合的相关研究 ……………………… 15
　　第二节　联盟组合的相关研究 ………………………………… 33
　　第三节　现有研究的局限性 …………………………………… 45

第三章　创业网络联结组合的资源匹配 …………………………… 49
　　第一节　创业网络联结组合资源构成的理论解析 …………… 50
　　第二节　联结组合资源匹配的质化研究设计 ………………… 56
　　第三节　创业网络联结组合构成与资源匹配的关系 ………… 61

第四章　创业网络联结组合的治理机制 …………………………… 84
　　第一节　网络治理与联盟组合治理 …………………………… 84
　　第二节　联盟组合治理的实证研究设计 ……………………… 89
　　第三节　联盟组合多样性与股权治理机制的实证研究 ……… 96

第五章　创业网络联结组合的演化过程 …………………………… 113
　　第一节　创业网络联结组合演化的理论解析 ………………… 114
　　第二节　创业网络联结组合演化的质化研究设计 …………… 119
　　第三节　创业网络联结组合演化的过程模型 ………………… 124

第六章　联盟组合管理能力与创业企业的可持续成长 ………… 144
　　第一节　相关概念的理论解析 …………………………………… 145
　　第二节　创业企业联盟组合管理能力与可持续成长的理论关系…… 149
　　第三节　研究设计 ………………………………………………… 155
　　第四节　数据分析与结论 ………………………………………… 159

参考文献 ……………………………………………………………… 168

附录 1　联盟组合研究文献 ………………………………………… 193

附录 2　联盟组合管理能力与联盟组合价值的量表 ……………… 223

索　引 ……………………………………………………………… 225

后　记 ……………………………………………………………… 227

Contents

Chapter 1	Introduction	/ 1
Chapter 2	Literature Review of Entrepreneurial Tie Portfolio	/ 14
	2.1　Research on Entrepreneurial Tie Portfolio	/ 15
	2.2　Research on Alliance Portfolio	/ 33
	2.3　Limitations	/ 45
Chapter 3	Resources Fit in Entrepreneurial Tie Portfolio	/ 49
	3.1　Theoretical Analysis on Resource Configuration of Entrepreneurial Tie Portfolio	/ 50
	3.2　Qualitative Research Design of Resources Fit in Entrepreneurial Tie Portfolio	/ 56
	3.3　Relationship between Structure and Resources of Entrepreneurial Tie Portfolio	/ 61
Chapter 4	Governance of Entrepreneurial Tie Portfolio	/ 84
	4.1　Network Governance and Alliance Portfolio Governance	/ 84
	4.2　Quantitative Research Design of Alliance Portfolio Governance	/ 89
	4.3　Empirical Study of Alliance Portfolio Diversity and Equity Governance Mechanism	/ 96

Chapter 5　Evolution of Entrepreneurial Tie Portfolio　/ 113
  5.1　Theoretical Discussion on Evolution of Entrepreneurial Tie Portfolio　/ 114
  5.2　Qualitative Research Design of Entrepreneurial Tie Portfolio Evolution　/ 119
  5.3　Process Model of Entrepreneurial Tie Portfolio Evolution　/ 124

Chapter 6　Alliance Portfolio Management Capability and Sustainable Growth of Entrepreneurial Enterprises　/ 144
  6.1　Theoretical Analysis on Key Construct　/ 145
  6.2　Relationship between Alliance Portfolio Management Capability and Sustainable Growth of Entrepreneurial Enterprises　/ 149
  6.3　Quantitative Research Design　/ 155
  6.4　Data Analysis and Result　/ 159

References　/ 168

Appendix 1　Literatures of Tie (Alliance) Portfolio　/ 193

Appendix 2　Questionnaires (with Items) of Alliance Portfolio Management Capability and Alliance Portfolio Value　/ 223

Index　/ 225

Postscript　/ 227

第一章 绪论

一、创业网络研究的蓬勃发展

网络研究并不是一个新颖的话题。组织研究领域早在20世纪30年代就开始了对网络这一组织形式的关注，其研究的逐步推进归功于社会学、人类学理论的贡献。然而，近年来关于个体、群体以及组织间网络和关系的研究蓬勃发展，网络不仅会对个体行为产生影响，而且会对组织的管理方式、竞争优势的保持以及可持续发展产生影响。[1] 甚至有研究指出，"网络重塑了全球的经济结构"。[2] 特别是在互联网和数字经济背景下，网络被赋予了新的外延和内涵。互联网催生的创新商业模式使企业边界变得模糊，企业能够以更低的成本、更快的速度与其他组织建立网络联结，从而使网络规模不断扩大，多样性逐步提高。在这一背景下，企业特别是创业企业如何利用网络来获得成长成为重要的理论与实践问题。

尽管网络作为学术概念流行已久且被广泛应用，但网络研究仍面临诸多批判之声。首先，大量研究证实了网络对管理活动的重要意义，但是当我们将网络作为一种分析工具时则面临许多困难。有学者指出，关于网络的研究缺乏一种核心的网络理论作为基础，研究者应当更多着墨于"网

---

[1] Jack, S. L., "Approaches to Studying Networks: Implications and Outcomes", *Journal of Business Venturing*, Vol. 25, Issue 1, 2010, pp. 120–137.
[2] Parkhe, A., Wasserman, S., Ralston, D. A., "New Frontiers in Network Theory Development", *Academy of Management Review*, Vol. 31, No. 3, 2006, pp. 560–568.

络概念如何操作化",而不是"仅将网络作为理论概念予以应用"。① 当实际构成网络的内容不同以及网络的分析单元不同时,网络的概念界定就会不同。② 例如,以双边关系(Dyad)为分析单元和以联结组合(Portfolio)为分析单元对网络概念的界定存在差异,前者将网络视为多个双边关系组成的集合,即无中心、多关系交织的网络;后者将网络定义为存在核心企业并以其为焦点的自我中心网络,这意味着联结组合是指所有与核心企业形成直接联结的集合。

其次,关于网络的研究应当更清楚地解读其运行机理,即资源是如何整合的、知识是如何积累的。围绕这一问题,有些研究关注网络主体的特征,如网络中节点组织的规模、地位、体制属性等,但这一研究视角因立足原子论(Atomistic View)而受到批评。有些研究聚焦因果要素,如企业间的关系类型、质量等,但这一研究视角也因其从决定论(Deterministic View)出发而受到争议。更为严格的批判指出,网络概念被滥用于个体间或群体间的互动,而丧失了网络本质的内涵与属性。面对这些批评,已有一些理论性的、实证性的研究予以回应,但是我们仍需对网络研究中存在的这些问题加以重视。

网络研究涉及较为广泛的议题,其中以网络的结构特征与构成内容为主,如网络的规模、结构、互动过程、影响结果、行为与技能等。③ 在创业领域中,围绕创业网络的研究也大多沿用了网络研究的理论、范式与方法,原因在于创业网络力求揭示的创业者与其他个体或组织间的关系对创业过程的影响非常适合借用网络研究聚焦个体或组织间关系的思路。然而,在创业情境下一些非常重要的问题未能得到很好的解释:创业网络扮演了什么样的角色?其本质属性、形成过程、作用发挥是怎样的?创业网络如何随着创业企业的成长而调整?Hoang 和 Antoncic (2003) 指出了创业领域中网络研究的两大主导脉络:一是关注网络对创业结果和新企业绩效的影响;二是关注创业过程对创业网络的影响。同时,他们也指出,第

---

① Hoang, H., Antoncic, B., "Network-based Research in Entrepreneurship: A Critical Review", *Journal of Business Venturing*, Vol. 18, No. 2, 2003, pp. 65 – 187.
② O'Donnell, A., Gilmore, A., Cummins, D., Carson, D., "The Network Construct in Entrepreneurship Research: A Review and Critique", *Management Decision*, Vol. 39, No. 9, 2001, pp. 749 – 760.
③ Coviello, N. E., "Integrating Qualitative and Quantitative Techniques in Network Analysis", *Qualitative Market Research*, Vol. 8, No. 1, 2005, pp. 39 – 60.

一个脉络得到了较多的关注，涌现了丰富的研究成果，而第二个脉络还没有被更好地挖掘。更进一步，关于网络如何发展、研究的过程导向性如何还缺乏深入的探索。

二、创业网络向联结组合研究的深化

无论是从资源基础理论还是从社会关系学说来看，网络作为创业企业获取价值的重要途径，在其生存与成长过程中的关键作用已经得到普遍认可。然而，已有关于创业网络的研究或者以创业者为着眼点，关注创业者人格化的个体网络对创业企业成长的社会资本贡献；或者以创业企业为着眼点，关注非人格化的企业间网络对创业企业成长的市场交换贡献。新企业的生存与成长是伴随着创业网络由人格化的个体网络向非人格化的企业间网络转化的共演化过程[1]，因此相较于聚焦新企业生成前端的创业者个体网络，以创业企业为核心的企业间网络对创业企业成长更具研究价值。

从已有关于创业企业网络的研究来看，呈现两大特征。一是较多地采用量化研究方法，如利用广度、强度、中心度、规模等变量衡量并解释创业网络的结构特征。然而，这种量化研究有助于通过呈现网络的形态与结构来剖析网络活动的程度，但对探究特定关系的内容解释力不足。二是较多地以双边联结为分析单元，聚焦于单一关系，揭示双边联结对资源获取类型与程度的影响。Johannisson 等（1994）研究发现，针对创业网络的实证研究将研究焦点局限于双边联结，引发人们对双边联结视角下网络研究仅能把握网络的局部或者某个方面的担忧。尽管基于双边联结的研究能够提供关于网络关系的内容、网络演化的过程、网络对创业者或创业企业的贡献与阻碍等的深入解析，但这种研究范式无法深入解读网络关系的内容以及不同关系间的联系。以双边联结的强度为例，研究者很难从联结强度上获得关于网络关系的所有信息，如在网络关系上投入的时间和情感、双方对信息的编码、双方的互惠程度等。

双边联结视角的研究主张联结是网络的构成单元，它塑造了网络的结

---

[1] Peng, M. W., "Institutional Transitions and Strategic Choices", *Academy of Management Review*, Vol. 28, No. 2, 2003, pp. 275–296.

构和形态。从资源的角度来看，双边联结为创业者，特别是创业企业提供了通向机会与资源的桥梁和道路，但是这些联结的特征会影响机会和资源如何被识别、获取、调动与利用。因此，围绕双边联结的研究开始通过联结的属性引向关系的质量。Hite（2003，2005）的系列研究就创业网络双边联结向关系型嵌入的转化进行了深入探讨。该研究展示出了这一转化过程的动态图景，指出关系型嵌入的形成有赖于社会因素的变化、信任的产生等。然而，该研究关注的是关系内特征间的转化，由直接联结转变为关系嵌入型联结，而没有涉及不同关系间的转化。从这一点出发，Lechner和Dowling（2003）也做了类似的研究，研究发现弱联结应向强联结转化，以实现价值利用与创造，但仍属于联结内关系的变化，未能对不同关系间的转化、互动进行研究。

由于对不同联结（Tie）、不同关系（Relationship）之间交互联系（Interdependency）的关注，网络研究越来越多地将"组合"（Portfolio）作为分析单元，主张各类型的组合包括社会网络联结的组合、企业间网络联结的组合、战略联盟的组合是网络组织领域未来的研究方向。[①] 围绕关系组合的研究较好地解决了以往对关系间联系与互动研究的不足，将网络研究由对单一关系的审视引向对不同关系协同效应的考察，揭示出不同关系间交互作用的真实效应与内在规律。正如Marino等（2002）在研究中所指出的，具有较强创业导向的创业企业希望与多个成熟的大企业同时建立关系，或从其手中获取资源。Baum等（2000）、Kale等（2002）、Hoffmann（2005）则从联盟的角度探讨如何管理联盟组合、联结组合的代理风险问题，以及创业企业如何构建同质化的联盟组合等。企业间网络研究正逐步从围绕单一双边联结（Dyadic Tie）的研究转向多条联结构成的组合研究（Tie Portfolio）。这意味着网络研究的焦点从对单一关系的属性与质量考量转向对多关系组合的属性与质量考量，组合逐渐成为网络研究领域未来的核心方向。相较于单一联结的独立作用，联结组合对从网络视角解释创业企业的成长逻辑更为有效。从理论层面来看，由于蕴含多条联结，联结组合会产生一种组合效应，如联结的多样性、联结强度的混合等，从而从多条联结交互作用的角度解释新企业绩效差异。正如Ozcan和

---

① Wassmer, U., "Alliance Portfolios: A Review and Research Agenda", *Journal of Management*, Vol. 36, No. 1, 2010, pp. 141-171.

Eisenhardt（2009）所指出的，企业建立联结组合的过程不是逐一地建立一条一条的网络联结，而是同时构建多条联结，从而形成联结组合的架构，其中组合内多条联结间的协同作用是联结组合的核心。这意味着联结组合层面的分析比单一联结层面的分析更能揭示不同网络联结、不同关系链条在属性和质量之间的交互作用。

三、创业网络联结组合的独特内涵

金融领域或资本市场经常使用"组合"一词来描述由单只股票或单个投资项目所组成的"股票组合"或"投资组合"。这种组合往往意味着将具有不同收益水平或投资风险的股票或投资项目组合在一起，从而形成收益弥补与风险分摊。援引金融投资组合的思想，在网络研究领域，联结组合的概念确实蕴含多条联结集合而成的含义，但并非出于收益或风险的考量，而是联结间的交互作用。对于联结组合的概念界定与内涵释义，已有研究存在较大的不一致性，主要表现在两个方面。一是存在将联结组合与联盟组合混用的现象。如 Ozcan 和 Eisenhardt（2009）关于创业企业联盟组合的研究将联结等同于联盟，在研究过程中将联盟作为企业间关系的形式，而将联结作为联盟组合的具体构成。二是存在将联结组合与网络混用的现象，认为组合本身就是一种网络。Wassmer（2010）在关于联盟组合的综述中指出，有研究将联盟组合定义为自我中心式的网络。这恰好回应了 Jack（2010）在 JBV 上发表的《创业领域中的网络研究》一文中所指出的问题，学者们出于自己的研究目的和研究问题，对创业网络进行了各种各样的定义。

1. 累积性视角下的联盟组合

所谓累积性视角下的联盟组合，是指联盟组合是由一系列单一联盟累积而成的集合，而这些单一联盟是以焦点企业（Focal Firm）为核心的（见图1-1）。从形态上看，累积性视角下的联盟组合具有以下特征。第一，联盟组合以焦点企业为核心，因而具有自我中心（Ego-centric）的特征。第二，联盟组合中的构成单元是联结焦点企业的直接联盟。在这一特征下，联盟组合不包含间接接入焦点企业的联盟，即焦点企业伙伴建立的联盟。例如，Bae 和 Gargiulo（2004）在研究中指出，联盟组合是企业（焦点企业）所参与的一系列双边联盟；Reuer 和 Ragozzino（2006）将国际合资企业作为联盟的一种形式，指出联盟组合是焦点企业建立的全部国际合资企业的集合。累积性视角下的联盟组合定义是联盟组合研究中最常见的一种定义，折射出以焦点企业为核心、直接联盟、多联盟累积的特征。

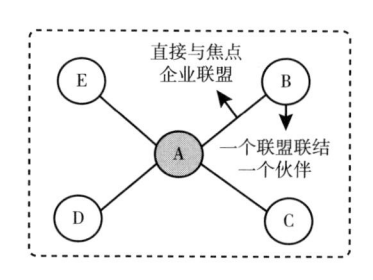

图1-1 累积性视角下的联盟组合定义

注：A是焦点企业，B、C、D、E是与焦点企业A分别建有联盟的伙伴企业。

从累积性视角来看，联盟组合研究蕴含将联盟对象和联盟联结一一对应的假设，即一个联盟联结一个伙伴，未能对与同一个伙伴建立多个联盟联结的重复性联盟，以及与多个伙伴建立同一个联盟的多边联盟等情形给予关注。从这个意义上说，累积性视角下的联盟组合凸显"联盟"要素的作用，关注单个联盟的累积加总特征。然而，联盟组合研究应当将联盟与伙伴结合起来综合考量，否则可能忽视对重复性联盟等独特联盟组合的关注。

2. 多边性视角下的联盟组合

所谓多边性视角下的联盟组合，是指由多个联盟主体共同参与的联盟。从严格意义上来说，多边联盟本质上是一个联盟。但从其多条联结的角度来看，它也具有组合特征，因而被已有研究纳入联盟组合研究的范畴。尽管是在一个联盟框架下，但由于联盟对象的增加，联盟的复杂性和不确定性都大幅提高，且焦点企业与不同联盟对象间的关系也存在交互特征，因此不能套用双边联盟的分析框架研究多边联盟现象。Dyer等（2008）研究指出，联盟组合是一种多边组织形式，由两个以上的联盟伙伴与焦点企业结成联盟群体。这意味着多边联盟的多主体、多联结特性赋予这一联盟群体以组合的特征。如图1-2所示，A、B、C、D四家企业出于联合研发的需要构建了一个合作联盟，这个联盟组合是由四方主体共同参与的多边联盟。

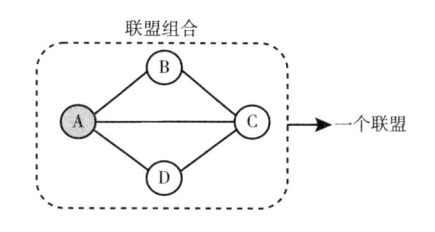

图1-2 多边性视角下的联盟组合定义

注：A是焦点企业，B、C、D是与焦点企业A共建一个联盟的伙伴企业。

与累积性视角下的联盟组合定义不同，累积性视角下的联盟组合定义更关注联盟要素，而多边性视角下的联盟组合定义更关注伙伴要素，特别关注了联盟伙伴数量多于联盟数量的独特情况，呈现一个联盟由多主体参与的组合构成。① 多边联盟式组合内的交互作用更多地表现为从属于单一联盟的不同联盟对象间的互动，而不再是不同联盟间的互动。鉴于此，多边联盟组合的协同作用是一种单一联盟内的关系协同，而不是多个联盟间的协同。更进一步，多边联盟组合内的交互作用因联盟主体间联盟需要而形成的更具凝聚力、更为紧密的关系，使焦点企业与不同伙伴联结间的交互关系更紧密，有利于联结间的交互支撑。如Tiwana（2008）针对项目导向的联盟组合研究，挖掘出了指向特定项目的联盟组合中强联结与弱联结的相互支撑作用机制。

3. 重复性视角下的联盟组合

所谓重复性视角下的联盟组合，是指焦点企业与同一个联盟伙伴建立多个联盟（见图1-3）。Mouri等（2012）在研究不同IPO企业所建立的联盟组合结构时，利用IPO企业建立的全部联盟数量来衡量联盟组合规模。他们在研究中特别对焦点企业与相同伙伴建立多个联盟的现象给予了关注，并将其定义为重复性联盟，即联盟组合在伙伴上具有重复性。可见，已有研究已经认可联盟组合应当包含重复性联盟，然而相关研究仅从结构上关注了这一独特现象，对重复性联盟组合的属性及其作用机理探索不足。联盟组合的重复性特征意味着联盟伙伴聚焦于少数伙伴中，强化了

---

① Wassmer, U., "Alliance Portfolios: A Review and Research Agenda", *Journal of Management*, Vol. 36, No. 1, 2010, pp. 141-171.

焦点企业与联盟伙伴的嵌入型关系，使跨联盟间的协同因嵌入关系而增强了交互支撑的效果。Wassmer 和 Dussauge（2012）的研究指出，企业会积极参与到现有联盟伙伴所建立的新联盟中，从而拓展既有的联盟组合。这进一步促进了焦点企业与该联盟伙伴间的关系型嵌入关系，强化了它们之间的信任关系，不仅会提升新联盟的预期收益，而且会对拓展的联盟组合的治理结构产生影响。

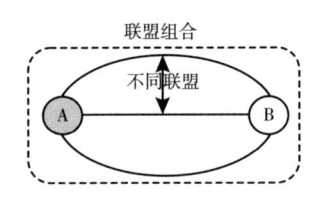

图1-3 重复性视角下的联盟组合定义

注：A 是焦点企业，B 是与焦点企业 A 建有多个联盟的伙伴企业。

围绕重复性视角下联盟组合的实证研究呈现增长态势，但已有研究并未将其作为一种新的联盟组合，而是将重复性作为联盟组合的一个结构特征，探讨联盟组合的重复性所产生的绩效结果。如 Zheng 和 Yang（2015）对联盟组合中重复性研发联盟的优劣势进行了解析，并分析了其对突破性创新的影响。他们研究发现，倒 U 形曲线关系存在于重复性联盟组合与突破性创新之间。具体而言，当联盟组合的重复性程度提高时，即与具有先前联盟关系的伙伴建立新联盟，有助于增强焦点企业与联盟伙伴间的信任，促进双方的知识共享，驱动突破性创新的实现；而当联盟组合的重复性程度过高时，即焦点企业与现有联盟伙伴建立过多的联盟，将陷入对重复性联盟伙伴的过度依赖，这会损害焦点企业积累知识、获取知识的能力，从而阻碍突破性创新。尽管已有研究开始对重复性联盟组合现象加以重视，但对企业为什么会构建重复性联盟组合，以及如何利用重复性联盟组合实现特定战略目的等根本性问题还没有做出较为深入的解答。

4. 时间性视角下的联盟组合

时间性视角下的联盟组合定义侧重于基于时间脉络考量联盟组合的内涵，是指随着时间的推移，焦点企业逐步建立的联盟所形成的组合（见图 1-4）。Hoang 和 Rothaermel（2005）以及 Reuer 等（2002）的一系列关于纵向脉络视角下的联盟组合研究，着重探索了联盟组合形成与发展的时间过程。从联盟组合形成与发展的纵向过程来看，这种联盟组合包含过去建立的和现在建立的联盟，反映出新旧联盟的组合。有学者将这一视角下的研究归为基于联盟经验与联盟学习的研究，因为时间过程折射出焦点企业不断积累的联盟经验，以及不断完善的联盟学习。

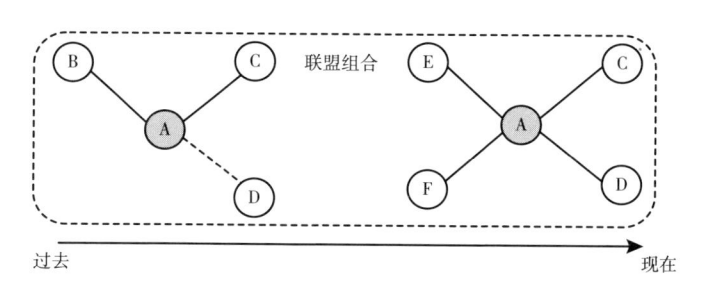

图 1-4 时间性视角下的联盟组合定义

注：A 是焦点企业，B、C、D、E、F 是与焦点企业 A 分别建有一个联盟的伙伴企业。

时间性视角下联盟组合的结构更加复杂，主要原因在于：联盟从建立到终止的时间性，使联盟组合形成与发展的纵向过程是一个新联盟进入、旧联盟退出的动态过程。因此，对联盟组合构成与结构的识别，应置于动态演化过程，这增大了联盟组合的复杂性。然而，先前的实证研究大多应用截面数据考察联盟组合的特征，立足纵向过程捕捉联盟组合动态调整的研究则较为鲜见。所以，已有研究大多立足联盟学习观点，挖掘时间维度上联盟组合如何逐步构建，以及如何通过联盟学习提升联盟能力，从而形成对联盟过程的解析。深刻描绘联盟组合在时间维度上的演化过程及其演化机理，是极具研究前景的问题，这一动态过程不仅包含旧联盟的终止或解体、新联盟的生成，而且可能包含旧联盟由活跃状态转向休眠状态再被激活的过程。无论是新旧联盟的组合，还是联盟经验的积累，抑或是从活跃到休眠再到被激活的过程，联盟组合在时间维度上的演化都值得深入研究。

四、创业情境下的联结组合研究

在创业情境下，围绕联结组合的研究呈现两大脉络：一是基于社会网络理论,探究创业者个体层面的联结组合构建;二是基于战略管理理论,探讨创业企业联盟组合的构建。

1. 社会网络视域下的联结组合研究

关于社会网络对创业企业成长的影响已经受到了广泛的关注,也有大量的研究证实社会网络的重要作用。作为一个社会主体,创业企业的成长嵌入社会过程中。创业企业在社会环境中所形成的社会联结,不仅包括以创业企业为主体、以正式契约为主要形式的联盟,而且包括以创业者个人关系为纽带的非正式关系联结。Ozcan 和 Eisenhardt(2009)在论述为什么要在创业情境下研究联结组合而不是单一联结时指出,首先,创业企业需要借助"组合拳"来构建创业网络,因此厘清创业企业构建联结组合的逻辑对理解创业网络的形成具有重要意义;其次,联结组合的累积效应是单一联结所无法超越的优势,这会影响创业企业的绩效;最后,联结组合是驱动创业网络演化的引擎,深入探讨联结组合的结构能够为理解创业网络演化提供理论依据。

从创业者个体角度而言,联结组合意味着个体间关系的组合,这是创业者个体社会网络的重要组成与分析单元。Phillips 等(2013)关于创业者联结组合的研究,以创业者替代焦点企业为组合的中心,通过探讨创业企业生成前端的联结组合构建过程,揭示创业者如何通过构建联结组合来促进新企业生成。与企业层面联盟组合研究凸显组合多样性以及联盟组合内交互作用的研究重点不同,该研究主张创业者个体的联结组合应保持同质性。从战略一致性的观点来看,结合案例研究的结论显示,成功创立新企业的创业者更倾向于与自身具有战略一致性的个体或组织建立联系,从而组建联结组合。这可能与创业企业的成长阶段有关,在充斥着不确定性和低合法性的创业初期,创业者遭遇了外界的不认可,因而只能通过寻找志同道合的伙伴建立联系,以降低交易成本,增强信任感。该研究还进一步指出,创业者可以通过描述性的身份识别行动,辨识联结对象的身份特征,以管理联结组合的建立过程,这为联结组合的可管理性提供了研究基础。

2. 战略联盟视域下的联盟组合研究

在创业情境下,创业企业联盟组合的研究源于创业企业想要借助多样化的网络来获取互补资源以促进绩效提升的动机。作为较早开启创业企业联盟组合研究的学者,Baum 等(2000)将联盟组合与创业企业成长结合起来，主张创业企业在生成阶段应构建有利于其成长的联盟组合，这有助于帮助创业企业形成资源优势、声誉优势以及关系优势。关于什么样的联盟组合对于创业企业而言才是适宜的，他们在研究中指出，当联盟组合包含多样化的主体（联盟伙伴所处行业不同、体制属性不同）、存在多种联盟类型（联盟在生产、研发、营销上的功能不同）以及联盟治理方式不同（依靠股权的不同投入进行治理）时，创业企业更能够撬动来自多样化联盟组合的资源以提升绩效水平。从组合的视角审视不同主体间的异同，反映出联盟组合所聚焦的交互关联性，也是联盟组合的本质所在。

在此基础上，后续研究基于组织理论、战略理论、学习理论等，围绕联盟组合的形成、结构和管理三个方面展开了深入研究。而在创业研究领域，联盟组合研究较多地围绕联盟组合的形成与结构特征展开，主要囊括了创业企业如何构建联盟组合以及联盟组合独特结构的影响效应。基于过程视角，已有研究尝试解析创业企业构建联盟组合的过程。如 Ozcan 和 Eisenhardt（2009）的研究揭示了创业企业如何构建高绩效的联盟组合的过程，指出这是创业企业通过选择并实施三种战略的结果。这三种战略分别是：第一，通过构建联盟组合从而改变产业结构的战略；第二，通过将无关联企业纳入联盟组合范畴，从而识别和利用潜在机会的战略；第三，利用联盟组合应对不确定性的战略。基于结构视角，已有研究则广泛地探讨了联盟组合在多样性（Diversity）、复杂性（Complexity）、效率性（Efficiency）等方面的结构特征对创业企业绩效的影响。

无论是联结组合还是联盟组合，相关研究在组织领域、战略领域以及网络领域已经积累了丰富的成果，并且仍在蓬勃发展。然而，在创业情境下关于创业企业联结组合的研究较为匮乏。从实践层面看，利用联结组合整合多样、互补的资源，驱动跨联结间的协同作用，对促进创业企业成长具有重要意义。值得注意的是，由于资源、合法性局限的存在，创业企业的联结组合与成熟企业的联盟组合存在不同的构成内容与结构特征，因而需要立足高度不确定性、高资源约束的创业独特情境，探讨创业企业如何构建以及构建何种联结组合更能发挥其组合效应。

五、创业网络联结组合研究的理论价值与实践价值

创业网络联结组合研究的理论价值主要体现在三个方面。第一，创业企业成长是通过外部网络的构建、治理与保持以获取资源的过程。揭示创业企业所构建的创业网络联结组合的构成内容，识别创业企业治理联结组合的方式及其所致高绩效导向的异变过程，有助于抵近观察创业企业成长的过程，丰富对创业企业成长过程中网络行为的科学认识，从网络的角度解释创业企业成长的逻辑与规律。第二，网络组织研究大多以成熟企业为网络的核心企业，关注企业间具有对等关系的双边联结，基于此所形成的网络理论可能并不适用于以创业企业为核心、具有高度不确定性和资源不对等关系的创业网络。在创业情境下，对创业网络联结组合的探讨，有助于从高动荡性、高非均衡性角度剖析网络的内涵，丰富对网络运行内在机理的科学认识，为针对创业情境的研究提供更为广阔的视角。第三，对中国情境下经济转型所带来的制度多元性的关注，使研究深入探索转型制度环境下创业网络的独特性，有助于为创业网络领域围绕制度转型的研究展现新的空间。

本书从联结组合的协同作用而非单一联结的独立作用角度解释创业网络的构成，从质量维度而非数量维度衡量创业网络的有效性。已有的创业网络研究大多以单条双边联结为研究对象，对按照强度属性划分的强联结与弱联结给予了较多的关注，而且大多侧重于从数量维度，如网络规模等变量，论证创业网络的绩效提升作用。笔者主持的国家自然科学基金项目也是以单一联结为分析单元，着重剖析单一联结的人格化与非人格化属性。本书则以整体性的联结组合为研究对象，凸显了对多要素间互动、跨联结间协同的研究，有助于揭示什么样的联结组合更能提升创业企业绩效等深层次问题。同时，本书着重从质量维度切入，探讨创业网络的构成内容，从主体多样性与资源结构视角刻画创业网络联结组合的内容，有助于深入挖掘创业企业借助网络联结获取资源的内在逻辑。

本书突破已有创业网络的过程研究局限，侧重于时间维度的周期性演化，重点剖析创业网络联结组合按照多要素互动的异变过程，以解读有效的网络异变过程。已有关于创业网络过程方面的研究集中于勾画创业网络衍生的时间过程，或依循创业企业成长阶段探究不同类型网络的匹配，鲜

有对创业网络联结组合构成要素间互动博弈的深入研究。笔者主持的国家自然科学基金项目正是关注了创业网络形成前的自然衍生过程,而本书关注的是创业网络形成后的发展过程。本书结合用于过程研究的扎根理论与演化博弈方法,探究创业网络联结组合资源水平、关系强度与连接方式的三重异变以及三要素间的互动,有助于深刻解析创业网络联结组合异变的内在机理,形成解释创业网络联结组合有效性的关键理论依据。

本书不同于以往基于双边联结探讨网络治理机制的研究视角,从治理成本而非治理绩效的角度挖掘联结组合混合治理机制的内涵与机理,提炼创业网络治理过程中可管理的理性要素。已有的创业网络治理研究大多基于单条双边联结探讨治理问题,笔者主持的国家自然科学基金项目即在创业网络形成过程中基于单条人格化或非人格化联结探讨治理问题。本书则着重从联结组合的治理问题切入,在探讨按照联结组合的主体多样性和资源结构选择适宜的治理机制的基础上,探讨多联结间治理机制的协调与平衡,以构建联结组合的混合治理机制。此外,已有研究大多遵循绩效导向的治理机制选择,较少关注治理成本的分析与预测作用,本书则从治理成本角度深入探索治理成本最优导向下的治理机制,挖掘治理要素间的协同,且运用系统动力学方法仿真分析联结组合治理系统的内在机理,有助于提升对创业网络治理规律的科学认识,通过对理性管理要素的提炼增强创业网络的有效性。

创业网络联结组合研究的实践意义主要体现在以下三个方面。第一,有助于人们对"创业企业构建什么样的创业网络联结组合更有效"形成认知,启发创业企业和正在创业的个体加强对创业网络联结组合构建的规划与管理,提供如何借助网络获取资源的建议。第二,有助于对已有创业教育理论形成补充并起到强化作用,突出创业网络可管理、可变化的战略逻辑。深入探究创业企业构建联结组合、依靠治理机制驱动联结组合异变的决策逻辑与行为规律,有助于情境化地分析创业企业的网络构建行为与网络治理方式,提升创业教育的针对性与实操性。第三,有助于对创业网络环境建设方面的政策制定提供依据与参考。当前,我国的创业网络环境建设对创业企业需求的针对性不足,如创业孵化器、创业园区仅扮演着"办公室"的角色,未能对创业企业的网络建设提供指导与帮助。因此,研究创业企业如何构建并管理联结组合,有助于相关部门、机构制定针对创业企业需求与管理实践的政策措施,增强创业企业的创业网络意识,营造良好的创业网络氛围。

第二章 创业网络联结组合的研究进展

创业企业面临资源匮乏与合法性不足的劣势,往往要依靠网络来获取资源,而创业网络对处于经济转型期的创业企业而言尤为重要。相较于成熟市场经济而言,转型经济背景下制度体系的发达程度不高,资源在社会中呈现不合理的配置格局,即正式制度体系内组织的社会地位更高,因而掌握更多的资源,而非正式制度体系内的组织,如创业企业则具有明显的资源缺陷。同时,经济转型期的制度信任水平较低,企业间的交易成本更高,使创业企业获取成长所需资源的难度增大。[1] 因此,创业企业只能借助创业网络,从游离于正式制度体系之外的资源提供者手中获取资源,这意味着创业网络成为正式制度支持的一种替代。[2]

建立并治理外部网络是与创业企业成长相伴相随的共演化过程。这种外部网络是以创业企业为网络的核心,由此向外延伸拓展的自我中心式网络,被称为创业网络。已有关于创业网络的研究或侧重于以网络整体为分析单元,着重探讨网络整体的构成与结构特征,或以单一联结为分析单元,分析单一联结中所承载的网络资源、关系属性、知识共享等,鲜有对联结组合特征与内容的挖掘。但现实观察则显示,创业企业非常注重构建适宜自身生存与成长的联结组合,而不是着眼于通过单一链条的资源获取。对此,Ozcan 和 Eisenhardt(2009)关于创业企业联结组合构建过程的研究对这一现象做出了很好的回应。他们在研究中指出,创业企业所建

---

[1] 朱秀梅、李明芳:《创业网络特征对资源获取的动态影响——基于中国转型经济的证据》,《管理世界》2011 年第 6 期。
[2] Batjargal, B., Hitt, M. A., Tsui, A. S., Arregle, J. L., Webb, J. W., Miller, T. L., "Institutional Polycentrism, Entrepreneurs' Social Networks, and New Venture Growth", *Academy of Management Journal*, Vol. 56, No. 4, 2013, pp. 1024–1049.

立的每一条联结都出于特定的战略目的,但是多条联结组合在一起会形成大于单一联结的更重要的作用,因为其背后所依据的联结组合内的交互关联性更有利于提升创业企业绩效。因此,所谓创业网络联结组合,是指创业企业同时与多主体建立的蕴含多条联结协同作用的集合体。

在关于创业网络的理论研究不断涌现的情境下,已有研究主要围绕网络结构、网络过程等问题得出了一些有价值的结论,同时也引发了一些看似简单却具有挑战性的问题。首先,具有什么样构成内容的创业网络联结组合更有利于创业企业成长?早期的研究侧重于援引成熟企业网络的结构变量,大多从数量维度解读创业网络的构成[1],对于何种内容,如主体多样性、资源结构等如何影响创业网络联结组合的治理方式,以及如何影响联结组合的有效异变等问题研究不足。其次,如何对创业网络联结组合进行管理?大多数研究仍借鉴网络治理理论解释创业网络治理问题[2],对于关注科层还是市场治理,关注契约还是信任治理,没有深入探讨多联结协同的联结组合适应性治理机制问题。事实上,在创业网络情境下,契约与信任更多地表现为互补关系,从而形成有别于单一联结情境下适应联结组合的混合治理机制。最后,创业网络联结组合有效的异变过程是怎样的?已有围绕创业网络过程的研究侧重于时间维度下从衍生到成长、发展的周期过程,而没有关注创业网络过程的自发性与目的性,呈现行为驱动下创业网络从一个均衡状态至另一个均衡状态的异变过程。针对上述问题,本章对创业网络的研究脉络与进展进行了系统梳理,并对创业网络由网络联结向联结组合研究的深化做出了文献解释。

第一节 创业网络联结组合的相关研究

创业网络是创业企业获取资源的重要渠道。已有研究普遍认可创业网络规模越大,创业企业可获资源就越丰富,绩效水平也越高。然而,在现

---

[1] Hite, J. M., "Evolutionary Processes and Paths of Relationally Embedded Network Ties in Emerging Entrepreneurial Firms", *Entrepreneurship Theory and Practice*, Vol. 29, No. 1, 2005, pp. 113–144.

[2] Hoang, H., Antoncic, B., "Network-based Research in Entrepreneurship: A Critical Review", *Journal of Business Venturing*, Vol. 18, No. 2, 2003, pp. 165–187.

实观察中我们发现，在同等规模下，创业企业与拥有不同资源的主体建立联结，利用不同的治理方式管理联结组合，会使创业网络的有效性呈现差异。在构建并利用创业网络联结组合的过程中，通过直观的判断可以发现，创业企业更注重尽可能多地建立网络联结以增加获取资源的机会与可能渠道。然而，研究发现在资源不对等与高度不确定的条件下，创业企业难以与其他企业以资源换资源，因而倾向于与拥有高资源含量的多样化主体建立联结[1]，利用有效的治理方式撬动多样主体拥有的资源以使一次性交易转变为常规性交易，增强创业网络联结组合的可持续性以促进资源的持续获取。[2] 更进一步，治理方式的选择与运用有助于最大化联结组合的经济交换价值，最小化这种复杂交换关系的治理成本，促进联结组合在内容层面发生异变，形成有别于创业网络联结组合的初始构成，更有利于绩效提升。因此，单纯从数量维度援引网络规模等变量来衡量创业网络联结组合，不足以解释独特的创业情境下网络有效性的本质内涵，而应从创业网络联结组合的构成内容、治理机制及其引发的异变过程深入探讨网络有效性的根本动因。本节将对创业网络联结组合的构成特征、影响联结组合形成的因素，以及联结组合交互关联性的本质内涵进行解读。

一、创业网络联结组合的构成特征

近年来，联结组合现象日益引起学术界的关注，已有研究从组织理论、网络理论、战略理论等多个视角尝试对联结组合现象进行解释，联结组合逐渐成为网络研究的重要分析单元。从已有关于创业网络的研究来看，按照本书第一章关于联结组合界定的分析中累积性视角的分析思路，将创业网络联结组合界定为"创业企业所构建的所有直接联结的集合"，这是主流且常见的定义方式。[3] 其本质在于以特定的方式将多条网络联结

---

[1] Ibarra, H., Barbulescu, R., "Identity as Narrative: Prevalence, Effectiveness, and Consequences of Narrative Identity Work in Macro Work Role Transitions", *Academy of Management Review*, Vol. 35, No. 1, 2010, pp. 135 – 154.

[2] Newbert, S. L., Tornikoski, E. T., Quigley, N. R., "Exploring the Evolution of Supporter Networks in the Creation of New Organizations", *Journal of Business Venturing*, Vol. 28, No. 2, 2013, pp. 281 – 298.

[3] Ozcan, P., Eisenhardt, K. M., "Origin of Alliance Portfolios: Entrepreneurs Network Strategies, and Firm Performance", *Academy of Management Journal*, Vol. 52, No. 2, 2009, pp. 246 – 279.

混合在一起，而非简单的累积求和，其混合所带来的多联结协同使联结组合具有超越单一联结独立作用的更重要的价值。创业网络联结组合逐渐引起创业研究与网络研究学者们的关注，同时，如何建立联结组合（特别是高绩效联结组合）、如何管理联结组合，以及如何培养管理联结组合的能力，日益引起网络研究与战略联盟研究学者们的重视。围绕这些问题，已有研究积累了一定的成果，提出了一些值得深入思考与进行延伸研究的问题与观点，但研究还欠深入，缺乏整合性、一致性的研究框架和理论架构。

1. 创业网络联结组合形成的识别

关于创业网络联结组合的形成，主流观点认为这一过程始于创业企业对其先前社会关系（Existing Ties）的检视，经过对企业间交互经济优势的识别以及关系测试与控制，止于创业企业多条联结的同时建立，而非一系列单一联结的逐一建立。对于联结组合形成的衡量，已有研究通常采用的维度包括联结主体或联结数量、联结主体间信任的产生、价值分配方案的确立等。构建联结组合是创业企业利用外部网络实施创业的重要活动，由此所形成的联结组合构成特征会对创业企业成长以及创业企业绩效产生复杂而有趣的影响。因此，为了勾画创业网络联结组合的构成内容并掌握其中的关键要素，有必要深入探索创业网络联结组合形成的影响因素。

2. 创业网络联结组合形成的影响因素

尽管网络已经不再是新颖的话题，但关于创业网络的研究从来没有停止过，究其原因，可能与创业企业成长过程有关，网络对创业企业成长的作用是毋庸置疑的。基于此，越来越多的网络研究学者将网络研究延伸至创业情境，探讨创业企业的创业网络是如何形成的。同时，创业研究领域的学者们也深入探索创业企业如何构建有利于特定项目实施、复杂任务达成、高绩效表现的网络联结组合，剖析在何种情境下创业企业会与什么样的合作伙伴建立什么样的联结以形成联结组合。关于创业网络形成过程的研究较为丰富，如 Larson 和 Starr（1993）的创业网络形成过程模型，但围绕创业网络联结组合形成过程的探索还处在起步阶段，仍需要给予更多的关注和进行更深入的研究。从少量对创业网络联结组合形成的影响因素的研究来看，人力资本和社会资本是较为突出的两大因素，其中社会资本分为创业者层面的社会资本和创业企业层面的社会资本。

(1) 创业者层面的影响因素

从人力资本角度来看，已有研究主要围绕创业者在教育程度、先前经验以及行为模式方面所展现出的个人特质展开研究，由此分析创业者个人特质对联结组合构建的影响。① 对"创业者特质-联结组合构建"的研究并不是探讨创业者所拥有的人力资本或质量对联结组合构建的影响，即人力资本更丰富的创业者是否更容易构建高绩效的联结组合，而是分析具有个人特质的创业者如何找寻联结组合中的其他主体，如何构建与相关主体的关系，从而形成联结组合。围绕这一问题，已有研究大多主张同质性观点，认为创业者更愿意与和自己"长得像"的主体建立联结，表现为联结组合中的联结主体与创业者在教育背景、受教育程度、先前工作经验等方面存在相似性。此类研究更多地聚焦于创业者个人网络，其网络联结组合的构成以为创业者提供帮助的个人为主。

从社会资本角度来看，创业者在创立新企业之初作为初始资源所投入的社会资本，会对联结组合的形成产生影响。② 社会资本理论认为，社会资本是指个人或集体通过社会联系获取关键性资源并由此获得利益的能力。创业者的先前社会关系是一种重要的社会资本，是创业企业创建过程中的关键资源。由于存在新进入缺陷，创业企业往往面临初始资源不足或获取外部资源的能力不够等难题，此时创业者的先前社会关系就成为其在创业过程中获取资源的关键通路，社会资本会对创业者构建创业网络联结组合的行动产生影响，为其提供潜在的机会联结和重要的资源供给。正如 Anderson 和 Jack（2002）所指出的，社会资本是社会网络所承载的资源，而创业者的社会资本是其先前社会关系网络所蕴含的产出性资源，这种资源推动先前社会关系网络向创业企业的创业网络演化，即 Peng（2003）所提出的个人化网络向非个人化网络转化。从先前社会关系的内容来看，创业者在先前社会关系中所联结的主体会影响其构建联结组合时的合作伙伴搜寻。韩炜等（2017）研究发现，创业企业的创业者会依托先前社会关系建立与先前社会关系主体的联结，或者通过先前社会关系建立与第三

---

① Ibarra, H., Barbulescu, R., "Identity as Narrative: Prevalence, Effectiveness, and Consequences of Narrative Identity Work in Macro Work Role Transitions", *Academy of Management Review*, Vol. 35, No. 1, 2010, pp. 135 – 154.

② Ozcan, P., Eisenhardt, K. M., "Origin of Alliance Portfolios: Entrepreneurs Network Strategies, and Firm Performance", *Academy of Management Journal*, Vol. 52, No. 2, 2009, pp. 246 – 279.

方的联结,从而构建包含多联结的联结组合。从先前社会关系强度属性来看,创业者与不同关系主体间表现为紧密程度不同的强弱关系时,反映出创业网络整体的密度差异①,这进一步影响了创业企业利用创业网络获取资源的能力以及联结组合的结构与形成过程。②

从社会网络理论角度来看,创业者个人网络本质上是创业者个人与其所处社会关系网络中个体之间的关系集合,这种关系所表现出的强弱联系程度的不同会导致创业者网络整体的绵密程度存在差异。而这种差异会在一定程度上影响创业企业资源的可获得性、可接近性和不确定性,进一步影响创业企业构建创业网络联结组合的过程特征与结构特征。

(2) 创业企业层面的影响因素

从创业企业层面来看,高管团队社会资本是联结组合形成的重要诱因。高管团队社会资本由社会资本理论与高层梯队理论推演而来,Shipilov 和 Danis (2006) 最早提出这一概念,认为"高管团队社会资本是指依赖于高管团队成员关系及外部关系给企业带来的一系列可用资源的总称"。国内外学者针对高管团队社会资本不断进行深入研究和讨论,并在不同的研究视角下,对高管团队社会资本的含义和本质给出不同的解释。

Adler 和 Kwon (2002)、Yli-Renko 和 Autio (2001)、Shipilov 和 Danis (2006) 将高管团队社会资本划分为两个层次,即高管团队外部社会资本和高管团队内部社会资本。高管团队外部社会资本是指团队成员从其与外部组织机构或相关主体间的弱关系中获取的中间业务、知识、信息、资金和收益,在企业与外部关系网络各个节点之间扮演桥梁角色。高管团队外部社会资本可以帮助企业及时获取具有竞争优势的信息与资源,尤其是企业生存和发展所必需的关键稀缺资源。高管团队外部社会资本是将企业高管团队视作一个整体,考察其通过外部关系网络获取关键性稀缺资源的能力。这种"桥梁式"社会资本也可以理解为高管团队成员借助与外部个

---

① Granovetter, M., "Problems of Explanation in Economic Sociology", In Nohria, N., Eccles, R., *Networks and Organizations: Structure, Form, and Action*, Boston: Harvard Business School Press, 1992, pp. 25 – 56.

② Hite, J. M., Hesterly, W. S., "The Evolution of Firm Networks: From Emergence to Early Growth of the Firm", *Strategic Management Journal*, Vol. 22, No. 3, 2001, pp. 275 – 286.

体或组织的联系而获取的一系列实际或潜在的稀缺资源的集合。① 高管团队内部社会资本以制度化的团体关系为基础，反映团队集体的内部特征，如蕴藏的规范、彼此的信任以及共同的愿景，体现团队成员通过团队内部个人社会资本（个人关系网络）实现资源交换。这种具有团结内黏特征的强关系网络有助于协调团队成员的关系，促进信息与资源在企业内部得到充分的流通、吸收与整合，提高企业决策效率和执行力，从而实现在团队内部充分有效的合作下共同达成集体目标。② 这种"内黏式"社会资本也可以理解为高管团队成员间通过建立在信任和规范基础上的社会关系网络获取和交换既有资源的能力。③

高管团队社会资本对企业绩效的影响是国内外研究的热门课题，学者们分别从不同的角度对其进行了理论与实证研究。围绕社会资本的研究呈现两个脉络下四个维度的交叉研究，即从企业层面和个体层面针对内部社会资本和外部社会资本的研究。相较于企业层面的社会资本更多地被用于解释交易成本的降低、资源渠道的改进、创新手段实施的成功率，个体层面的社会资本则被用于解释个人职业发展、权力及其影响、绩效的改善。关于个体层面的社会资本-绩效关系研究，较多地关注企业关键管理者，因而遵循高阶理论将研究重点锁定为高管团队社会资本。例如，Peng 和 Luo（2000）基于对中国华东地区 128 家企业高管的问卷调查，证实了高管团队社会资本能够带来更高的企业绩效。Cooke 和 Clifton（2002）研究发现充分利用高管团队社会资本的企业比没有充分利用高管团队社会资本的企业具有更高的效益。然而，从高管团队视角解析企业绩效往往聚焦于内部社会资本，通过企业内部机制如知识整合、信息交换等建立对绩效的理论解释。例如，Karahanna 和 Preston（2013）基于知识整合的观点研究发现，首席信息官和高管团队间的社会资本通过信息系统的战略配置影响企业绩效。因此，已有研究对个体层面社会资本的外部构成及其作用探索不足。

近年来，基于外部视角考察社会资本-绩效关系的研究不断涌现，相关研究尝试从外部资源渠道可获性角度解释这一关系机制。从研究的焦点来看，主要表现为两个方面的特征。一是较多地立足企业层面探讨外部社

---

① 张进华：《高管团队人口特征、社会资本与企业绩效》，华中科技大学博士学位论文，2010。
② Knight, D., Pearce, C. L., Smith, K. G., et al., "Top Management Team Diversity, Group Process, and Strategic Consensus", *Strategic Management Journal*, Vol. 20, No. 5, 1999, pp. 445–465.
③ 陆红英、董彦：《高管团队社会资本量表开发及信效度检验》，《经济论坛》2008 年第 9 期。

会资本的绩效作用,更强调组织间关系背景下企业多种外部关系的整合所驱动的资源可获性。[1] 已有研究主张外部社会资本对企业层面结果的产出,如企业绩效、企业创新、企业吸引关键资源的能力等具有重要作用,但对个体层面社会资本的绩效作用研究不足。二是研究大多从结构、关系、认知维度解析社会资本,或以组织间网络指代企业层面社会资本,忽视了社会资本在个人维度的内容构成。已有研究大多利用商业网络资产、信息网络资产、政治网络资产、研发网络资产等指代外部社会资本,且以企业为网络节点构建对社会资本的解析及其对绩效作用的解释,而忽视了个人特别是企业关键管理者对网络构成以及社会资本效用发挥的决策作用。少数新近研究开始尝试从个体层面探究社会资本的作用,如Collins和Riley(2013)分析了高管团队社会资本对企业构建多样化联盟组合的影响,尝试建立高管团队社会资本效用的外部解释机制,但并未对高管团队的绩效作用做出解释。

综上,关于社会资本-绩效关系的研究主要侧重于内部机制的解释,针对高管团队外部社会资本的解释尚有不足,也缺乏对社会资本绩效作用的外部理论解释,这使围绕高管团队社会资本通过其在联结组合构成上的决策进而影响绩效的关系研究具有重要的理论意义。

3. 创业网络联结组合的构成特征

(1) 联结组合的强度特征

网络联结的强度是网络研究的核心话题,正因如此联结强度也被研究者引入用以解释联结组合的构造。早期关于联结组合构成特征的研究,尽管立足联结组合的视角,但仍以单一联结为分析单元,比较强联结与弱联结在联结组合中的不同作用,旨在回答究竟是强联结还是弱联结更容易促进创业网络联结组合提升运行有效性。围绕这一问题,一些研究肯定了强联结在资源获取方面的关键价值[2],指出创业企业在构建联结组合时更具有建立强联结的动机,这有助于创业企业利用通过强联结获取的资源优势克服资源缺陷和合法性门槛。例如,Lechner和Dowling(2003)在其研究中指出,创业企业应当着力实现由弱联结向强联结的转换,因为后者更有

---

[1] Collins, J., Riley, J., "Alliance Portfolio Diversity and Firm Performance: Examing Moderators", *Journal of Business & Management*, Vol. 19, No. 2, 2013, pp. 35–50.

[2] Steier, L., Greenwood, R., "Entrepreneurship and the Evolution of Angel Financial Networks", *Organization Studies*, Vol. 21, No. 1, 2000, p. 163.

利于创业企业利用强联结的紧密关系作用撬动其所承载的关键资源。还有一些研究发现，弱联结更有利于创业企业接入更大规模、更多样的网络，获取多样化的信息与知识。正如社会学家 Granovetter（1992）、Burt（1992）在其关于弱联结、结构洞的研究中所提到的，强联结限制了多样化信息的涌现，紧密的联系使多主体间所拥有的信息具有同质性。而接触并不频繁的弱联结，加之结构洞所形成的接入新网络的联结格局，能够使创业企业享有信息优势，激发创新构想。

基于对两种联结的比较，新近研究认为创业网络联结组合作用的发挥，有赖于将具有不同属性的联结组合在一起，如强联结与弱联结的组合，从而在组合层面发挥两种联结的优势。这一观点的理论基础在于，强联结和弱联结并不存在根本的优劣差异，而是各自具有不同的作用，二者都有利于创业企业的成长，因此有理由将其进行整合。在此基础上，Elfring 和 Hulsink（2003）的研究对强联结与弱联结的组合如何影响创业企业的机会发现和资源获取做出了较好的解释，他们在研究中指出，强联结对创业企业的资源获取具有重要作用，而弱联结则对促进创业企业提升合法性具有积极的贡献，二者的整合有利于创业企业克服新进入缺陷。

（2）联结组合的异质特征

近期关于联结组合构成的研究，跳脱从联结强度角度对网络联结进行划分，从不同的研究层面和角度重新考量联结组合的构成内容与结构。对于包含多条联结的联结组合，联结间的差异性是其重要特征，这种差异赋予了多条联结间形成互补效应的潜在机会。而这种差异不仅表现在联结强度上，而且可能表现为联结对象特征、联结中的资源含量与资源质量等方面的差异。

关于联结对象的特征差异，新近研究就联结组合应融合同质性的联结对象还是异质性的联结对象进行了深入讨论，尽管研究结论并不一致，但丰富了人们对联结对象特征的探讨。从战略一致性的观点来看，多数研究认为联结组合的建立应基于同质性假设，通过比较创业者与其联结对象在性别、年龄、职业、教育背景等方面的差异来解析联结组合中主体层面的同质性。其理论解释逻辑在于，创业企业的创业者更倾向于选择那些与自己存在相似性的个人建立联结关系，这更有利于寻求创业共识，符合网络运行的战略一致性观点。这与初期阶段创业者缺乏可信性关系有关，而相似特征更有利于促进创业者与伙伴之间的理解与共识，甚至信任的达成。

与此不同，有些研究认为创业者或创业企业出于异质性的考虑会与跟自己不同的主体建立联结，同时这种异质性还可能存在于联结对象之间。Steier 和 Greenwood（1995）的研究发现，建立由异质化联结对象而不是同质化联结对象所组成的异质性联结组合，更有利于创业企业获取多样化资源。基于此，Ozcan 和 Eisenhardt（2009）的研究进一步阐明了理论，他们主张创业企业寻求与异质化联结对象的合作，是出于对获取与自身拥有的资源形成互补效应的思考。

然而，上述同质性联结组合与异质性联结组合是如何形成的？少数研究就这一问题进行了深入挖掘。构建同质或异质的联结组合并不是构建后再进行创业者与联结对象间特征的对比，而是需要创业者在联结组合建立之初对同质或异质伙伴进行主动搜寻。Phillips 等（2013）的研究探讨了创业者搜寻同质伙伴的行动过程，研究发现创业者借助对自身的身份描述行动（Narrative Identity Work），探索彼此的共同身份特征（Shared Identity Narratives），最终建立了具有同质性的联结组合以拓展对战略异质性的讨论。主张异质性联结组合建立的相关研究，基于资源基础理论和资源依赖理论，认为创业企业应当出于建立互补性资源组合以及如何形成与联结对象间资源相互依赖的考虑，建立更多地表现为资源层面异质性的联结组合。

综上所述，围绕创业网络联结组合构成内容的相关研究，从创业者与联结对象的差异角度着重探讨了同质化或异质化联结对象的筛选，以及联结组合内强联结与弱联结的对比选择或整合，但不同研究之间在结论上存在较大的不一致性，对相似研究结论的整合也存在一定的不足。此外，已有研究对联结组合中的资源特征缺乏深入的挖掘，未能就联结组合的资源质量、资源多样性等影响联结组合价值的关键因素做出细致的探索。

（3）联结组合的互补特征

从资源论视角来看，基于资源互补性而非相似性所产生的资源组合的协同效应呈现更为显著的隐蔽性与独特价值性。就隐蔽性而言，当资源组合中包含相似资源构成时，基于相似资源所形成的资源协同易被市场所探查。[1] 例

---

[1] Harrison, J. S., Hitt, M. A., Hoskisson, R. E., Ireland, R. D., "Resource Complementary in Business Combinations: Extending the Logic to Organizational Alliances", *Journal of Management*, Vol. 27, No. 6, 2001, pp. 679–690.

如，当两个企业都拥有较丰富的研发资源时，它们之间更可能通过规模经济或范围经济形成研发导向的资源协同。然而，当一个企业拥有较丰富的研发资源和较高的研发能力，与另一家研发能力弱但拥有互补性资源（如较丰富的营销、分销资源）的企业建立联盟时，其资源组合的潜在协同价值更不易被市场所检验与评估。就独特价值性而言，互补资源的价值在于资源间的交互作用所表现出的价值性。表现出互补特征的资源并不居于对等地位，但它们同时对彼此形成相互支撑。[①] 拥有相似资源的企业间所建立的联盟主要通过规模经济效应，以及资源累加所形成的市场影响力的提升来创造价值，很难实现规模以外的潜在协同。相比之下，拥有互补资源的企业间所建立的联盟则通过资源使用范围的扩大，借助范围经济创造独特价值。

关于资源互补性的内涵，早期研究关注拥有某种资源的一方与缺乏资源的另一方之间的互补。如 Stuart（2000）研究指出不具备尖端技术的新创、小型企业倾向于与拥有尖端技术的成熟、大型企业建立联盟。可见，资源缺失情境下的资源弥补式联盟呈现早期的资源互补特征。随着研究的推进，后续研究从资源的类型化视角揭示资源互补特征，主张类型差异化资源间存在互补性，如有形与无形资源、财务与非财务资源。尽管相关研究认为企业会寻求与跟自身资源互补的资源提供者建立联盟，但对何为"资源互补"并没有做出深入的解释。

无论是资源论视角对互补资源特性（隐蔽性、独特价值性）的解析，还是联盟视角对资源互补性含义（资源弥补、类型差异）的界定，相关研究大多以资源提供与资源获取的成对企业或双边联盟为研究对象，强调两个企业间的资源交互作用。近年来，随着战略联盟研究逐渐由聚焦双边联盟转向多联盟构造的联盟组合，资源互补性成为该研究领域关注的焦点。更进一步，围绕联盟组合的研究逐渐从结构层面，如多样性对联盟组合的解析转向资源层面，对联盟组合的构成内容，特别是针对交互关联性挖掘的研究取得了一定的进展。

第一，相关研究开始从资源层面解析联盟组合的交互关联性构造，但未能揭示联盟组合中资源互补的作用机理。Cui 和 O'Connor（2012）

---

① Hite, J. M., Hesterly, W. S., "The Evolution of Firm Networks: From Emergence to Early Growth of the Firm", *Strategic Management Journal*, Vol. 22, No. 3, 2001, pp. 275–286.

等在传统的主体多样性、功能多样性、治理多样性的基础上，引入资源多样性概念，从资源的角度解析联盟组合的构成。相关研究指出，创新绩效受到多样化资源的影响①，原因在于资源多样性增加了新资源的种类，这会激发企业的创造力与学习力。②但该研究仅从静态角度呈现了多样化资源结构对创新绩效的影响，并没有解释不同资源间交互作用的绩效影响。

第二，少数研究尝试探索资源互补的作用规律，为后续研究打下了基础。Wassmer 和 Dussauge（2011）以及 Wassmer 等（2017）的系列研究对联盟组合中跨联盟间的资源互补给予了关注，以航空企业为研究对象，发现当焦点企业通过新联盟获取的资源与其现有联盟组合蕴含的资源互补时，焦点企业能够创造更大的价值；而当新联盟资源与现有联盟组合资源相互替代时，则会降低焦点企业创造的价值。该系列研究首次涉及跨联盟间的资源互补，是对从资源角度解构联盟组合交互关联性的有益尝试，但其对资源互补性的衡量方式主要为累加原有联盟组合中不包含的但新联盟增加了的航空旅程，这意味着对这一关键构念的衡量一方面仍沿用以一方资源缺失为前提的资源弥补式互补，另一方面将旧联盟组合蕴含的资源视为一个整体，因而互补的载体指向新联盟与旧组合之间，而非组合中各个独立联盟之间。Wassmer（2017）的研究在一定程度上弥补了这一缺陷，该研究聚焦联盟组合中各独立联盟间的资源互补特征，通过对各联盟资源的识别与初步分类，采用专家咨询法确定存在互补性的资源类型，进而利用布劳指数确定资源互补性程度。该研究遵循不同类型资源的相互支撑逻辑来衡量资源互补性，指出联盟组合在市场拓展与效率提升这两类资源间的互补程度越高，企业的绩效就越好。然而，由于该研究以双元理论为基础，加之航空行业的独特性，该研究仅将识别出的 13 类资源划分为互为补充的两大类，后续研究可借鉴资源论、价值链理论等对互补资源进行更为细致的划分与挖掘。

---

① Cui, A. S., O'Connor, G., "Alliance Portfolio Resource Diversity and Firm Innovation", *Journal of Marketing*, Vol. 76, No. 4, 2012, pp. 24 – 43.
② Sampson, R. C., "R&D Alliances and Firm Performance: The Impact of Technological Diversity and Alliance Organization on Innovation", *Academy of Management Journal*, Vol. 50, No. 2, 2007, pp. 364 – 386.

二、创业网络联结组合的治理机制

网络治理是网络理论和交易成本理论都非常关注的问题。从理论的核心观点来看，两种理论都主张网络治理机制是促进资源交换、保障网络有效性的重要手段，但两种理论对于应当采用何种治理机制以及治理机制背后的逻辑是什么则存在差异。网络理论强调以信任为主要治理要素的治理机制，而交易成本理论则强调以契约为主要治理要素的治理机制。在创业情境下，创业网络的治理机制作为网络治理的重要内容逐渐引起学者们的重视，并已得出了一些有价值的研究结论，丰富了人们对创业网络可以被管理的规律性成分的认识。但已有研究大多援引网络治理理论并将其应用于创业网络实践，缺乏针对具有高度不确定性和资源不对等关系的创业网络的适应性治理机制研究。

1. 创业网络治理

近年来，网络理论逐渐成为解释创业企业成长逻辑的重要理论。少数学者也开始认识到创业网络所蕴含的资源要转化为创业企业绩效并促进创业企业成长，关键在于对网络组织的治理，借此提高创业企业从网络主体手中获取资源的可行性、进行信息交换的可靠性、关系型网络嵌入的有效性。由此可见，创业网络治理是极具前景的研究方向，也是具有较高实践价值的研究主题。

已有关于创业网络治理的研究主要沿用成熟企业网络治理的理论与方法，主流研究呈现三类脉络：第一类是创业网络的治理结构；第二类是嵌入特性下创业网络的治理机制；第三类是创业网络治理特征对创业企业绩效的影响。

第一类研究聚焦创业网络的资源配置如何受治理结构特征的影响。从治理结构角度来看，已有研究侧重于对创业网络联结属性的识别，分析单元往往围绕单一联结展开，揭示创业网络中双边联结属性对创业企业资源获取的影响。Elfring 和 Hulsink（2003）的研究发现，创业企业网络中强联结与弱联结的组合会对创业企业的机会识别和资源获取产生重要影响。

第二类研究立足网络理论中的嵌入观点，探讨嵌入类型对创业网络治理机制选择的影响，特别凸显了关系型嵌入的重要作用。Hite（2003，2005）围绕创业网络联结的嵌入性特征进行了系列研究，挖掘出不同类型的关系型嵌入如何诱发信任机制的生成。该研究显示，随着创业企业的成长，创业网络联结会逐步向关系型嵌入演化，而创业网络中蕴含的社会资本要素会对以正式契约为手段的治理机制产生更大的需求。相较于以往研究关注创业网络中关系链条在不同类型间的转换，如由基于信任的关系向基于经济计算的关系转换、由一种类型向另一种类型转换①，在一种类型的关系联结内嵌入程度的不断提高更具实践指导意义，有助于指导创业企业以适宜的方式运用关系治理机制。

第三类研究侧重于识别创业网络有别于成熟企业网络的独特治理特征。相较于成熟企业网络治理，创业网络治理表现出三个方面的独特性。一是创业网络的治理客体，即治理对象往往是偶发性交易，因而通常采用以信任要素为核心的非正式治理机制。其理论依据在于，创业企业较低的合法性使其难以与成熟的、大型的、高地位的企业保持周期性交易，而对偶发性交易中冲突的解决需要依赖于关系要素的投入与情感的维系。② 二是在创业企业的外部交易结构中，交易对象的身份尤为重要。创业企业的主要交易对象往往不是成熟的大企业，而是由创业者社会网络所带来或引荐的与创业者具有先前关系的同质伙伴，这强化了创业企业对信任的依赖以及信任对契约的补充。三是具有新进入缺陷的创业企业需要借助外部网络来获取网络中的资源，而资源的获取并不直接源于交易，需要创业企业通过学习来掌握资源背后潜藏的知识，因而需要学习机制与契约、信任机制的相互融合、补充。

可见，既有的网络组织治理研究以成熟的大企业为背景，其治理理论更适合成熟大企业的交易情境；而对创业企业创业网络治理的探讨则应从独特的创业情境出发，挖掘情境化的治理机制，以丰富网络治理理论的内涵。更进一步，已有研究虽整体性地探讨创业网络治理问题，但仍以双边联结为分析对象，鲜有针对联结组合治理问题的探讨，因而也就缺乏对多治理要素互动、整合的深入挖掘。

---

① Hite, J. M., Hesterly, W. S., "The Evolution of Firm Networks: From Emergence to Early Growth of the Firm", *Strategic Management Journal*, Vol. 22, No. 3, 2001, pp. 275–286.
② Hager, M. A., Galaskiewicz, J., Larson, J. A., "Structural Embeddedness and the Liability of Newness among Nonprofit Organizations", *Public Management Review*, Vol. 6, No. 2, 2004, pp. 159–188.

2. 创业网络治理选择的影响因素

目前，少数研究开始关注在何种因素影响下，创业企业倾向于以什么方式治理创业网络的问题。但研究仍处于探索阶段，对影响因素的识别及其影响作用的剖析尚存在不一致的研究结论。从总体上来看，创业网络的结构特征会影响治理方式的选择与运用，而创业企业在网络战略上的决策与行为会对上述影响产生调节作用，但对于创业网络的何种特征会影响治理方式，以及创业企业什么样的决策与行为会发挥调节作用，还有待进一步探索。

从创业网络的结构特征来看，创业企业治理机制的选择源于其网络结构，即创业网络在联结属性、关系属性等方面的结构特征。首先，在创业企业所构建的创业网络中，网络的主要构成是双边联结还是多边联结，会影响创业网络的治理方式是聚焦双边联结伙伴的关系治理还是多边联结主体的共同治理。对此，Li（2013）通过对创业企业研发联盟网络的研究做出了解答。该研究指出，针对以多边联结为主要构成的创业联盟网络，创业企业会选择股权治理机制。该研究对创业网络治理的探讨侧重于从结构层面对治理问题进行解析，而不是对治理手段的选择与运用。其次，创业网络中关系型嵌入的形成及其类型会影响创业企业治理机制的选择。Hite（2005）围绕关系型嵌入的研究发现，关系型嵌入不仅是有别于结构型嵌入的一种类型，而且其本身还蕴含不同的细分类型。他进一步就不同类型的关系型嵌入分析了适应性的治理机制，即针对不同的关系型嵌入应当采取不同的信任治理机制。最后，网络治理机制并不是一成不变的，而是要根据创业网络结构的变化进行针对性、适应性的改进。Smith 和 Lohrke（2008）针对创业网络情境下信任机制的研究发现，以信任为治理要素的治理机制可划分为认知型信任与情感型信任。相较于理性成分较少而情感要素起主要作用的情感型信任，认知型信任更多地基于创业者的理性判断，而这种治理机制的实施适用于以多边联结为主要构成的复杂网络，而不是以双边联结为主的简单网络。

从创业企业的决策行为来看，创业企业围绕创业网络构建以及网络战略方面的决策与行为，如关系专用性资产投资、知识共享与保护、组织身份描述等会调节影响其对创业网络治理机制的选择。在创业网络治理机制具有网络构成适应性的基础上，Li（2013）研究发现，当创业企业构建适宜的知识保护机制时，更有利于促进创业网络中的知识共享，有利于股权治理作用的发挥。Phillips等（2013）则指出，创业企业更愿意与和创业者同质的网络主体组建联结组合，但通过创业企业主动的身份描述，更有利于联结组合中信任的产生。但已有研究主要围绕创业企业的某一种战略决策，如知识共享与保护、组织身份描述等剖析其对创业网络构成与治理机制选择的调节影响，鲜有从战略决策的全面性、整体性角度探讨其在调节效应中的重要作用。

三、创业网络联结组合的演化过程

近年来，创业网络过程研究越来越引起学者们的关注，研究集中于论证创业过程如何影响网络的演化与发展。从总体来看，已有研究围绕创业网络的演化过程进行了较为深入的分析，积累了大量有价值的研究成果，但对创业网络联结组合演化过程的研究还相对较少，尚缺乏对联结组合形成与演化过程机理的挖掘。

1. 创业网络情境下对过程构念的解析

在创业网络研究领域，已有研究基于生命周期理论、辩证逻辑观点和进化论观点形成了对过程构念的不同解释。从生命周期理论来看，过程描绘出了事件在时间脉络下的线性变化，这是创业网络研究的理论基础。如Larson和Starr（1993）从创业网络的角度描绘了创业企业生成的过程模型，尽管其研究对象是创业企业生成，但其研究脉络沿用了创业网络发展的生命周期，即包含对创业网络联结搜寻、选择、运用的三阶段过程。该研究不仅描绘了创业网络伴随创业企业生成的演化过程，而且剖析了随着创业企业的生成，创业网络在关系强度、关系内的依赖性以及关系所指向的任务复杂性方面逐步强化的原因，这是推动创业企业生成的重要因素。Hite和Hesterly（2001）同样基于生命周期理论对创业网络的动态演化过程进行了分析，该研究以创业企业生成的时间过程为脉络，主张创业网络逐步由基于身份识别的网络转向基于经济计算的网络，网络联结则由以嵌入为主导的联结转向嵌入性联结与市场性联结相平衡的联结组合。

相较于生命周期理论，辩证逻辑观点更强调从辩证的角度审视过程，该观点主张任何事物的发展都涉及多种要素的交互影响，以及多种力量的相互较量，而在要素间整合和力量间平衡中矛盾得以解决，这样的行动序列被视为过程。而进化论观点则立足生物学领域的物种进化，其对过程的理解聚焦优胜劣汰思想指引下，事物从生长到变异，再到筛选与存留的环境驱动变化。综合来看，尽管已有研究较多地采用生命周期理论，从时间维度揭示创业网络的发展与演化，但整合三种理论探讨创业网络演化过程中的要素交互与力量对抗，能够更好地刻画创业网络演化的过程机理。

2. 创业网络演化研究

从分析单元的角度来看，已有关于创业网络的研究可划分为单一联结层面的研究和整体网络层面的研究。从单一联结层面出发，大量的研究沿着网络中的联结强度来勾勒创业网络的演化过程。一部分学者主张创业网络的演化过程伴随着网络中联结强度的逐步提高，以 Larson 和 Starr（1993）、Larson（1992）、Lechner 和 Dowling（2003）为代表的系列研究都主张创业网络会随着创业企业的生成与成长逐步由弱联结转向强联结，这会对创业企业成长产生积极的影响。少数研究开始关注联结的内容，从内容维度对不同形式的网络联结进行解析。以 Hite（2003，2005）为代表的系列研究揭示了创业网络逐步形成关系型嵌入的演化过程。从经济社会学的角度来看，嵌入性最早被提及时指代经济活动受社会和文化结构的影响，强调经济活动存在于如政治架构、社会网络、文化传统、制度基础等非经济因素中的现象。嵌入超越了联结所体现的双边关系，是关系强度更高、彼此间影响更深的关系结构，折射出关系的社会性特征。然而，值得注意的是，不能用强联结来解释嵌入，后者突出联结中所蕴含的关系的质量属性，体现出联结双方的相互影响、共识达成、信任建立以及不可逆承诺的做出。朱秀梅、李明芳（2011）构建了创业网络特征对资源获取动态影响的理论模型，利用中国 324 家创业企业样本进行了实证分析。该研究以创业企业发展阶段为观察维度，审视了不同阶段创业网络特征对资源获取的不同影响。尽管研究仍采用网络规模、网络强度和多样性等总体结构变量，但增加了对创业网络关系特征与社会特征的分析，丰富了对创业网络内容的理解。可见，新近研究已经开始由联结强度转向联结内容，关注联结组合所承载的资源水平、关系属性的变化，这为本书后续的研究提供了有价值的思路。

从整体网络层面来看，存在两种刻画创业网络研究的脉络。一种研究脉络侧重于对创业网络的结构或内容特征如何随创业网络的演化而不断发生变化的过程描绘。例如，专注于创业网络演化研究的学者 Hite（2003）

指出，随着创业网络的演化，整体网络的内聚力会逐步下降。然而，该研究没有对内聚力下降的原因做出深入细致的解释，这一研究结论与单一联结研究关于联结强度提升的观点不一致，也引发学者们的探讨。另一种研究脉络关注创业网络由一种类型向另一种类型转化的过程，相关研究通过对创业网络的类型化解析，揭示出创业企业成长的不同阶段以及所建立的不同网络类型。例如，Hite 和 Hesterly（2001）主张的基于身份识别的网络向基于经济计算网络的转换、内聚式网络向结构洞网络的转换，以及 Lechner 和 Dowling（2003）主张的社会声誉网络向企业间合作网络的转换，都反映出创业网络基于类型转换的演化过程。综上，以整体网络为分析单元的创业网络演化研究在剖析网络内容变化方面存在较大的不足，已有研究大多局限于网络结构与类型的变化。就这一点而言，联结组合可能是一个探究网络内容变化的适宜视角。

3. 创业网络异变研究

企业网络组织的演化（Evolution）与异变（Variation）是不同的研究问题。从时间上来看，前者描述了网络从衍生到成长、发展的周期过程，且与网络中企业的成长紧密相关。这种网络层面与企业层面相匹配的观点，使企业网络组织演化研究一方面强调网络在企业不同成长阶段的内容变化，如 Butler 和 Hansen（1991）描绘出了从社会网络到商业网络再到战略网络的演化过程；另一方面探讨了在企业不同成长阶段网络组织的微观变化，如 Schutjens 和 Stam（2003）分析了企业成长对网络组织规模、网络位置等特征的影响。可见，与跨越企业成长周期的网络演化研究不同，企业网络组织异变研究并不强调与企业成长的关联和匹配，这种异变可能发生在企业成长过程的某个阶段，甚至产生于阶段中更短的时间区隔内。

企业网络组织异变可能是一个相互继起的阶段性渐进变化过程，也可能是一个由多个非连续离散状态所构成的激进变化过程。特别地，当我们从企业网络组织发展的起点和终点来解读这种异变时，它更像"行为者随机地从一个状态转变到另一个状态"。[①] 从这个意义上说，企业网络组织异变是一种均衡的跃迁过程，即它要历经初始均衡到失衡，进而走向下一次均衡。

[①] D'aunno, T. A., Zuckerman, H. S., "A Life-cycle Model of Organizational Federations: The Case of Hospitals", *Academy of Management Review*, Vol. 12, Issue 3, 1987, p. 534.

援引网络理论对网络异变的定义,创业网络异变是指以一个均衡状态为始点,经过网络成员相互依存关系、互动行为以及协同方式的调整,转变至另一个均衡状态的动态复杂过程。基于辩证逻辑和进化论观点的创业网络异变研究关注的是创业网络非周期性、非连续性的变革过程,其中涉及多方力量的平衡与多种要素的互动。尽管已有研究已逐步关注创业网络的非周期性异变,但研究成果还相对较少,仅有少数研究从联结属性切入观察创业网络的异变特征。如 Jack(2005)利用民族志式的研究方法拓展了人们对联结强度的理解,一方面探讨了信息需求导向下联结的有用性和信任要素的投入,另一方面特别强调了隐性联结(Dormant Ties)的概念,指出当前没有发挥作用的隐性联结可能随着联结双方行为的互动与关系的推进而被激活,并迅速发挥作用。

从辩证逻辑与进化论观点出发,创业网络的发展是一个目的性的过程而不是一个反应性的过程。这意味着创业网络的发展不仅是时间维度下的自然演化过程,而且是创业企业理性行动推动下的变革过程。从这个意义上说,创业者创造并管理创业网络,为本书深入探讨创业企业推动联结组合异变的行为规律提供了方向指导。同时,已有研究大多谈及时间维度下联结本身属性的变化,忽视了联结组合的构成内容,如资源水平、关系强度、连接方式等的变化,为本书深入揭示联结组合异变机理提供了研究空间。对网络联结组合异变过程与机理进行深入剖析,将形成对创业网络过程研究的有益补充,基于对要素互动、联结协同的解读,有助于形成对创业网络过程的深刻理解。

围绕创业网络异变的研究,较多关注什么时候创业网络会呈现何种格局或特征,较少探索如何以及为什么这种异变会发生。如 Schutjens 和 Stam(2003)针对313家创业企业样本研究发现,创业企业的上游联结会变得更为商业化、非个人化,而下游联结则趋向于商业化与社会化的整合,即个人化与非个人化的整合。但研究并未指出哪些因素驱动了创业网络异变的发生。对此,少数研究尝试从创业者内生动机与外部环境两个方面挖掘创业网络异变的影响因素。

在创业者内生动机方面,创业网络会逐步由路径依赖式的演化,向创业者主动地、有意识地管理网络甚至网络异变的方式转变,这意味着创业网络异变可能受到创业企业网络战略或网络管理方式的驱动。Hite(2005)进一步指出,创业企业所构建的网络联结转变为关系型嵌入的过程会受到创业企业的网络进入战略、社会杠杆的运用以及信任机制的影响。可见，包含治理机制、网络战略的网络管理方式会对创业网络异变产生重要影响。在外部环境方面，学者们普遍认可创业网络与创业企业是共演化、共发展的，且这一过程会受到外部环境的影响，但已有研究并没有对环境要素进行操作化，也缺乏对中国独特制度环境的剖析。对此，少数研究进行了尝试性探索，如 Batjargal 等（2013）研究发现，在具有多元经济秩序的制度环境中，创业企业更倾向于推动紧密联结的创业网络向富含结构洞的创业网络演变，而这种结构洞特征会对创业企业绩效提升起到积极的促进作用。

可见，创业网络异变是一个复杂的动态过程，涉及创业网络内容的变化，包含内容要素的互动与协调，也是一个内外部因素驱动的过程。但已有研究较多关注时间维度下的网络演化过程，较少探讨均衡转变的网络异变过程，且对创业网络异变机理的探究不足。后续研究应整合内部与外部的双重视角，剖析内部管理要素与外部环境要素驱动下创业网络异变的过程与机理，深入把握创业网络的动态异变特征，从动态角度解释创业企业绩效提升的深层次原因。

第二节 联盟组合的相关研究

伴随着实践领域企业同时建立多个联盟的"联盟新现象"的涌现，加之战略管理学界对联盟问题的延展探索，围绕战略联盟的研究由单一联盟逐渐转向联盟组合。在单一联盟情境下，研究仅能围绕双边联盟关系的两方主体、一个关系展开，难以识别跨联盟间的协同效应。有鉴于此，联盟组合逐渐成为战略联盟乃至企业网络研究的重要分析单元以及研究关注的焦点。同时，在这一研究视角下，一系列全新的、重要的研究问题需要我们深入探究，如联盟组合中多个主体、多条联结所组成的结构特征是什么样的，不同联盟间如何形成相互支撑，在多联盟互动驱动下联盟组合如何演化以促进网络边界的拓展，以及企业如何构建并管理多个联盟从而促进企业绩效的提升等。对这些问题的解答，已有研究援引组织理论、战略管理理论、企业网络理论等做出了不同的努力。但是，相关研究结论并没有被统合在一致的理论框架中,而且从不同的理论视角对相似问题也产生了不一致的理论解释。因此,本书对联盟组合的系列研究进行了梳理(见附表1),并对相关研究进行了评述,就联盟组合的绩效影响效应、交互关联效应、动态过程效应进行了综述与评析,以期厘清既有研究的脉络,并提出有价值的研究方向与研究问题。

一、联盟组合的绩效影响效应研究

1. "联盟组合 – 绩效结果"的因果关系影响

作为一个独特的网络构造,联盟组合会产生什么样的绩效结果,已有研究主要从两个方面展开论述。一方面,关注联盟组合,并对企业财务绩效结果进行研究;另一方面,对企业在创新方面的绩效表现进行深入挖掘。

从财务绩效结果来看,已有研究主要采用收入、利润等财务指标衡量企业的成长绩效,采用股票价格、市值等衡量企业的市场绩效,从而识别企业所构建的联盟组合在企业成长、市场表现上的影响效应。从联盟组合的角度来看,已有研究针对采用联盟组合方式获取外部资源的企业,通过对联盟组合结构、内容的解析分析其对财务绩效提升的影响。例如,Jiang(2010)较为全面地整合多种类型的联盟组合多样性,即联盟伙伴在所属行业、体制属性等方面的多样性,联盟在生产、营销、研发等功能布局上的多样性,以及联盟关系在股权比例投入上的治理多样性,分析其对企业财务绩效的影响。在已有文献中,联盟组合对财务绩效的影响研究最为常见,但研究结论在正向效应和倒 U 形曲线关系上存在一定的差异,这为后续研究提供了广阔的空间。

从市场绩效来看,越来越多的文献关注联盟组合在企业市场绩效方面的表现。这些研究立足信号理论,认为建立包含高地位、高声誉主体,多种类型联盟的多样化联盟组合更有助于企业向市场上的投资者传递正面信号,展示企业有高声誉伙伴支撑的高地位优势,以及驾驭多种联盟的能力优势,从而激发企业在资本市场的良好表现。Mouri 等(2012)的研究结果显示,构建联盟组合是创业企业实施新股首发(Initial Public Offering,IPO)的关键战略手段,与具有较高声誉的标杆企业建立联盟组合,有助于弥补创业企业的合法性劣势,向资本市场传递有价值的积极信号。

从创新绩效来看，已有研究大多采用新产品上市数量、专利数量等作为衡量企业创新绩效的指标，大多基于资源论、能力论和知识论，揭示企业所构建的联盟组合在资源异质、知识共享方面的属性如何对企业的创新结果产生影响。例如，Zheng 和 Yang（2015）通过对重复性联盟组合如何影响企业创新的研究，发现重复性联盟组合与突破性创新呈倒 U 形曲线关系，指出联盟组合的重复性程度越高，意味着焦点企业与联盟伙伴越熟悉，这会激发企业的突破性创新。更进一步，已有研究还对联盟组合特征与企业创新类型进行了详细分析，尝试从联盟组合的角度解释企业在创新类型上的选择。如 Partanen 等（2014）利用多案例研究方法，分析了联盟组合与四种创新类型——系统性创新、自动性创新、激进式创新、渐进式创新的对应关系。该研究挖掘出了小型创新企业如何通过建立联盟组合来获取适宜的资源以实施不同的创新战略，指导创新型企业在面对顾客、分销商、供应商、研发机构等不同的潜在联盟伙伴时，应当做出什么样的联盟选择与创新决策。

2. "驱动诱因 – 联盟组合"的影响机制研究

已有研究较多地聚焦联盟组合所产生的结果效应，而关于哪些因素会影响联盟组合的形成及其结构特征的研究还较为匮乏。前者侧重于联盟组合的有效性，即从联盟组合的角度解释企业的绩效表现以及其他战略行为或管理现象；后者侧重于探索联盟组合形成的前置诱因，从而有利于对联盟组合的运行机理做出深入分析。

近年来，少数研究尝试基于高阶理论、委托代理理论等，从董事会、高管等决策者角度分析决策者因素对联盟组合形成的影响机理。例如，Beckman 等（2014）、Castro 等（2016）均以董事会为切入点，探讨董事会特征对多样化联盟组合的影响。Beckman 等（2014）的研究发现，董事会成员的异质性以及董事会结构的复杂性和非对称性会影响多样化联盟组合的形成。该研究利用董事会成员所在地差异、所在组织类型差异、所在行业差异来衡量成员的异质性，利用董事会成员是否与焦点企业存在董事任职以外的其他关系来衡量董事会的复杂性，利用董事会中心度来衡量董事会的非对称性。有别于以往从董事会成员个体角度的独立研究，以及采用高阶理论探讨董事会成员的人口统计学特征，该研究聚焦董事会的群体特征，且将董事会视为一个由董事成员构成的网络，从而基于多元关系（Relational Pluralism）交叉融合的视角构建董事会网络与联盟组合（网络）之间的关系链条。Castro 等（2016）的研究则跳出董事会的结构特征视角，关注董事会成员的战略参与度对企业管理联盟组合能力的影响。此外，Collins 和 Riley（2013）则聚焦焦点企业的高管团队，从高管团队社会资本的角度，一方面分析了高管团队通过对内兼任董事形成的内部社会资本在数量和强度上如何影响联盟组合的多样性；另一方面探究了企业层面的社会资本在企业对外投资创建合资企业的数量上如何影响联盟组合的多样性。上述研究突破了从企业单一层面探索联盟组合多样性形成诱因的局限，从董事、高管的个体或团队层面剖析影响联盟组合形成的因素，这也是未来研究的方向，即从心理学、社会学的角度，探索人的态度等心理表现、决策因素、行为特征等对联盟组合的影响，以期形成对联盟组合运行规律的深层次解释。

二、联盟组合的交互关联效应研究

交互关联性（Interdependency）是联盟组合的核心问题。无论是聚焦单一联盟的研究，还是以单一联盟为分析单元对联盟网络的研究，大多将联盟间相互独立作为假设前提。从联盟组合的角度来看，联盟组合的本质不是单个联盟的简单加总，而是联盟的特定混合，它蕴含跨联盟间的协同。① 尽管这已经被已有研究所提及并认可，但围绕联盟组合交互关联性的研究结论并不丰富，少数研究围绕联盟组合中的资源整合、联盟适配以及竞合互动展开。

1. 联盟组合中的资源整合

从资源论的角度来看，联盟组合的交互关联性主要体现在不同联盟伙伴能够为焦点企业提供的资源多样性特征及其资源互补所引发的不同联盟间的资源匹配。② 在对联盟组合主体、联盟多样性进行深入研究的基础上，已有研究开始围绕资源多样性进行探索，但遗憾的是大多数研究仍沿

---

① Phillips, N., Tracey, P., Karra, N., "Building Entrepreneurial Tie Portfolios through Strategic Homophily: The Role of Narrative Identity Work in Venture Creation and Early Growth", *Journal of Business Venturing*, Vol. 28, No. 1, 2013, pp. 134 – 150.

② Wassmer, U., Li, S., Madhok, A., "Resource Ambidexterity through Alliance Portfolios and Firm Performance", *Strategic Management Journal*, Vol. 38, No. 2, 2017, pp. 384 – 394.

用联盟组合中的主体多样性来替代衡量资源多样性。具体而言，即利用联盟伙伴所在产业的差异来衡量伙伴资源的差异，其前提假设是来自不同行业的联盟伙伴能够为焦点企业提供不同的资源。实际上，处于不同行业的主体可能在对技术、信息、知识等资源的掌握上表现出差异，但它们也可能为焦点企业提供相同的资源，这取决于焦点企业与特定伙伴建立联盟的需求和动机。从这个意义上来说，采用主体多样性作为资源多样性的替代变量并不妥当，应识别出不同联盟伙伴为焦点企业提供的资源类型，而不是联盟伙伴自身拥有的资源类型。

关于联盟组合资源多样性对企业财务绩效、创新绩效的影响作用，已有研究存在不一致的结论。部分研究认为，二者呈积极的正向关系。例如，Baum等（2000）尽管没有直接研究联盟组合资源多样性，但其在研究中指出，相比与和自身相似的联盟伙伴建立较多的联盟，与不同的联盟伙伴建立较少的联盟更能够撬动多样化的资源。部分研究认为资源多样性与企业绩效呈倒U形曲线关系。例如，Jiang（2010）利用联盟伙伴所在行业的差异来衡量资源多样性，发现随着联盟组合资源多样性的提高，企业绩效会呈现先上升后下降的趋势。这意味着联盟组合资源多样性存在一个极值，当协调多个联盟主体所产生的成本超过联盟组合资源互补所带来的价值时，企业绩效就会降低。不一致的研究结论表明，关于联盟组合多样性的研究还有待进一步探索，需要整合主体多样性、资源多样性等多个方面，以构建对联盟组合资源视角的交互关联性的解释。

尽管已有研究围绕资源多样性展开了探索性的研究，但是这种用主体间差异替代性地测量资源多样性，甚至资源间差异的方法，并不能清楚地解释资源间的相互支撑作用。简言之，差异并不意味着互补，正如Cui（2013）在研究中所指出的，资源多样性并不能保证跨联盟间协同的实现。Cui（2012）在其关于联盟组合资源多样性对创新绩效的影响作用的研究中指出，来自联盟组合的多样化资源，其有效性的发挥依赖于资源提供者与焦点企业间的资源共享，以及多个资源提供者所提供的多种资源间的互补。焦点企业不仅要聚焦单一联盟以获取联盟伙伴提供的资源，而且要整合来自不同联盟伙伴的资源，并构建互补的资源组合。围绕这一问题，Wassmer等（2017）基于双元理论，利用通过新联盟获取的资源和旧联盟保有的资源间的平衡，来衡量联盟组合中不同伙伴所提供的资源间的互补性，从而探索资源交互性对企业绩效的影响。但上述两项研究仍存在一定的局限性。Cui（2012）通过分析联盟组合资源多样性与组合的结构要素以及企业所处的环境要素间的交互作用，探讨其对企业创新的影响，将资源多样性作为解释联盟组合结构－绩效关系的理论边界，未能对组合内资源间如何互补进行深入分析。而Wassmer等（2017）的研究在对资源互补性的探索上有所突破，但其将13种资源分为两种类型，即用于"产品市场拓展"的资源和用于"降低成本、提高效率"的资源。这种分类方法对资源类型的识别过于狭窄，基于此两类资源间的平衡不能全面反映差异化资源的协同或冲突的作用。

2. 联盟组合中的联结互补

在联盟组合研究中，对联结类型的关注不是聚焦前述功能多样性所指的联盟类型，而是从联结本身的属性角度而言，即联结在强度上表现出的类型差异，如强联结与弱联结。从联盟组合中强联结与弱联结的角度来看，已有研究认为强联结与弱联结在联盟组合交互关联中扮演的角色不同，强联结有利于信息的高质量流动，减少冗余信息的产生；而弱联结能够接入更多样的信息，激发创新性构思。考虑到两者的不同作用，应将二者整合起来形成联结组合。[①] 例如，Elfring和Hulsink（2003）分析了强联结与弱联结组合对创业企业发现机会、识别机会，以及获取资源与合法性的影响，发现强联结更有助于创业企业获取创业所需的资源，而弱联结则有利于提升创业企业的合法性。因此，强联结与弱联结的组合能够更好地放大两种联结的优势，使联结组合兼具冗余信息激发创新的作用，以及高质量信息与资源流动保障创新的作用。

新近研究在网络理论结构洞概念的基础上，探讨了包含结构洞的"桥梁"联结如何与强联结构成联结组合，从而对企业绩效产生影响。Tiwana（2008）的研究对此进行了深入的解释，指出强联结与弱联结组合无法解释隐性知识的传递，这就需要重新思考联结组合的构成，而强联结与"桥梁"联结组合起来更有助于创新潜能的发挥。Tiwana（2008）通过指向特定项目的联盟组合研究，发现跨越结构洞的"桥梁"联结能够为焦点企业提供激发创新的潜能，但这种联结缺乏整合多种资源的能力，而强联结能够弥补企业整合能力不足的缺陷，因而二者的组

---

① Jack, S. L., "Approaches to Studying Networks: Implications and Outcomes", *Journal of Business Venturing*, Vol. 25, No. 1, 2010, pp. 120 - 137.

合能够以其具有的创新潜力与资源整合能力优势促进联盟组合的双元创新。在这一研究结论的背后,其理论解释逻辑在于,联盟组合中"桥梁"联结赋予焦点企业以经纪人(Broker)地位,使焦点企业借助结构洞建立联结多样化资源的渠道,同时享有有利于创新的信息优势。相比之下,强联结有助于焦点企业借助联结双方频繁的、互动的、高质量的信息传递与资源共享,整合多样化资源组合以实现创新。该研究的理论贡献在于,不再将联盟组合视为仅涉及不同主体、多条联结的松散结构,而是凸显组合中不同属性联结相互支撑、互为补充的交互作用,且联盟组合的存在具有特定项目导向特征,彰显了联盟组合的内在一致性。但该研究的局限性在于,项目导向使联盟组合更具多边联盟特征,即一个项目往往指向一个联盟,这使研究难以揭示出广义的联盟组合构成。

3. 联盟组合中的竞合互动

传统的联盟观点立足联盟的合作本质,少数研究关注单个联盟中焦点企业与联盟伙伴存在既竞争又合作的关系时,联盟对绩效的影响。以联盟组合为分析单元,对竞合的审视可以从两个层面展开:一是焦点企业与联盟伙伴之间的竞合关系,按照单个联盟的竞合分析思路;二是联盟伙伴之间的竞合关系,其既蕴含伙伴之间的相互支撑,也包含伙伴之间的相互竞争。前者意味着焦点企业与竞争对手建立联盟,从而谋求通过合作减缓竞争威胁;后者意味着焦点企业寻求与具有竞争关系的联盟伙伴建立联盟,从而谋求"渔翁得利"优势。[1]

从焦点企业与联盟伙伴的竞合关系来看,大量已有研究主张竞争关系会对联盟产生负面效应。Baum 等(2000)在研究中指出,与竞争对手建立联盟关系会损毁联盟组合的价值。当焦点企业的竞争对手在联盟组合中占有较高比例时,联盟组合会潜藏机会主义风险,表现出机会主义威胁与竞合共存的属性特征,这样的组合将具有机会主义与竞合行为共存的特征[2],增大了资源外溢与关系租金溢出的风险。[3] 已有研究进一步指出,

---

[1] Zhu, H. J., Chung, C. N., "Portfolios of Political Ties and Business Group Strategy in Emerging Economies: Evidence from Taiwan", *Administrative Science Quarterly*, Vol. 59, No. 4, 2014, pp. 599 – 638.
[2] Nalebuff, B. J., Brandenburger, A. M., *Co-opetition*, Harper Collins Business London, 1996, p. 45.
[3] Lavie, D., "Alliance Portfolios and Firm Performance: A Study of Value Creation and Appropriation in the US Software Industry", *Strategic Management Journal*, Vol. 28, No. 12, 2007, pp. 1187 – 1212.

焦点企业与联盟伙伴间的竞争促使联盟参与方不仅关注双方在联盟活动中取得的收益，而且关注联盟合作所创造的共享收益，这会引发焦点企业与联盟伙伴间的学习竞赛，激发竞争性联盟伙伴通过学习竞赛提升其相对优势的动机。[1] 然而，近期研究则指出，竞争仅刺激了联盟伙伴参与学习竞赛的动机，但其并不具备实施竞赛的资源能力，因此不会直接产生非均衡的关系租金配置。[2] 具体而言，即使竞争性联盟伙伴抱有与焦点企业争夺关系租金的动机，但可能因缺乏实施争夺的能力而放弃。因此，联盟伙伴自身的资源能力和对可选择战略的议价能力，是使其在竞合互动中获取比焦点企业更具优势的竞争地位，以及更丰厚的关系租金的关键要素。

在联盟组合的情境下，利用联盟伙伴之间的竞争谋求焦点企业的相对优势地位，是联盟组合赋予焦点企业利用竞争关系攫取联盟合作所创造价值的独特优势。先前研究主张，由冗余伙伴所构成的联盟组合易引发组合的非效率，不利于焦点企业的成长。[3] 新近研究则认为，相较于价值创造角度的负效应，从价值获取的角度来看，伙伴间的多边竞争会使焦点企业凭借其经纪人角色获取控制优势和信息优势，降低联盟伙伴实施机会主义行为的可能性。[4] 尽管这与结构洞理论中的经纪人优势类似，但焦点企业并不是出于促成媒介交易的目的，联结非相关联盟伙伴的第三方伙伴，而是利用联盟伙伴间的竞争获取价值的主体。Zhu 和 Chung（2014）在关于企业的政治性联盟组合研究中发现，在联合政府背景下，与竞争性政党——执政党和反对党同时建立联盟关系，会对焦点企业的市场进入行为形成阻碍。与此相反，在分治政府背景下，与竞争性政党建立联盟组合关系，反而会促进焦点企业的市场进入。该研究结论显示，联合政府和分治政府折射出具有不同竞争强度的制度环境，在高强度竞争的制度环境中，联盟组合会

---

[1] Khanna, T., Gulati, R., Nohria, N., "The Dynamics of Learning Alliances: Competition, Cooperation, and Relative Scope", *Strategic Management Journal*, Vol. 19, No. 3, 1998, pp. 193–210.

[2] Lavie, D., Miller, S. R., "Alliance Portfolio Internationalization and Firm Performance", *Organization Science*, Vol. 19, No. 4, 2008, pp. 623–646.

[3] Baum, J. A. C., Calabrese, T., Silverman, B. S., "Don't Go It Alone: Alliance Network Composition and Startups' Performance in Canadian Biotechnology", *Strategic Management Journal*, Vol. 21, No. 30, 2000, pp. 267–294.

[4] Lavie, D., "Alliance Portfolios and Firm Performance: A Study of Value Creation and Appropriation in the U. S. Software Industry", *Strategic Management Journal*, Vol. 28, No. 12, 2007, pp. 1187–1212.

强化焦点企业的"渔翁得利"优势；而在低强度竞争的制度环境中，联盟组合则会塑造焦点企业的"墙头草"形象，影响其合作效应。综上，在复杂的多元化竞争情境下，跨联盟的交互作用蕴含焦点企业与联盟伙伴之间以及联盟伙伴与联盟伙伴之间的竞争与合作，竞争的强弱会影响合作效应，影响焦点企业的资源获取与价值创造，从而影响联盟组合的价值与关系租金。

三、联盟组合的动态过程效应研究

在已有研究较多关注静态视角下创业网络的结构与内容的同时，越来越多的学者认识到，需要从动态视角下审视创业网络过程。然而，就创业网络本身而言，它无法像生物体一样实现自然演化，需要创业企业不断调整其网络联结组合的结构，如建立新联结、终止旧联结，自发推动创业网络的演化。从这个意义上说，联结组合是创业网络演化的助推器。具体而言，创业企业改变了联盟组合的结构属性，如联盟伙伴或联盟联结的数量、关系强度、嵌入类型等，从而实现了对联盟组合构造的动态调整，驱动网络边界拓展。关于联盟组合的动态过程效应，已有研究主要从联盟组合的形成、联盟组合的终结、联盟组合的拓展三个方面展开。在研究方法上，已有研究主要运用以扎根理论、案例研究为主的质化研究方法，力求回答联盟组合如何实现动态演化等问题。

1. 联盟组合的形成

围绕联盟组合形成的过程研究描绘出了这一组合构造从无到有的过程。发端于单一联盟的建立，联盟组合的形成伴随着新联盟建立和旧联盟终结的共生演化，逐步形成多联盟共存且协同的格局。尽管学者们在观察到大量存在的联盟组合现象后，开始剖析这些联盟组合是如何形成的，但相关过程研究并不多见。由于联盟组合的形成可能伴随着企业的生成与初期成长，因此一些研究从创业情境切入，探讨创业企业联盟组合的形成过程，这与创业领域的研究关注企业生命周期前端相契合。例如，Ozcan 和 Eisenhardt（2009）基于过程视角，分析了创业企业建立联盟组合的过程以及过程中的战略选择。遗憾的是，该研究并没有勾画出创业企业构建联盟组合的阶段特征与行动步骤，而是将联盟组合的形成过程与战略选择相对应，回答创业企业如何（采用何种战略）构建能够带来高绩效的联盟组合。

　　基于上述对联盟组合形成过程中战略选择的分析，已有研究进一步就焦点企业如何做出构建联盟组合的决策以及联盟组合的形成进行深入研究。一方面有助于揭示驱动联盟组合形成的动因，另一方面有助于探索联盟组合形成并实现联盟组合构建目标的过程机制。关于联盟组合构建决策，已有研究主要聚焦于以下两个方面：一是联盟伙伴的选择；二是联盟功能的选择。围绕联盟伙伴选择的研究较为常见，如 Meuleman 等（2010）在对多企业联合投资的合作行为研究中指出，企业会根据其所构建的联盟关系的紧密程度，选择嵌入式或非嵌入式的合作伙伴。为了降低合作过程的不确定性风险，企业往往会选择嵌入关系更紧密的合作伙伴建立联盟。围绕联盟功能选择的研究日益增多，主要针对焦点企业与其联盟伙伴依据联盟需求所建立的不同功能联盟展开，包括研发驱动型联盟、制造驱动型联盟和市场驱动型联盟等。① 焦点企业在伙伴选择和功能选择上的决策是分不开的，企业往往不会单独针对一方面进行联盟决策，因此应将二者结合起来探讨联盟组合的形成决策。

　　Phillips 等（2013）在已有研究的基础上，刻画并剖析了创业企业建立联结组合的过程，特别对这一过程中创业者的决策与行动进行了分析。该研究并没有使用联盟组合的概念，而是引用联结组合的概念，即在创业者有意建立的组合中既包含企业间正式的联盟，也包括个体层面的联结关系，这更符合创业者在创业企业生成过程以及初期成长过程中融合人格化与非人格化关系以谋求成长的特质。该研究指出，与战略一致性观点相吻合，创业者更愿意与和自身具有战略一致性观点的个人或组织建立联结关系，且通过描述性的身份识别行动解读对方的身份特征，以形成与自身身份的匹配。

　　2. 联盟组合的终结

　　关于联盟组合终结的研究更多的是基于组合中的个体联盟展开，尚未有对联盟组合整体终结的研究，后者可能与创业失败联系更紧密。从大量的现实观察来看，选择建立联盟组合以促进企业成长的创业企业，通常不会彻底放弃联盟组合战略，因而不会放任所有联盟同时终结从而瓦解整个

---

① Peng, Y., "Kinship Networks and Entrepreneurs in China's Transitional Economy", *American Journal of Sociology*, Vol. 109, No. 5, 2004, pp. 1045–1074.

联盟组合。因此,这里关于联盟组合终结的研究仍然侧重于对个体联盟终结的分析,所不同的是它被置于联盟组合的情境下。

由于较高的联盟治理成本与联盟失败率,联盟的存在往往是短暂的。关于战略联盟绩效结果的研究显示,联盟自建立后,在4年内失败的比例高达50%。[1] 这意味着企业所建立的联盟有一半以失败告终。极具普遍性的现象并没有引发学术界广泛的实证研究,针对联盟终结、联盟失败的研究仍比较匮乏。少数研究就联盟终结的影响因素展开,聚焦联盟伙伴间的差异性(如不同联盟伙伴间在企业规模、发展年限、业务领域[2]、资源含量[3]、管理控制方式[4]、组织文化[5]等方面的差异)对联盟终结的影响。另有部分研究围绕联盟关系与联盟治理展开,探索联盟伙伴间的联结数量、竞争强度[6]、治理方式[7]等。但上述研究以双边联盟而不是联盟组合为研究对象,未能对企业同时参与的多个联盟由终结引发的动态调整现象进行深入分析。

冲突是联盟终结的根源,因而探究冲突的来源有助于揭示联盟终结的诱因。关于联盟组合冲突的早期研究,较多地关注了联盟伙伴间的竞争,如焦点企业的多个联盟伙伴处于同一个行业、同一个竞争网络,它们之间是强有力的竞争对手,或者采用了直接的、激进的竞争策略。基于此,已

---

[1] Greve, H. R., Baum, J. A., Mitsuhashi, H., Rowley, T. J., "Built to Last But Falling Apart: Cohesion, Friction, and Withdrawal from Interfirm Alliances", *Academy of Management Journal*, Vol. 53, No. 2, 2010, pp. 302 – 322.

[2] Park, S. H., Ungson, G. R., "The Effect of National Culture, Organizational Complementarity, and Economic Motivation on Joint Venture Dissolution", *Academy of Management Journal*, Vol. 40, No. 2, 1997, pp. 279 – 307.

[3] Phillips, N., Tracey, P., Karra, N., "Building Entrepreneurial Tie Portfolios through Strategic Homophily: The Role of Narrative Identity Work in Venture Creation and Early Growth", *Journal of Business Venturing*, Vol. 28, No. 1, 2013, pp. 134 – 150.

[4] Steensma, H. K., Lyles, M. A., "Explaining IJV Survival in a Transitional Economy through Social Exchange and Knowledge-based Perspectives", *Strategic Management Journal*, Vol. 21, No. 8, 2000, pp. 831 – 851.

[5] Makino, S., Chan, C. M., Isobe, T., Beamish, P. W., "Intended and Unintended Termination of International Joint Ventures", *Strategic Management Journal*, Vol. 28, No. 11, 2007, pp. 1113 – 1132.

[6] Dussauge, P., Garrette, B., Mitchell, W., "Learning from Competing Partners: Outcomes and Durations of Scale and Link Alliances in Europe, North America and Asia", *Strategic Management Journal*, Vol. 21, No. 2, 2000, pp. 99 – 126.

[7] Lu, J. W., Xu, D., "Growth and Survival of International Joint Ventures: An External-internal Legitimacy Perspective", *Journal of Management*, Vol. 32, No. 3, 2006, pp. 426 – 448.

有研究认为联盟组合中联盟伙伴间的竞争会影响焦点企业所建立的联盟组合的价值与绩效。[①] 但该研究只是提出了分析联盟组合冲突的理论框架，并未就不同类型、不同水平的竞争进行实证检验。新近研究则关注联盟组合中资源差异所引发的冲突。例如，Wassmer 等（2017）援引目标冲突管理的理论观点，认为当焦点企业从联盟组合中获取的资源存在相互冲突的情境时，会降低联盟组合的绩效水平。Asgari 等（2017）研究也发现，焦点企业通过新联盟获取的新资源能够与旧联盟组合的旧资源形成互补时，联盟组合的价值会被放大；若新资源抑制了原有资源作用的发挥，则会诱发既有联盟的终结。由此可见，新联盟建立带来的新资源与旧联盟保有的旧资源间的潜在冲突是联盟终结的重要诱因。

3. 联盟组合的拓展

形成和终结是联盟组合演化过程的始点和终点，是相对容易识别的关键时点，也是联盟组合过程研究对此给予较多关注的原因。相比之下，联盟组合的拓展聚焦从形成到终结的中间过程，是连接始点和终点的中间环节，此类研究还较为匮乏。联盟组合的拓展是指在联盟组合初步形成后，随着新联盟的生成，联盟组合边界拓展、规模扩大的逐步发展过程，也可能指联盟组合边界收缩、规模缩小的逐步终结过程。已有研究围绕新联盟与旧联盟组合的匹配问题，将联盟组合的交互效应置于动态情境下展开研究。[②] 最具代表性的当属 Wassmer 和 Dussauge（2011）基于资源基础观、围绕新联盟生成所引发的资源协同与冲突的研究。两位学者在研究中指出，当焦点企业寻求建立的新联盟与旧联盟组合形成协同时，一方面表现为新联盟所提供的新资源与焦点企业既有资源间的协同，另一方面表现为新联盟所提供的新资源与焦点企业其他联盟所蕴含资源间的协同，新联盟生成为联盟组合带来的价值将得到提升。当上述两种类型的协同表现为资源替代时，即新资源与焦点企业既有资源间的替代，或新资源与焦点企业其他联盟资源间的替代，新联盟生成则会由于与联盟组合中资源的替代作用发生冲突而降低联盟组合的价值。该研究整合超越以往单纯聚焦联盟组合资源的存量特征，将资源存量与流量特征相结合，揭示出了联盟组合拓

---

① Parise, S., Casher, A., "Alliance Portfolios: Designing and Managing Your Network of Business-Partner Relationships", *Academy of Management Executive*, Vol. 17, No. 4, 2003, pp. 26 – 39.

② Andrevski, G., Brass, D. J., Ferrier, W. J., "Alliance Portfolio Configurations and Competitive Action Frequency", *Journal of Management*, Vol. 42, No. 4, 2013, pp. 811 – 837.

展过程中新联盟与旧联盟的资源动态适配，有助于挖掘联盟组合的运行逻辑与演化规律。

联盟组合的拓展是具有过程特征的现象，而不是具有节点特征的事件，其拓展过程所反映出的结果或程度会投射在企业的绩效结果上。Shi 和 Prescott（2011）采用联盟组合拓展的速度来衡量网络异变，指出联盟组合的异变模式会影响企业的收益水平。Hashai 等（2018）则针对联盟组合拓展的速度和节奏进行研究，发现企业拓展联盟组合边界的速度越快，管理联盟组合的成本增速可能高于收益增速。相反，以较为规律的节奏推进联盟组合的拓展，能够使联盟组合维持更长的时间，降低联盟组合快速拓展对企业绩效的负向影响。基于时间维度的新颖视角，该研究通过对联盟组合拓展的时间管理来考察联盟组合的动态过程，但并未揭示联盟组合动态演化过程中的关键行动与事件及其诱发的演化机理。尽管也有研究指出联盟组合的拓展有赖于焦点企业和联盟伙伴共同承诺投入充足的时间来管理联盟组合，挖掘针对特定联盟联结的关系专用性的资源与能力，以增强企业间的信任，促进跨联盟协同的实现[①]，但也未能对联盟组合拓展的过程规律、决策与行动等做出细致解释。

第三节　现有研究的局限性

一、创业网络研究的不足

从已有文献来看，尽管现有研究已从不同角度对创业网络的内容、过程、治理等问题进行了探索，尝试提炼创业者创造并管理创业网络的一般逻辑，但仍未能解释一些看似简单实则极富挑战性的问题。这与已有研究将创业网络概念泛化，注重网络结构的单一维度，忽视网络过程中多维度

[①] Schilke, O., Goerzen, A., "Alliance Management Capability: An Investigation of the Construct and Its Measurement", *Journal of Management*, Vol. 36, No. 5, 2010, pp. 1192–1219.

互动、多要素平衡的异变规律不无关系，导致对创业网络构成内容与过程机理的剖析尚欠深入。本书认为，有关创业网络的研究前景相当广阔，但还存在以下亟待解决的科学问题。

1. 缺乏从联结组合的分析单元构建对创业网络的理论解释

已有关于创业网络的研究大多以双边联结或整体网络为研究对象，侧重于对单一联结的属性或整体网络结构的探讨，对多联结同时构建而成的联结组合的研究较少。相较于单一联结对创业企业机会识别与资源获取的贡献，联结组合由于实现了跨联结的协同，因而可能超越一组单一联结的独立作用，而对创业企业绩效的提升产生重要影响。因此，对"创业企业构建什么样的联结组合更能够提升创业企业的绩效""有效联结组合的异变过程是怎样的"等问题的探讨，是非常有价值的研究课题。

2. 缺乏对何种创业网络更有利于创业企业成长的探索

从已有研究来看，创业网络对创业企业成长的作用已经得到普遍认可，但对"什么样的网络更有效"的研究结论并不一致。原因在于已有研究往往借鉴成熟企业网络来衡量网络结构的一般变量，如采用网络规模、网络密度等来衡量创业网络，缺乏从内容维度对创业网络的刻画与解读。创业网络包含创业企业与其他个体、组织等多类型主体间的多样化关系，不同主体所承载的资源含量不同。因此，从主体多样性与资源结构的角度解读创业网络联结组合，有助于深入挖掘创业网络的构成内容，揭示创业网络有效性的根本动因。

3. 缺乏关于创业网络治理机制的深入研究

已有关于创业网络治理机制的研究大多援引成熟企业网络治理理论来解释创业网络的治理问题，但是创业企业的创业网络不同于大企业以市场化交易关系为主的网络。网络视角下的创业研究表明，大多数快速成长企业的交易关系具有相当强的社会化网络特征，这意味着创业企业可能需要将基于市场关系的契约机制、基于网络关系的信任机制等结合起来，探寻适宜的治理机制来巩固、强化甚至扩展网络关系，进而推动创业企业成长。更进一步，在联结组合情境下，治理机制的选择并非对单一联结的治理，而是要构建具有联结组合构成内容适应性的混合治理机制。因此，对创业网络联结组合治理的探讨，从独特的创业网络联结组合情境出发，挖掘情境化的混合治理机制，可能会在创业网络联结组合与创业企业绩效关系方面得出富有洞见的新结论，有助于深入挖掘管理创业网络有效性的内在机理。

4. 缺乏围绕创业网络演化的过程研究

关于创业网络的过程研究认可网络发展过程的目的性而非反应性，但研究仍较多从时间过程的角度观察创业网络的自然演化、类型转换等特征，缺乏以多视角为研究维度，挖掘多要素互动的创业网络演化规律。在创业网络演化过程中，联结组合中的资源水平、关系强度以及连接方式都将发生变化，而这种变化呈现相关要素间互动的动态特征。因此，跳脱时间维度下对网络演化过程的刻画，从要素互动的角度挖掘创业网络演化的过程机理，有助于提炼创业网络演化过程中的理性要素。

二、联盟组合研究的不足

有别于企业网络中以节点为核心的研究，也有别于以关系联结为对象的双边联盟研究，联盟组合研究为从多联盟交互视角挖掘联盟组合的协同效应提供了可能，也为挖掘创业网络的有效运行规律提供了全新的分析单元与理论视角。通过对已有关于联盟组合研究的系统梳理，厘清了已有研究对联盟组合的影响效应、交互效应、动态效应三大类议题的研究成果与进展。总体来看，已有研究在这些关键问题的探索上还存在不足，后续研究仍有丰富的拓展空间。

1. 联盟组合的影响效应

已有关于联盟组合影响效应的研究较为丰富，但大量研究集中于对联盟组合结构特征变量绩效影响的实证检验，对哪些因素会驱动联盟组合的形成及其构成特征如何仍然缺乏充分的研究。少数先驱性研究对作为战略行动的联盟组合决策制定者与审批者给予了较多的关注，即大多探讨焦点企业高管、董事会对联盟组合构成特征的影响，但对其他层面的动因如环境因素、企业战略因素、组织因素等的分析尚欠深入。此外，联盟组合作为企业外部成长路径的重要手段，可能会丰富对企业成长、商业模式、管理者行为、企业创新活动等问题理论边界的解释，但已有研究对联盟组合调节作用的认识不足。

2. 联盟组合的交互效应

作为联盟组合的核心问题，交互效应是联盟组合有别于单一联盟，以及多联盟加总的重要特征。已有研究在资源匹配、竞合互动、联结互补等方面积累了一定的成果，但对于交互效应的内在机理、影响效应及其前置诱因都缺乏深入的研究。已有研究的局限主要体现在以下两个方面。第一，对联盟组合的正向交互或积极交互，即联盟组合的协同作用，已有研究做出了较多的解释；但对联盟组合的负向交互或消极交互，即联盟组合的冲突，相关研究较为匮乏。少数研究关注到了联盟组合中潜藏的竞争关系，但仅仅以主体间的竞争来衡量冲突存在的局限性，忽视了联盟组合内的资源配置、联结方式、治理手段等多维冲突，对联盟组合冲突的研究具有片面性。第二，已有研究仍立足对联盟组合协同与冲突的独立探讨，缺乏对二者的整合研究。[1] Wassmer 和 Dussauge（2011）关于新联盟与旧联盟组合中资源协同和资源替代的研究，首次整合了协同与冲突两个视角，以探究联盟组合的交互关联性对绩效结果的影响，后续可在此基础上援引其他理论视角进行深入研究。

3. 联盟组合的动态效应

在战略管理研究中，联盟组合被视为企业获取外部资源的战略手段，因而联盟组合的演化是一个自发过程而不是自然过程，其相较于企业网络演化或创业网络演化更具有自发性特征。这已被学术界所认可，同时联盟组合演化的战略目的性特征也被研究者不断提及。[2]

但已有研究仍较多地将联盟组合演化过程视为被动过程，主张其随时间推移或伴随企业成长的自然演化特征，而较少地突出企业构建联盟组合的主动战略意图。关于联盟组合动态过程的研究，更需要采用包括案例研究、扎根理论甚至民族志研究等质化研究方法。对此，Ozcan 和 Eisenhardt（2009）采用多案例研究方法揭示了创业企业联盟组合形成过程中的战略选择，Phillips 等（2013）同样采用案例研究方法分析了联结组合形成过程中的身份识别行动，为揭示联结组合生命周期前端的生成机理奠定了研究基础。已有研究的局限还在于，对联盟组合后端发展过程的演化尚缺乏细致分析，对联盟组合从生成到演化乃至终结的周期性规律的识别以及过程驱动因素的剖析还存在不足。

---

[1] Wassmer, U., "Alliance Portfolios: A Review and Research Agenda", *Journal of Management*, Vol. 36, No. 1, 2010, pp. 141–171.

[2] Hoffmann, W. H., "Strategies for Managing a Portfolio of Alliances", *Strategic Management Journal*, Vol. 28, No. 8, 2007, pp. 827–856.

第三章 创业网络联结组合的资源匹配

企业成长理论提出了企业成长的两种主要方式：一是从企业内部视角强调自我资源累积；二是从企业外部拓展视角（如联盟与并购等）强调外部资源整合。从这个意义上讲，资源始终是创业企业成长的关键要素。尤其是在当今互联网时代，资源获取障碍减少等因素进一步强化了资源获取对创业企业成长的强劲推动作用。不少事实表明，创业企业不再强调自身拥有和能够控制的资源，而是侧重于外部资源整合，多个合作伙伴同时存在形成联结组合，进而形成独特的资源组合，扩展和丰富创业企业的资源基础。

企业层面的创业网络研究与个体层面的网络研究不同，以往创业企业网络研究主要集中于单一双边联结，而更新的研究则更关注多条联结同时存在的组合。相较于单一双边联结，多条联结同时存在的组合更有利于促进创业企业成长，立足联结组合的研究逐渐成为未来研究的重点方向。从理论层面来看，联结组合强调同时存在的多条联结，尤其关注多条联结之间的交叉与协同，这种协同可能表现为联结的多样性、联结强度的混合等。这意味着联结组合相较于单一联结的分析更加复杂，因为联结组合必然引发对不同联结与关系所形成的交互作用的关注，而交互作用着眼于整体而非局部，对创业企业成长的解释力显然更强，由此可以看出创业企业构建的联结组合效率能够在很大程度上影响其成长绩效。

第一节　创业网络联结组合资源构成的理论解析

一、创业网络联结组合的构成内容

创业企业开发创业网络的第一步是构建以自身为核心的联结组合。已有研究较多地从单一联结角度解读创业网络的构成，少数关于联结组合的研究则侧重于从强度属性角度关注网络联结的强弱组合，鲜有研究关注联结组合的内容维度，特别是联结组合在资源层面的适配。

企业网络理论指出，数量和质量属性是衡量网络特征的重要维度。本书认为，代表数量特征的网络规模等变量不足以深入挖掘创业网络的构成内容，而应引入代表质量特征的主体多样性与资源结构来解读创业网络的本质内涵。主体多样性是指创业企业选择多种类型的个体、组织作为网络联结对象；资源结构是指联结对象能够为创业企业带来的具有不同地位资源含量的组合特征。其理论依据在于，从资源依赖理论来看，创业企业出于资源获取与资源交换的考虑，会与和自身资源互补的异质主体建立联结，从而依据创业企业的资源需求形成包含多种资源主体的具有不同构成特征的组合。① 从社会资源理论来看，资源在社会经济系统中的分布呈现"金字塔"形，且表现出不同阶层间的差异化分布。② 这意味着创业企业选择不同的联结主体将为企业带来不同的地位资源含量。综上，联结组合的构成研究关注创业企业以何种方式构建联结组合。研究主要从两个方面展开：一是主体层面；二是联结层面。

1. 联结组合在主体层面的构成

从联结组合的构成主体来看，主要研究成果集中于主体的特征，即主

---

① Steier, L., Greenwood, R., "Entrepreneurship and the Evolution of Angel Financial Networks", *Organization Studies*, Vol. 21, No. 1, 2000, p. 163.

② Lin, N., *Social Capital: A Theory of Social Structure and Action*, Cambridge: Cambridge University Press, 2001, pp. 12–45.

体之间的同质性与异质性，但从这一视角得出了相互矛盾的研究结论。部分研究认为联结组合主体的同质性更有利于绩效结果，这些同质属性包括创业者的种族、性别、年龄、教育、职业等。这一类研究基于相似吸引理论，认为创业者更愿意与和自身具有相似特征的个体建立联结，因为具有相似特征的个体之间的信任与理解水平更高。也有部分研究认为联结组合主体的异质性更有利于绩效结果，如Steier 和 Greenwood（1995）提出创业者应该构建多样化网络，即更多地容纳与自身具有异质属性的个体。Ozcan 和 Eisenhardt（2009）的研究则从资源依赖理论出发，提出企业间的相互依赖水平越高，就越容易建立合作关系，进而相互获取资源。这在一定程度上解释了创业者希望寻求与和自身具有互补资源的主体建立合作关系。

从主体多样性角度来看，本章旨在挖掘创业企业是基于创业者个人网络来选择与创业者存在先前联结的主体，还是作为创业企业联结组合的构成主体，抑或是出于自身需求的考量选择适宜的资源主体；探讨创业企业更多地选择与和自身相似的同质主体建立联系，以激发信任和共同理解，还是从资源互补的角度选择异质主体。在识别联结主体的先前联结属性、同质/异质属性的基础上，本章将着重研究联结组合中不同类型主体的整合，以形成对主体多样性内涵的解释。从资源水平角度来看，本章旨在探索来自创业者个人网络或外部独立主体等不同类型主体所拥有的地位资源含量，并在此基础上探讨高地位资源与低地位资源的组合，以形成对联结组合资源结构的解释与对资源水平的衡量。

2. 联结组合在联结层面的构成

从联结关系角度来看，已有研究主要关注联结关系的强度，分别探讨了强关系与弱关系的不同作用，以及强关系与弱关系如何整合的问题。如Hite 和 Hesterly（2001）认为强关系与弱关系都能够促进创业企业成长，不过强关系主要形成了内聚式的创业网络，弱关系则主要形成了结构洞的网络特征。Elfring 和 Hulsink（2003）也分别探讨了强关系与弱关系的不同作用机制，认为强关系主要作用于资源获取，而弱关系主要作用于创业企业获取合法性。至于强关系和弱关系对整体网络的影响，目前还未得到比较明确的研究结论。最新研究进一步将结构洞与强关系联系起来，如Tiwana（2008）认为结构洞与强关系结合有利于增强联盟组合的双元性。

如前文所述,联结组合的核心问题是组合内的交互关联,但已有研究对此的关注明显不足。而联结组合的交互关联性包括协同与矛盾两部分内容。所谓协同,是指跨联结的相互支撑,主要表现形式包括不同合作对象之间的知识转移与资源共享;而矛盾则是指联结关系与主体之间的重复和冗余。其实,协同和矛盾本身就是"组合"效应的体现形式,也就是说联结组合的"1+1>2"或"1+1<2"的组合效应正是超越多条联结简单加总所形成的。[1] 但是,关于协同效应创造了更大的价值还是矛盾效应降低了价值的研究都还比较少见,已有研究主要关注两个方面。一是一项业务可能存在多条联结路径,或是不同业务之间产生了不同的联结关系。如 Vassolo 等(2004)研究发现焦点企业与多个存在竞争关系的合作伙伴同时建立关系,可能导致多条联结之间的收益相互抵消;而焦点企业构建的多条联结间如果存在共享资源,则可能产生超额价值。二是焦点企业与不同联结对象之间的交互。[2] 如 Parise 和 Casher(2003)研究认为联结组合中合作伙伴如果有相似的背景,且彼此的资源互补,或者共同建立了统一标准,则这些伙伴之间或许会产生协同效应,彼此都会更加重视对方的价值。但是上述关于联结关系层次和联结对象层面的研究,仍然只是对组合效应的某个单一解读,而能够将关系与对象整合起来深入研究组合效应的文献目前仍未看到。

正是基于上述研究缺口,本章尝试整合联结对象与联结关系两个维度,从构建方式以及资源匹配等角度探讨联结组合交互效应对企业绩效的影响。创业网络的联结关系包含多种方式,因此整合联结主体与联结关系以使关于联结组合的研究更加精细,能够帮助我们深入挖掘创业网络有效性的根本逻辑。同时,相较于单一联结研究,同时存在的多联结关系显然超越了单一联结的独立作用,因而可能对创业企业绩效提升产生重要影响。因此,对"创业企业如何实现跨联结的协同"的探讨,是非常有价值的研究课题。

---

[1] Vassolo, R. S., Anand, J. A., Folta, T. B., "Non-additivity in Portfolios of Exploration Activities: A Real Options-based Analysis of Equity Alliances in Biotechnology", *Strategic Management Journal*, Vol. 25, No. 11, 2004, pp. 1045 – 1061.

[2] Parise, S., Casher, A., "Alliance Portfolios: Designing and Managing Your Network of Business-Partner Relationships", *Academy of Management Executive*, Vol. 17, No. 4, 2003, pp. 26 – 39.

二、创业网络联结组合与企业绩效

关于联结组合影响创业企业绩效的研究包括结构学派和过程学派两个方向,即分别从静态的角度考量具有什么样特征的联结组合以及怎样构建联结组合更有利于创业企业提升绩效。

结构学派主要从两种研究脉络展开。一是构成联结组合的单一联结对创业企业绩效的影响。提出选择声望更高、资源和经验更丰富、网络地位更高的合作对象建立关系更有利。具有上述特征的联结对象具有更高质量和更丰富资源的表征,不足之处在于仅仅关注了单一联结,而没有涉及联结组合的根本特性即组合效应。二是强调联结组合的整体特征如规模、多样性等因素的积极影响。例如,就联结关系而言,强关系使合作伙伴之间的交换效率更高,弱关系使合作信息与资源更加丰富,而强关系和弱关系如果能够形成互补,则会使通过弱关系获取的信息和资源交换效率更高,由此可能产生信息资源的协同效应,从而更有利于创业企业绩效水平的提升。[①] 就联结对象而言,Baum 等(2000)以生物技术企业为研究对象的结论表明,联结对象的多样性水平越高,创业企业的成功率就越高。更细化的研究发现联结对象在组织、产业以及功能属性等方面的特征多样性对创业企业绩效会产生不一样的影响。[②] 例如,当创业企业与不同属性的组织建立合作关系时,不同属性的组织所提供的资源与能力具有显著差异,而差异化资源互为补充,更有利于满足创业企业自身的资源需求。Lavie(2007)的研究则关注到联结对象之间的竞争关系可能会提升焦点企业的议价能力,由此更有利于创业企业自身绩效水平的提升。这与 Zhu 和 Chung(2014)的研究结论不谋而合,即与具有竞争关系的政党同时建立合作关系会使焦点企业"渔翁得利"。因此,多样性的联结对象通过异质资源间的互补与匹配形成资源协同,竞争性的联结对象通过提升焦点企业的自主权与议价能力,形成更有利于创业企业自身绩效结果的基本逻辑。

过程学派的研究目前相对较少,也就是关于创业企业如何构建联结组

[①] Elfring, T., Hulsink, W., "Networks in Entrepreneurship: The Case of High-technology Firms", *Small Business Economics*, Vol. 21, No. 4, 2003, pp. 409 – 422.

[②] Jiang, R. J., Tao, Q. T., Santoro, M. D., "Alliance Portfolios Diversity and Firm Performance", *Journal of Management*, Vol. 31, No. 10, 2010, pp. 1136 – 1144.

合更有利于其提升绩效的过程人们还知之甚少。创业企业建立联结组合考虑的主要因素是对联结对象的资源依赖以及与自身战略规划的匹配。根据资源基础理论，创业企业选择联结对象主要关注资源的交换与获取，尤其会考虑如何从不同的对象那里获得不同的资源类型，希望通过不同类型的资源组合产生协同效应以提升自身创新绩效。Lavie（2007）明确提出联结组合的资源贡献主要依赖于资源的互补程度以及由此引发的协同效应。根据代理理论，创业者主要考虑联结对象自身战略规划的匹配是否有利于促进自身战略目标的达成。但上述研究对特定战略行动与逻辑的解析仍显不足。从社会嵌入理论来看，创业网络的演化过程都是通过单一联结逐步演化到多条联结并存的状态。因此，初始的单一联结必然影响后续联结组合的形成，这就意味着"富者愈富"。这样的演化过程仅仅刻画了创业企业构建联结组合的一般规律，没有揭示出创业企业构建有效联结组合的战略思考与底层逻辑。

已有研究已经描述了联结关系、资源主体以及多样性特征都是创业企业绩效提升的原动力，而上述特征又都是通过资源协同这一重要机制而产生的。但已有研究还没有深入联结组合效应形成的根本逻辑，即资源束或资源组合及其互补或匹配特征，这正是本章试图突破的重要方向。

从上述研究可以看出，尽管我们已经得到了部分启发性较强的结论，但考虑到创业情境和中国转型经济的独特性，对中国特有的组织属性差异等特征的研究还不足，导致对联结组合的协同效应研究不足，尚缺乏从协同角度出发对联结的组合效应进行的深度解释。具体而言，相较于成熟大企业，创业企业的网络联结组合更加复杂而有趣。由于面临新进入缺陷和小企业缺陷，创业企业往往要借助创业者个人的社会网络间接联系伙伴企业，形成富含结构洞的联结组合，更倾向于与资源力量更强、更具合法性的成熟大企业建立联结，以弥补自身合法性的不足，形成资源力量不对等的联结组合构造。正因为如此，创业企业联结组合在结构维度表现出更突出的多样性和复杂性，那些拘泥于从联结主体或双边联结等单一维度探讨的研究难以形成有说服力的解释，针对联结组合方式的研究应从联结与主体两个角度同时展开，即联结组合是针对什么样的主体建立什么样的联结的集合体。更为重要的是，创业企业成长是联结组合构建和演化的过程，成长过程的动态性必然影响联结组合的形成过程，进而导致联结组合的结构发生变化，在影响创业企业成长绩效的关系中，联结组合的结构和过程特征存在交互效应。但是，目前鲜有研究整合结构学派和过程学派的框架来探索联结组合如何提升创业企业成长绩效问题，导致学术界对创业企业构建联结组合以推动成长的内在机理的认识仍相当有限。

基于上述认识，本章提出并探索以下重要问题。创业企业在成长过程中如何构建不同的联结组合以形成差异化的资源匹配效应？具体而言，本章运用嵌入式单案例研究方法，从联结主体与联结方式的双重视角切入，以创业企业成长过程为主线，以创业企业所构建的联结组合为分析单元，提炼在不同阶段联结组合的结构特征如何通过影响资源匹配效应来提升创业企业成长绩效的理论命题。研究发现，在先前关系项目中，创业企业会与具有多样性资源的体制外主体建立重复性联结，且通过后者与体制内主体建立间接联结，诱发重复性联结内、重复性与间接联结间以及直接与重复性、间接联结间三种资源匹配，带来高项目绩效。但经纪人主体的利益分割，导致创业企业绩效较低。在需求互补项目中，创业企业会与具有资源互补性的体制内关联企业建立与客户的间接联结，形成三方框架下的封闭式联结，驱动封闭式联结内与封闭式联结外两种资源匹配，从而带来较高的项目绩效与创业企业绩效。在自主开发项目中，创业企业会与资源集中化的体制外主体建立直接强联结，且形成非相关主体间的结构洞联结，引发直接联结间的资源匹配。但体制外主体的资源局限以及不存在经纪人主体，使项目绩效较低而创业企业绩效较高。

本章的理论价值在于以下几个方面。第一，突破以往从创业网络单一联结角度探讨创业网络重要作用的局限，转而从多条联结构成的联结组合角度挖掘组合的协同效应实现机理以及由此产生的资源组合，从而建立创业企业如何构建联结组合以形成异质化资源组合的理论解释。第二，援引资源基础理论和资源依赖理论，挖掘联结组合-绩效差异因果链中的资源机制，解释联结组合如何通过激发不同的资源匹配效应来促进创业企业绩效的提升。第三，突破以往从联结主体或联结方式单一视角研究的局限，转而整合两个视角探讨创业网络联结组合的构成内容，有助于深入探究创业企业借助联结组合获取资源、实现组合内资源整合的内在逻辑。从实践层面来看，本章有助于为创业企业构建适宜的联结组合提供决策建议，启发创业企业着力培养构建联结组合的网络能力，引导创业企业学会如何构建异质化的资源组合。

第二节 联结组合资源匹配的质化研究设计

一、研究方法

本章采用案例研究方法,选择成立时间在8年以下的一家创业企业作为研究对象,将该企业在成长过程中所建立的联结组合作为嵌入式分析单元。选择案例研究方法,原因主要有三个。第一,本章着重探讨创业企业如何建立具有资源适配属性的联结组合,研究范畴涉及创业企业建立联结组合的过程以及过程中资源如何形成适配效应。这种聚焦过程的研究,以及回答"如何"问题的研究适宜采用案例研究方法。第二,从本书第二章关于联结组合的研究述评来看,围绕联结组合的概念界定、结构特征等问题,相关研究已经做出了一定的探索,但研究大多集中于联结组合对企业绩效结果的影响,缺乏从资源角度对联结组合交互关联性的解析,也未能揭示联结组合资源适配的过程。更进一步,关于联结组合乃至联盟组合的研究较多地在成熟企业情境下展开,缺乏在创业情境下的研究,同时也难以直接复制成熟企业联盟组合研究的相关结论。因此,需要采用探索性的案例研究方法以实现理论构建。第三,包含嵌入式分析单元的研究设计减弱了采用单一案例研究局限的影响,能够在多个嵌入式分析单元间检视复现逻辑,实现跨分析单元的复现与验证,增强案例研究的稳健性与结论的普适性。

二、案例选择

本章遵循理论抽样原则确定案例选择的标准,具体标准如下。第一,作为创业企业,案例企业成立年限应在8年以下,这符合创业研究主流领域对创业企业的定义,进而使研究对象符合创业情境要求。第二,案例企业由于面临资源缺陷与合法性缺陷,需要借助创业网络从外部获取资源,因而拥有较大规模、较复杂构成的创业网络联结组合。第三，案例企业所构建的联结组合包含不同类型的联结主体以及不同性质的关系联结，这赋予分析单元——联结组合以差异化、多样性的特征，适合本章对联结组合研究的情境约束。基于此，本章选择重庆铭城机电工程有限公司（以下简称重庆铭城）作为本案例研究的分析对象。

重庆铭城成立于2012年3月，是一家专业从事喷涂系统自动化集成的高科技企业。公司的业务范围囊括各类型喷涂系统，如汽车、摩托车零部件的喷涂系统，轮毂喷涂系统，型材、幕墙喷涂系统，工程机械、航空机械喷涂系统，3C产品、家具产品喷涂系统等。公司主要采用定制化的客户服务方式，根据客户对喷涂方案的定制化需求进行个性化设计，并提供喷涂过程中的技术咨询、现场指导、安装调试、实验测试等"一站式"解决方案。2014年，公司销售额达到1000万元，居行业领先地位。

重庆铭城所构建的联结组合主要包括四类主体，即客户、技术合作伙伴、设备供应商和其他组织机构。公司的客户主要包括国有大型汽车生产商、民营大型汽车生产商、家电生产企业等；技术合作伙伴主要是自动化喷涂设备领域的世界500强企业，以及本土技术合作伙伴；设备供应商则包括多家知名跨国公司，以及本土自动化设备生产商。此外，联结组合中的其他组织机构包括政府部门、中介服务机构、金融机构等。

三、资料来源与收集过程

本章所采用的数据来自访谈、观察等一手资料，以及公司档案、公司制度汇编、会议纪要、工作日志等二手资料。访谈主要针对案例企业的创始人、高层管理者、项目负责人展开，访谈内容包括创业者的个人情况、创业经历等，案例企业从创立发展至被调研时的历程，以及在此过程中案例企业在外部网络关系建立、网络资源调用、项目实施、关系治理等方面的情况。

访谈过程包含三个阶段。第一阶段主要采用开放式访谈的方式，了解创业团队的创业过程。之所以采用开放式访谈，主要是考虑以不设定具体调研问题，引导创业者全面讲述创业历程的方式，尽可能充分、翔实地记录案例企业从创立到初期发展的过程，以便判断案例企业是否契合研究情境，捕捉有关创业网络联结组合的案例信息。在访谈过程中，特别针对案例企业建立外部网络关系，以及获取外部资源、管理外部网络等问题采用追问的方式深入挖掘。第二阶段主要采用半结构化访谈的方式，访谈对象包括创业团队、高层管理者、项目负责人，访谈目的主要是进一步聚焦创业网络联结组合构建与资源匹配的主题。半结构化访谈问题的设计侧重于启发式问询，如"为什么选择这个企业为合作伙伴？""双方如何约束彼此的行为？如何维系长久的关系？""对方给公司提供了什么样的资源？"等。同时，这一阶段的访谈还对第一阶段访谈中存在的疑问进行答疑式补充调研。第三阶段，访谈拓展至案例企业的关键联结伙伴，包括部分关键客户、设备供应商、技术合作伙伴等。访谈旨在从焦点企业的联结伙伴角度了解案例企业建立联结组合的过程，以三角检定的方式验证第一、第二阶段访谈资料的可信度，形成多重证据来源的收敛。

四、关键构念的识别与描述

本章涉及联结主体、联结方式、资源匹配、绩效结果等多个关键构念，结合理论研究和案例归纳，对关键构念的界定与描述如下。

1. 联结主体

联结主体是指联结组合中除焦点企业以外的网络节点企业，即创业企业直接的或间接的联结对象。本章根据体制属性将联结主体区分为体制内主体和体制外主体，即分别隶属于体制内与体制外格局中的组织。具体而言，本章将国有企业、政府部门、事业单位、高等院校与科研院所作为体制内组织的衡量标准，而将外商独资企业、中外合资企业、民营企业作为体制外组织的衡量标准。特别地，本章将与体制内组织或组织中的个人存在股权联系，且属于体制内组织利益相关企业（如指定供应商）的企业界定为体制内关联企业。这种类型划分得到了已有研究成果的理论支持，也能在现实中反映我国转型期社会结构复杂性所导致的单位属性差异。

2. 联结方式

本章所涉及的联结方式包括直接联结、间接联结、重复性联结、结构洞联结、封闭式联结五种，这五种联结方式均是社会网络理论中的重要概念。直接联结是在两个主体间建立直接关系的双边联结。间接联结是通过第三方主体所建立的两个主体间的联结。重复性联结是指两个主体间存在多条联结，时常表现为在先前存在关系的主体间建立新联结。本章通过两个主体间的联结数量和主体的数量来衡量直接联结、间接联结和重复性联结。两个主体间仅存在单一联结的属于直接联结，两个主体间存在第三方主体及其联结的属于间接联结，两个主体间存在一条以上联结的属于重复性联结。结构洞是指两个关系人之间的非重复关系，该概念被社会网络理论用于描述非重复关系人之间的断裂。基于结构洞的概念，结构洞联结是指创业企业与不相关的、非重复的主体建立的联结。而封闭式联结是指联结主体跨越结构洞，与原本非相关主体建立联结，从而形成三方主体联结的闭环。基于结构洞理论，本章采用凝聚力和结构等位指标来衡量结构洞联结。具体而言，当创业企业所联系的两个主体间不存在强关系（凝聚力指标），同时两个主体不具有同等的网络地位（结构等位指标）时，创业企业与两个主体建立的是结构洞联结。当存在结构洞的两个主体间建立了联结，就形成了三方主体的封闭式联结。

3. 资源匹配

匹配源于种群生态学和权变理论，包括交互作用和对应互补两层含义。根据已有研究对匹配的分类，可划分为两种要素间相互支撑、互为补充的交互作用，即交互性匹配，以及多种要素间交叉对应、互补的系统性匹配。基于此，本章所构建的资源匹配概念，是指不同资源间相互对应、相互支撑、互为补充的作用。具体而言，衡量标准在于以下两个方面：第一，两种或多种资源的类型不同；第二，资源间能够产生相互补充的交互作用。

4. 绩效结果

本章采用联结组合所完成项目的整体收入来衡量项目绩效。项目整体收入在30万元及以下为非常低，31万—50万元为低，51万—100万元为一般，101万—200万元为高，201万—500万元为非常高。本章采用创业企业在该项目中实际获得的利润率水平来衡量创业企业绩效。但由于创业企业在初期往往无法做到根据每一个项目进行财务核算，因而未能像项目绩效那样获得每个项目精准的利润率数据，代之以创业者对每个项目利润率的量表来衡量。具体而言，对创业企业在单个项目中利润率的衡量分为五级量表，从非常低、低、一般、高到非常高，分别赋值为1—5。

五、数据分析过程

本章采用嵌入式的案例研究设计，将案例企业所建立的指向不同项目的联结组合作为嵌入式分析单元。原因在于以下两个方面。第一，本章的研究边界是创业企业为了完成一个项目而同时建立的网络联结，因而依据项目划分的联结组合是适宜的分析单元。第二，项目是推动创业企业成长的重要途径，在不同的联结组合中，联结的主体、联结的方式以及由此形成的资源组合具有差异性，有助于构建对创业企业选择什么样的主体、建立什么样的联结从而形成异质化资源组合的理论解释。

根据重庆铭城在成长过程中所实施的项目及其联结组合类型，可将联结组合构建过程划分为三个阶段。

第一，先前关系项目阶段。在这一阶段，重庆铭城刚刚成立，合法性的缺失使其无法找到客户。因此，重庆铭城选择与创业者曾经供职的企业——世界500强企业威尔公司（出于公司商业机密的考虑而做化名处理）建立联结，借助威尔公司找到初期客户（间接联结），完成创业初期成长所需的项目与业务。同时，重庆铭城与威尔公司建立了多条联结以撬动多项资源，而与其他设备供应商、下包商、技术合作商则通过直接联结建立联系。第二，需求互补项目阶段。在这一阶段，重庆铭城开始实现微小盈利且解决了生存问题，因此开始借助与非标准设备厂商在所提供产品或服务上的互补性，与其建立合作关系，共同为第三方客户——汽车零部件厂商提供喷涂系统（间接联结）。在客户关系的建立上，不存在非标准设备厂商代理签订合同再转包的情况，而是重庆铭城与非标准设备厂商捆绑在一起共同与客户建立关联。重庆铭城与其他主体的联结则为直接联结。第三，自主开发项目阶段。在这一阶段，重庆铭城开始建立自己的销售队伍，依靠公司的销售人员自主开发用户，而不是通过将合作伙伴作为中间人建立与客户的间接联结。在自主开发项目联结组合中，以直接联结为主要构成，同时也包含跨越不相关主体的结构洞联结。

基于对案例企业在不同成长阶段中联结组合的分析，本章采用Eisenhardt（1989）的多重案例分析框架，通过对关键构念的界定及其理论维度的描述与测量，设定统一的编码标准对访谈所获得的数据内容进行编码，进而从大量的定性数据中提炼理论构念以及构念间的逻辑关系，实现对构念间关系的理论解释，构建理论概念模型。本章首先对案例企业建立的每一个联结组合进行分析，围绕创业企业所建立的联结组合中的多样化主体、获取的资源、创业者经验以及资源组合效应提出初设命题。其次采用模式比对（Pattern Matching）的案例分析技术，针对案例企业所建立的不同联结组合进行跨案例分析，在相似的模式中建立原样复现，在相异的模式中通过建立解释比较分析相异模式产生的原因，形成理论复现。基于对多个嵌入单元的重复观察，经过单一案例分析和多重案例比较，依据复现逻辑完成跨分析单元的模式比对，最终做出对联结组合形成过程的理论解释。具体的编码过程示例见图3-1。

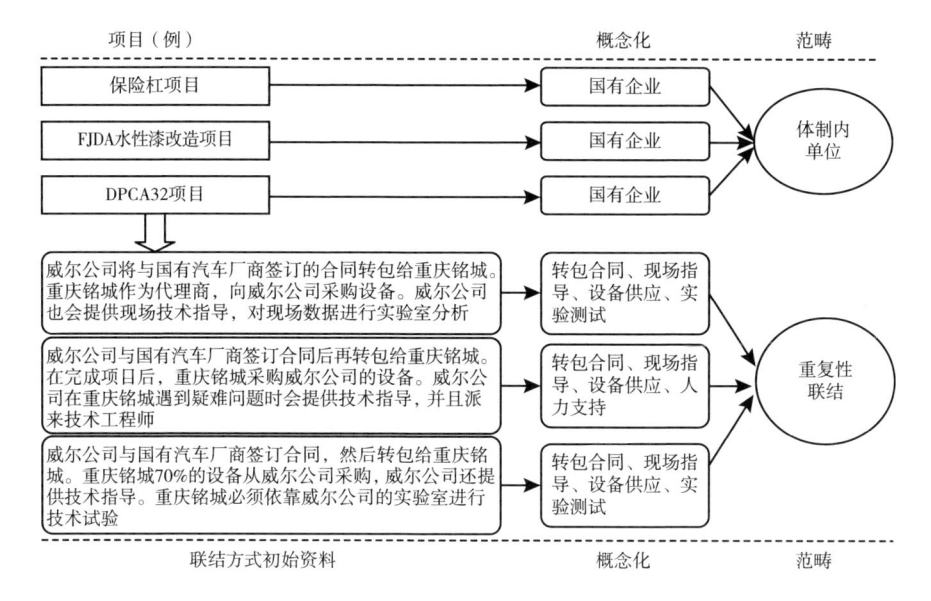

项目（例）	概念化	范畴
保险杠项目	国有企业	
FJDA水性漆改造项目	国有企业	体制内单位
DPCA32项目	国有企业	
威尔公司将与国有汽车厂商签订的合同转给重庆铭城。重庆铭城作为代理商，向威尔公司采购设备。威尔公司也会提供现场技术指导，对现场数据进行实验室分析	转包合同、现场指导、设备供应、实验测试	
威尔公司与国有汽车厂商签订合同后再转包给重庆铭城。在完成项目后，重庆铭城采购威尔公司的设备。威尔公司在重庆铭城遇到疑难问题时会提供技术指导，并且派来技术工程师	转包合同、现场指导、设备供应、人力支持	重复性联结
威尔公司与国有汽车厂商签订合同，然后转包给重庆铭城。重庆铭城70%的设备从威尔公司采购，威尔公司还提供技术指导。重庆铭城必须依靠威尔公司的实验室进行技术试验	转包合同、现场指导、设备供应、实验测试	
联结方式初始资料	概念化	范畴

图3-1 编码过程示例

第三节 创业网络联结组合构成与资源匹配的关系

一、不同项目导向下联结组合的资源匹配

1. 先前关系项目

先前关系项目的联结组合见表3-1。由于我国处于经济转型时期，

表 3-1　先前关系项目的联结组合

个案证据		主体体制属性		中间人联结方式	终端客户联结方式	联结组合方式
		中间人	客户			
保险杠项目	"威尔公司是世界500强企业。威尔公司与国有汽车厂商 A 签订合同,然后转包给我们做。公司刚成立,知名度不高,依靠威尔公司才能签订合同。我们代理了威尔公司的设备,威尔公司转包的业务会提供现场技术指导。我们熟悉现场,威尔公司熟悉技术,威尔公司的实验室比较先进,现场参数能够进入其实验室做进一步分析"	体制外	体制内	转包合同 现场指导 设备供应 实验测试	重复性联结	间接联结	• 体制内与体制外主体的组合 • 重复性联结、间接联结与直接联结的组合
FJDA 水性漆改造项目	"威尔公司与国有汽车厂商 B 签订合同,我们参与围标。在给客户完成喷涂后,我们采购威尔公司的设备,威尔公司在我们遇到疑难问题时提供技术指导,并派来技术工程师"	体制外	体制内	转包合同 现场指导 设备供应 人力支持	重复性联结	间接联结	• 体制内与体制外主体的组合
DPCA32 项目	"威尔公司与国有汽车厂商 C 签订合同,然后转包给我们。我们 70% 的设备从威尔公司采购,由威尔公司提供现场技术指导。该项目非常复杂,我们必须依靠威尔公司的实验室进行技术试验,并且需要其技术分析"	体制外	体制内	转包合同 现场指导 设备供应 实验测试	重复性联结	间接联结	• 重复性联结、间接联结与直接联结的组合

注:个案证据为访谈内容,"我们"指重庆铭城,下同。
资料来源:根据案例资料整理。

创业企业所面临的制度环境比较复杂。主要表现在以下几个方面。首先,我国将"发展市场经济但保持一定程度的国有或宏观调控"作为推动经济转型的前提,这意味着在由计划经济体制向市场经济体制转型的渐进过程中，我国表现出体制内和体制外格局并存的二元经济结构。其次，制度转型过程往往伴随着以关系为基础的非正式制度逻辑向以规则为基础的正式制度逻辑的转变，而这一转变在中国情境下表现为规则逻辑与关系逻辑同时存在。从组织的体制属性来看，体制内组织处于社会分层格局中的较高层次，表现为一种权威性和聚焦性的社会权威，凭借这种权威，体制内组织更注重并善于与体制内的行政主管部门建立关系以获取更多的资源。[1] 拥有高含量、高质量的资源使体制内组织作为客户时对价格不敏感，这是创业企业希望以体制内组织为客户的重要原因。正如重庆铭城的创业者在访谈中提到的，"我们公司主要从事汽车整车与零部件的喷涂业务，而国有企业以质量为重，对价格不敏感，因此项目能够获得比较高的利润"。然而，当创业企业以体制外组织为客户努力跟踪开发时却遭遇了障碍，这与体制外客户所遵循的购买标准有关。从组织所遵循的规则逻辑来看，规则逻辑与关系逻辑并存意味着规则中有关系、关系中有规则。因此，体制内组织在做出购买决策时，会更加重视关系。重庆铭城的创业者谈到，"我们跟踪某国有汽车厂商一年半，结果根本无法成为它们的供应商"。

如果拥有先前关系资源，创业企业容易与有先前关系的体制外主体建立重复性联结。重复性联结也意味着与先前存在联结关系的主体建立新的联结，形成双边框架下多联结的关系结构。[2] 基于社会网络理论的关系嵌入概念，企业可能会与已存在联结关系的伙伴建立新的联结，目的在于增进与已有联结主体的关系以形成关系型嵌入，从而拓展其联结组合。但这种拓展并未表现为主体数量的增加，而是表现为联结数量的增加，促进了联结组合深度的拓展。之所以选择资源多样的体制外主体，原因在于以下几个方面。首先，对于游离在体制内格局以外的体制外组织来说，尽管其更倾向于依托市场机制并借助竞争行动来获取资源，但也通过与体制内组织建立联系向体制内格局渗透，从而获取资源。[3] 其次，重复性主体既有

---

[1] Tao, Z., Zhu, T., "Agency and Self-enforcing Contacts", *Journal of Comparative Economics*, Vol. 28, Issue 1, 2000, pp. 80 – 94.

[2] Gulati, R., Gargiulo, M., "Where Do Interorganizational Networks Come from?" *American Journal of Sociology*, Vol. 104, No. 5, 1999, pp. 177 – 231.

[3] Boisot, M., Child, J., "From Fiefs to Clans and Network Capitalism: Explaining China's Emerging Economic Order", *Administrative Science Quarterly*, Vol. 42, No. 4, 1996, pp. 600 – 628.

可利用资源多样性的优势①，又有治理成本的优势，相较于同时与多个资源主体建立多条联结，与一个资源主体建立联结，只需要维系与一个主体的关系，关系治理成本显然更低。也就是说，创业企业只需要花费用于单一主体的信息搜寻成本、关系维系成本等，就可以获取三种资源。正如访谈资料中重庆铭城的创业者所指出的，"威尔公司将合同转包给我们，还为我们提供设备，因为我们是它的代理商；我们现场遇到问题时，威尔公司还会提供人力支持和现场指导。此外，我们没有喷涂实验设备和实验室，当我们需要做实验的时候，威尔公司就会为我们提供实验测试支持"。

创业企业会借助体制外组织与体制内组织的联系，利用间接联结建立与终端体制内客户的关系。创业企业建立间接联结并不仅仅是由于与第三方主体缺乏先前关系而不认识对方，需要中间人引荐，还源于合法性的缺乏，使创业企业担心直接与该主体接触会降低联结建立的可能性以及联结强度，因此需要直接主体作为担保，通过间接信誉的获取与第三方主体建立关联。从收益层面来看，这种基于媒介作用而形成的联结②，并不以关系传递为目的，而是以合法性建立、声誉资源传递为目的。正如案例中所指出的，"我们与国有汽车厂商 A 的项目合同是威尔公司帮助签订的。威尔公司是世界 500 强企业，而我们是成立不到 2 年的公司，国有汽车厂商 A 是不会与我们这样的小企业签订合同的。因此，借助威尔公司的声望，我们建立了与国有汽车厂商 A 的客户关系"。从成本层面来看，间接联结的建立有助于优化联结组合整体的管理成本。Ahuja（2000）曾指出，包含较少直接联结和较多间接联结的联盟组合能够发挥规模优势，但承担着较低的维系直接联结的管理成本。由此，提出如下命题。

命题 1a：在先前关系情境中，创业企业更愿意与具有资源多样性的体制外主体建立重复性联结，而通过体制外主体与体制内主体建立间接联结。

表 3-2 列示了在包含重复性联结和间接联结的组合中资源匹配的类型，主要分为三类：一是重复性主体多联结间（双边框架下）的资源匹配（见图 3-2 中的匹配 1）；二是重复性联结与间接联结间（三边框架下）的

---

① Partanen, J., Chetty, S. K., Rajala, A., "Innovation Types and Network Relationships", *Entrepreneurship Theory and Practice*, Vol. 38, No. 5, 2014, pp. 1027-1055.

② Uzzi, B., "Social Structure and Competition in Interfirm Networks: The Paradox of Embeddedness", *Administrative Science Quarterly*, Vol. 42, No. 1, 1997, pp. 35-67.

资源匹配（见图3-2中的匹配2）；三是直接联结与前述两种联结间（多边框架下）的资源匹配（见图3-2中的匹配3）。

表3-2 先前关系项目联结组合的资源匹配

个案证据		资源匹配		项目绩效	创业企业绩效
		匹配证据	匹配类型		
保险杠项目	"威尔公司的现场技术支援主要包括指导其供应给我们的设备的操作,同时指导我们的下包商的安装人员进行现场操作;我们还针对在国有汽车厂商A现场遇到的问题到威尔公司的实验室做检测,由其技术人员进行分析"	现场指导-设备供应	重复性联结内匹配	非常高	低
		技术指导-实验测试	重复性联结内匹配		
		现场指导-安装人员	重复性联结与直接联结		
		客户要求-原配件供应	间接联结与直接联结		
FJDA水性漆改造项目	"依靠威尔公司的背景、实力和声誉,我们获得了这个项目的实施权,专用硬件如机器人由威尔公司提供,并提供机器人操作的技术指导。威尔公司也会协助指导现场人员操作"	现场指导-设备供应	重复性联结内匹配	高	低
		现场指导-安装人员	重复性联结与直接联结		
DPCA32项目	"该项目技术含量较高,由威尔公司的专家参与指导,我们主要负责实施。他们不仅指导设备使用规范,而且对我们的技术方案进行修正,不断通过实验测试分析,调整方案。国有汽车厂商C对原配件供应商的要求也较高,指定专门的厂商作为供应商"	现场指导-设备供应	重复性联结内匹配	高	非常低
		技术指导-实验测试	重复性联结内匹配		
		客户要求-原配件供应	间接联结与直接联结		

资料来源：根据案例资料整理。

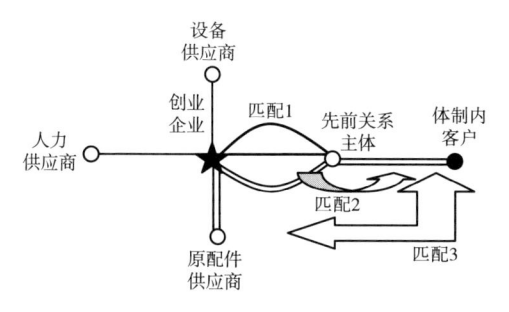

图3-2 先前关系项目中的资源匹配

在重复性联结中，尽管资源由同一个主体提供，但由于主体资源的多样性，不同的联结中承载着不同的资源。正如Partanen等（2014）所指出的，创业企业与成熟大企业建立联结时，既可以获取知识与技术资源，也可以获取信用和声誉资源。这意味着两个主体之间存在多种资源的交换。这些资源之间不仅存在类型的差异，而且它们通过相互支撑共同为项目的实施提供资源保证。正如案例所展示的，威尔公司为重庆铭城提供包括机器人在内的设备，同时还提供机器人操作现场的人员支持和技术指导，后者作为人力资源和技术资源是调用物质资源的关键。在间接联结中，资源通过作为经纪人的资源主体进行跨联结匹配，形成联结间的组合效应。案例显示，由于威尔公司与国有汽车厂商A存在先前合作关系，因而二者相互信任并产生信用资源，这成为威尔公司接受重庆铭城拖欠货款的资源保证。正如重庆铭城的创业者所谈到的，"国有汽车厂商A如果拖欠货款，我们就会要求威尔公司少付设备款，威尔公司出于对该企业的信任，会允许我们延迟付款"。这意味着经纪人与终端客户间的信用资源形成了对创业企业与经纪人之间资金资源的支撑。此外，直接联结中的资源虽然较为单一，但对项目的完成能够形成直接贡献，且对间接联结或重复性联结形成资源支撑。例如，案例显示，客户指定了原配件供应商，这意味着客户间接联结直接影响到创业企业的设备供应商联结。同时，该设备供应最能适应客户的喷涂系统，因此从物质资源上形成直接联结与间接联结的匹配。另一家本土技术合作伙伴主要提供现场安装人员，这些人员在现场安装时会受到威尔公司提供的技术指导，从而在人力资源与技术资源上形成直接联结与重复性联结的匹配。

三种类型的资源匹配使资源在多方主体、多种联结间形成匹配，匹配程度较高，且均具有项目导向的特性，即匹配的资源组合用于项目实施，有利于项目的完成以及项目绩效的保证。因此，先前关系类项目绩效较高。然而，创业企业通过重复性主体与体制内客户建立间接联结，形成一个包含结构洞的联结组合构造，而处于经纪人地位的体制外重复性主体则享有更丰富的信息利益和控制利益。[①] 一方面，创业企业与终端客户作为非重复关系人通过经纪人联系起来，双方的信息都汇

---

① Burt, R. S., *Structure Holes: The Social Structure of Competition*, Cambridge: Harvard University Press, 1992, p.27.

集在经纪人手中，使其可凭借非对称信息发现机会；另一方面，经纪人能够在与创业企业和终端客户的关系谈判中占据优势。[①] 因此，经纪人凭借其所拥有的信息利益和控制利益，更多地分割项目收益，使创业企业绩效大幅度降低。正如案例所呈现的，"借助威尔公司完成的项目虽然能让我们学习到很多，特别是技术，但是这些项目都不赚钱，因为威尔公司要扣除20%—30%的利润，有的项目到现在还亏损"。由此，提出如下命题。

命题1b：在包含重复性联结与间接联结的先前关系项目中，重复性联结内及其与间接联结、直接联结间的资源匹配使项目绩效提高，但间接联结中间人与创业企业的纵向收益分割，使创业企业绩效降低。

2. 需求互补项目

表3-3列示了案例企业针对需求互补项目的联结组合。对于创业企业而言，遵循制度因素所限定的游戏规则从而获得合法性，赢得外部利益相关者的认可，是谋求生存和发展的重要手段。在中国转型经济制度环境下，对创业企业生存和发展起决定性作用的制度因素是政府部门运行市场经济体系的态度和力度，而市场经济的运行蕴含关系文化的隐性释放，表现为市场导向和关系导向间力量的对比。从关系文化来看，中国拥有独特的政治、制度背景下的文化特征。[②] 多种体制属性的经济组织同时存在，使规则与关系逻辑错综复杂，仅仅依靠科层控制或市场调节的单一手段效率比较低下，因此可以寻求传统的方法降低交易风险，即依靠基于血缘、亲缘、地缘等关系的关系契约。在这种关系文化下，体制内客户在寻找合作伙伴时通常会选择既有关系对象，表现为参股的企业、已经存在于其供应商名单中的企业，甚至是与体制内企业高管存在个人化关系的企业等。案例显示，重庆铭城所选择的体制内关联企业表现为体制内企业参股的企业，或体制内企业的供应商作为间接联结的经纪人。

[①] Burt, R. S., Merluzzi, J., "Embedded Brokerage: Hubs Versus Locals", In Brass, D. J., Labianca, G. J., Mehra, A., Halgin, D. S., Borgatti, S. P. (ed.), "Contemporary Perspectives on Organizational Social Networks", *Research in the Sociology of Organizations*, Vol. 40, Emerald Group Publishing Limited, 2014. pp. 159–175.

[②] Boisot, M., Child, J., "From Fiefs to Clans and Network Capitalism: Explaining China's Emerging Economic Order", *Administrative Science Quarterly*, Vol. 42, No. 4, 1996, pp. 600–628.

表 3-3 需求互补项目的联结组合

个案证据	主体体制属性		三方联结方式	其他主体联结方式	联结组合方式
	中间人	客户			
PVC 项目	"非标准设备厂商 A 从事涂装生产线的设计与安装,我们则负责生产线安装后涂装系统的集成工艺,这样配合起来才能更好地完成项目。该企业有国企股份,且与客户关系紧密,因此我们通过它分别与客户签订了生产线合同和 PVC 合同"	体制内关联企业	体制内	封闭式联结	直接联结	• 体制内与体制外主体的结合 • 直接联结与封闭式联结的组合
离子风项目	"由于 PVC 项目完成较好,国有汽车厂商 D 又将离子风项目交给非标准设备厂商 A 和我们。我们同样分别签订合同,分别从事非标准设备和标准设备的生产与安装"	体制内关联企业	体制内	封闭式联结	直接联结	
保险杠改造项目	"机械工程设计院主要为大型设备制造进行工程设计或生产线设计,在其所设计的工程中有需要喷涂系统的,机械工程设计院会把我们融进去,作为其设计的一部分,但我们都会就各项目内容分别与客户签订合同"	体制内	体制内	封闭式联结	直接联结	• 体制内与体制外主体的结合 • 直接联结与封闭式联结的组合
机器人喷涂及搬运系统项目	"非标准设备厂商 B 是国企性质的供应商,虽然技术实力不足,但拥有广泛的客户资源,特别是国企客户资源。该企业要为此项目设计生产线,联系我们设计喷涂与搬运系统,我们签订了相应合同"	体制内关联企业	体制外	封闭式联结	直接联结	
喷涂项目	"凭借非标准设备厂商 B 与国企的关联及其拥有的大量其他客户资源,经其介绍,我们与多家新企业客户分别签订了喷涂项目合同"	体制内关联企业	体制外	封闭式联结	直接联结	

资料来源:根据案例资料整理。

值得注意的是，创业企业往往会选择一家体制内关联企业与之建立联结，而不会与多家具有竞争性的体制内关联企业建立联结以获取"渔翁得利"优势，这与 Zhu 和 Chung（2014）关于与竞争性主体建立多条联结的研究结论不同。后者以台湾为研究背景，关注成熟企业借助多个政党间的竞争性以获取议价能力。而本章研究发现创业企业时常锁定一家体制内主体，因为缺乏资源实力的创业企业在竞争性主体间进行多项选择会使其被所有体制内主体抛弃。

相较于具有资源多样性的经纪人主体，创业企业选择与体制内组织存在关联但具有较低的资源多样性，且与创业企业存在互补资源的主体建立间接联结，进而借助该主体与客户建立联结，从而形成封闭式的联结组合。在这一组合中，创业企业与体制内关联企业建立间接联结的原因在于：一是体制内关联企业最有价值的资源是体制内客户资源，通过这些企业可以建立与体制内客户的联系并提高创业企业的声誉；二是尽管这些企业的资源多样性不足，但拥有与创业企业存在互补性的资源。从资源基础观和资源的主观性观点来看，资源的差异取决于创业者对资源感知的差异性。[①] 这意味着联结主体资源的多样性取决于创业者对其可利用资源多寡的认知。[②] 在需求互补型项目中，创业企业强调体制内客户资源而与之建立了间接联结，同时从事非标准设备和标准设备生产，因此以捆绑销售进行整合，以此建立联结关系。正如案例所展示的，重庆铭城从事标准设备的生产，与非标准设备厂商签订合同，双方共同完成项目。

事实上，间接联结的建立过程与威尔公司等资源多样的主体无异，但其目的不在于多资源主体的信誉担保，而在于互补主体间的捆绑销售。二者不同的是，深谙市场运行逻辑的体制外组织——威尔公司作为经纪人想要独占结构洞所产生的信息利益与控制利益，因此将客户合同转包给创业企业，但不允许创业企业与客户直接签订合同。而在需求互补型项目中，由于双方在技术需求上互补，因此各自需要与客户签订业务合同，加之互

[①] Foss, N. J., Klein, P. G., Kor, Y. Y., Mahoney, J. T., "Entrepreneurship, Subjectivism, and the Resource-based View: Toward a New Synthesis", *Strategic Entrepreneurship Journal*, Vol. 2, No. 1, 2008, pp. 73–94.

[②] Kor, Y. Y., Mahoney, J. T., Michael, S. C., "Resources, Capabilities and Entrepreneurial Perceptions", *Journal of Management Studies*, Vol. 44, No. 7, 2007, pp. 1187–1212.

补性主体作为第三方媒介的关系传递①，这就使创业企业有机会与客户建立跨越结构洞的联结，从而在三者间形成闭环联结组合。对于创业企业来说，闭环联结组合的建立增加了治理成本，即创业企业不得不由只需维护与互补性主体的单一关系，转变为维护互补性主体与客户的两条关系联结。而且，互补性主体与客户的直接联结使二者成为创业企业的重复关系人。②但创业企业的目的在于通过与客户建立直接联结，占据三方主体联结组合中的主动地位，为将来掌握更换互补性主体的主动权做好准备。此外，为了保证项目的完成，创业企业还会与其他主体建立直接联结，形成包含直接联结与间接联结的组合架构。由此，提出如下命题。

命题 2a：在需求互补项目中，创业企业倾向于通过具有资源互补性的体制内关联企业主体建立与客户的间接联结，进而形成三方的封闭式联结组合。

表 3-4 列示了在包含封闭式联结与直接联结的联结组合中资源匹配的状况，主要呈现于封闭式联结内部（见图 3-3 中的匹配 1），以及封闭式联结与直接联结之间（见图 3-3 中的匹配 2）。

表 3-4 需求互补项目联结组合的资源匹配

	个案证据	资源匹配		项目绩效	创业企业绩效
		匹配证据	匹配类型		
PVC 项目	"非标准设备厂商 A 是该项目的总包商，我们是分包商，但我们也与客户联结，并为其提供 PVC 喷涂，该企业则将我们的部分设计用于其生产线中，并在现场集成。另一家本土喷涂设备生产企业派出的人员主要负责喷涂系统的安装"	生产线设计-PVC 喷涂	封闭式联结内的匹配	一般	高
		人员供应-设备安装操作	直接联结与封闭式联结匹配		
		原配件供应-设备安装	直接联结与封闭式联结匹配		

---

① Uzzi, B., "Social Structure and Competition in Interfirm Networks: The Paradox of Embeddedness", *Administrative Science Quarterly*, Vol. 42, No. 1, 1997, pp. 35-67.
② Burt, R.S., Martin, K., Stefano, T., "Social Network Analysis: Foundations and Frontiers on Advantage", *Annual Review of Psychology*, Vol. 64, No. 1, 2013. pp. 527-547.

续表

个案证据		资源匹配		项目绩效	创业企业绩效
		匹配证据	匹配类型		
离子风项目	"合作方式与PVC项目基本相同,非标准设备厂商A仍负责生产线设计,我们负责离子系统,在这方面我们有成功经验。我们仍选取国际知名企业的原配件用于系统安装,但不再从下包商那里联系安装技术人员"	生产线设计-离子风喷涂	封闭式联结内的匹配	一般	一般
		原配件供应-设备安装	直接联结与封闭式联结匹配		
保险杠改造项目	"机械工程设计院在适应客户需求的定制化生产线设计上有技术优势,但保险杠这部分是我们的技术专长,机械工程设计院需要将我们的优势整合进去,从而使整个设计更完善。我们选取威尔公司的硬件设备用于现场的喷涂改造作业,将一家本土自动化企业的自动化技术用于现场喷涂作业"	生产线设计-保险杠改造	封闭式联结内的匹配	低	低
		设备供应-现场喷涂	直接联结与封闭式联结匹配		
		自动化技术-现场喷涂	直接联结与封闭式联结匹配		
机器人喷涂及搬运系统	"非标准设备厂商B在项目中负责客户定制的生产线设计,我们负责利用机器人进行喷涂与搬运。我们负责的是该企业生产线的一部分。我们选取从事机器人制造的跨国公司的机器人以及其他硬件设备用于现场的喷涂作业"	生产线设计-喷涂搬运	封闭式联结内的匹配	一般	一般
		设备供应-现场喷涂	直接联结与封闭式联结匹配		
喷涂项目	"非标准设备厂商B在该项目中负责非标准生产线设计,但其在喷涂系统方面缺乏经验,需要我们完成生产线中的喷涂部分。该企业的设计方案总在改,致使项目没有很好地完成。我们将国际知名企业的原配件、威尔公司的硬件设备用于客户的喷涂系统。我们做得很好,能够满足客户需求,但由于整体项目完成不好,产生了负面影响"	生产线设计-喷涂系统	封闭式联结内的匹配	高	一般
		设备供应-现场喷涂	直接联结与封闭式联结匹配		
		原配件供应-设备安装	直接联结与封闭式联结匹配		

资料来源:根据案例资料整理。

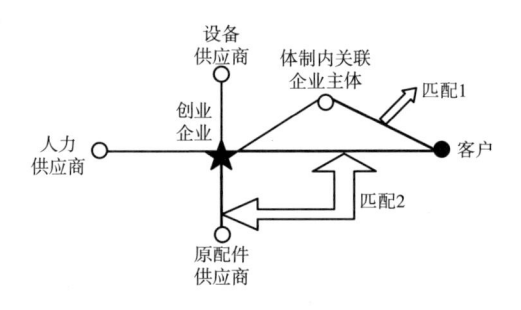

图 3-3 需求互补项目中的资源匹配

从封闭式联结组合内部来看，原本存在结构洞的三边框架之所以会封闭，是由于创业企业跨越中间人创造的结构洞建立与第三方的联结，从而与第三方客户形成直接业务联系。对于项目或客户而言，创业企业与互补性主体所提供的资源间存在相互匹配，共同为项目实施提供了资源保证。而对于创业企业来说，通过与互补性主体的联结，获得了自身所不具备的且与自有资源相匹配的物质与技术资源，表现为非标准设备生产技术与标准设备生产技术的匹配，使匹配后的资源组合能够更好地为客户所接受。从封闭式联结组合外部来看，项目的完成需要关注技术终端的封闭式联结组合，创业企业也要依靠设备提供商、下包商等。诚如先前关系项目中直接联结所起到的资源供给作用，创业企业与设备供应商等主体间的联结，对创业企业在封闭式联结组合中通向客户的业务联结形成支撑，即设备、技术、人力直接用于创业企业的业务运行或项目实施，因而形成业务层面的纵向匹配。这一观点与 Partanen 等（2014）对纵向联结（包含上游与下游联结）资源获取的研究相吻合。该研究指出，创业企业通过纵向联结获取的如设备、零部件、产品等资源对产品创新活动形成补充，且最终用于满足顾客的需求。

封闭式联结组合内外的两种资源匹配，使创业企业借助与互补性主体的资源协同以及与上游资源主体的资源支撑，更好地促进项目的完成，提高联结组合整体的项目绩效。但由于封闭式联结组合具有凝聚力冗余的特征，即所有主体间均存在直接联结，甚至是强联结，因此对于任何一方来说，其他方都是重复关系人，致使联结组合的治理成本较高，从而降低了项目整体的绩效。较高的治理成本表现为每一个主体都要与各方进行沟通与协调。例如，在非标准设备厂商 B 作为互补性主体的项目中，三方沟通没有做好，加之该企业的技术实力不足，其生产线设计有缺陷，且不停地修改，使项目未能很好地完成，对各方都产生了负面影响。因此，需求互补项目相较于先前关系项目，其项目绩效较低。但是，创业企业突破结构洞的限制与合作伙伴建立了直接联结，使互补性主体的信息控制利益被削弱，自身的地位与实力得到增强，从而促进了创业企业绩效水平的提高。由此，提出如下命题。

命题 2b：在包含封闭式联结与直接联结的需求互补项目中，封闭式联结内及其与直接联结间的资源匹配使项目绩效提高。同时，封闭式联结中中间人与创业企业的互补性收益分配，使创业企业绩效较高。

3. 自主开发项目

表 3-5 列示了自主开发项目的联结组合，创业企业联结组合的主体选择面临两种决策：一是下游联结主体，即客户；二是上游联结主体。

表 3-5 自主开发项目的联结组合

个案证据		联结主体	联结方式	联结组合
轮毂旋杯自动喷涂设备项目	"我们刚成立销售队伍，我们自己的销售人员主动联系客户，凭借曾经做过的项目的经验与口碑，与对方签订了合同。做完这一期项目，客户后续的项目都交给我们做了。我们仍然选择威尔公司作为专用设备供应商"	体制外	直接联结	·体制外竞争性主体与非竞争性主体的组合 ·直接联结与结构洞联结的组合
自动喷涂系统项目	"我们提供的技术服务更具有本土化优势，我们可以随时上门解决技术问题。所以当我们主动开发客户时，很容易就成功拿下客户。我们选择威尔公司作为设备供应商，尽量对客户信息保密，仅告知代理威尔公司设备"	体制外	直接联结	
泰国 GOSEI 项目	"这个项目是原来的同事提供的信息，经其介绍结识了客户。虽然不是我们自己开发的项目，但依靠之前项目的信誉赢得了客户信赖，与客户直接签订了合同。我们主要为客户提供技术支持，具体由客户实施"	体制外	直接联结	
轮毂自动喷涂线（一期、三期）项目	"该客户对外发布了自动喷涂线的招标信息，我们参与投标并成功中标，直接与客户签订了合同。为了更好地完成项目，我们选择威尔公司作为设备供应商，选择国际知名企业作为原配件供应商"	体制外	直接联结	

续表

个案证据		联结主体	联结方式	联结组合
静电喷涂设备项目	"这是我们自己开发的客户,虽然客户没有招标,但我们的销售人员主动上门询问是否有需求,最终签订了合同。项目进行中,我们选择威尔公司作为设备供应商,但不与其共享项目信息"	体制外	直接联结	·体制外竞争性主体与非竞争性主体的组合 ·直接联结与结构洞联结的组合
自动化改造项目	"经以前的合作伙伴介绍,结识了客户,并与客户签订了业务合同。我们选择威尔公司作为设备供应商,但不与其共享项目信息"	体制外	直接联结	
搪瓷自动喷涂系统项目	"这是我们自己开发的客户,但这个项目的工艺和设备要求比较特殊,因此我们专门找了创业者以前的同事,由其提供技术支持,在软件和操作以及设备供应方面仍然选择威尔公司"	体制外	直接联结	
涂装车间轨迹试校项目	"这是我们自主开发的首个国企客户,客户之所以选择我们,主要是因为之前与国有汽车厂商B的合作项目。我们直接与该企业签订了项目合同。尽管仍然选择威尔公司作为设备供应商,但仅针对设备的直接采购,不与其共享项目信息,也不由其进行技术指导,工艺主要靠我们自己探索尝试"	体制内	直接联结	

资料来源:根据案例资料整理。

首先,在客户层面,尽管创业企业希望与体制内客户建立联结,且将体制内客户作为未来的市场开发方向,但在初期自主开发阶段,仍以体制外客户为多。体制外组织实施市场经济框架下市场主导的经营战略,遵循通过价格机制进行市场交易与资源交换的运行逻辑。尽管体制外组织难以拥有集中的资源调配权力,而仅拥有分散的社会权力,但体制外组织大多以市场为导向,在运用市场机制获取资源方面拥有丰富的经验。而且,相较于规则逻辑与关系逻辑并存的制度环境,体制外组织主要依据市场标准选择合作伙伴,这就为未与体制外组织建立先前关系,但通过先前关系项目与需求互补项目逐步建立起声誉的创业企业提供了可能的机会。因此,在本案例的自主开发项目中,重庆铭城凭借自己的销售队伍,利用体制外组织的公开招标机会或者主动上门推销等方式,建立了与体制外客户的联结。

其次，在上游联结主体层面，创业企业会针对自身所需的资源，与资源主体建立直接的强联结。尽管创业企业所选择的资源主体并不是资源多样性低的主体，但企业所要获取并利用的只是某一种资源，这取决于创业者依据个人知识所形成的资源感知。[1] 更进一步，这些企业所拥有的资源可能具有集中化、专业化的用途[2]，时常表现为设备、技术资源等。从这一点出发，创业企业与特定资源主体所建立的联结形式更可能以单一直接联结呈现，且时常表现为强联结。从社会网络理论来看，强联结蕴含联结双方频繁的互动、互惠以及信任。[3] 尽管缺少经纪人主体的担保，但借助强联结的多频率互动，创业企业直接与资源主体进行资源交换，以获取所需资源。正如案例所显示的，"我们与世界知名电子设备供应商的合作一直很好，该设备供应商会派工程师进行现场指导，解决我们的问题，现在已经是我们的长期合作伙伴"。

创业企业与客户以及纵向主体建立直接联结时，如果后者之间不再具有关联关系，则表明创业企业建立了非相关主体结构洞。这种结构洞是创业企业无意而为之，固然这会使创业者获得信息利益和控制利益，但控制利益并不能为创业企业带来实际效果，因为非相关主体之间可能并不存在建立交易或交换关系的可能。但在可能存在交换关系的主体间，创业企业利用第三方控制策略，如信息的非对称传递等所构建的结构洞则是有意而为之，能够降低竞争性主体突破结构洞限制的风险。正如自主开发项目中的轮毂旋杯自动喷涂设备项目，重庆铭城采购威尔公司的设备为客户服务，但威尔公司本身其实有能力直接与客户建立联结，因此重庆铭城只向威尔公司传递设备供应信息，以此保持结构洞优势。由此，提出如下命题。

命题3a：在自主开发项目情境中，创业企业倾向于与体制外的不同主体建立直接联结，以此建立非相关主体间的结构洞而获得优势。

---

[1] Foss, N. J., Klein, P. G., Kor, Y. Y., Mahoney, J. T., "Entrepreneurship, Subjectivism, and the Resource-based View: Toward a New Synthesis", *Strategic Entrepreneurship Journal*, Vol. 2, No. 1, 2008, pp. 73–94.

[2] Alvarez, S. A., Barney, J. B., "The Entrepreneurial Theory of the Firm", *Journal of Management Studies*, Vol. 44, No. 7, 2007, pp. 1057–1063.

[3] Kale, P., Singh, H., Perlmutter, H., "Learning and Protection of Proprietary Assets in Strategic Alliances: Building Relational Capital", *Strategic Management Journal*, Vol. 21, No. 3, 2000, pp. 217–238.

表3-6列示了自主开发项目联结组合的资源匹配状况。相较于先前关系项目和需求互补项目中创业企业将精力更多地投入维系重复性联结、间接联结以及封闭式联结,在以直接联结为主要构成的自主开发项目中,创业企业有需求、有能力在直接联结中投入更多的精力,因而表现为直接强联结,并由此形成关系型嵌入,以促进双方的资源匹配与交换。

表3-6 自主开发项目联结组合的资源匹配

	个案证据	资源匹配	项目绩效	创业企业绩效
轮毂旋杯自动喷涂设备项目	"威尔公司提供的硬件设备包括机器人等,用于我们为客户设计的喷涂系统。我们还邀请了以前的同事指导现场操作"	直接联结间的资源匹配	低	非常高
自动喷涂系统项目	"我们用威尔公司的设备设计自动喷涂系统,一家本土企业则为我们提供系统中旋杯的加工"	直接联结间的资源匹配	一般	非常高
泰国GOSEI项目	"我们负责系统集成与设计,为客户提供技术方案,同时对客户购买的设备进行现场安装指导与操作指导"	直接联结间的资源匹配	非常低	一般
轮毂自动喷涂线(一期、三期)项目	"我们聘请以前的同事提供软件方面的指导,主要对我们设计的软件系统用于威尔公司提供的设备进行技术应用性调整。软件与硬件的集成用于完成为客户设计的喷涂系统"	直接联结间的资源匹配	非常低	高
静电喷涂设备项目	"主要设备都从威尔公司采购,其设备用于我们为客户设计的喷涂系统以及系统的实施。一家本土企业主要负责设备的安装"	直接联结间的资源匹配	低	一般
自动化改造项目	"我们将部分设备和周边设备外包给本土自动化企业,主要是非标准设备加工和改造;主要设备仍向威尔公司采购,其提供的是标准设备。我们要将标准设备与非标准设备集成在一起,加上我们的软件系统设计,完成客户的改造项目"	直接联结间的资源匹配	低	非常高

第三章 创业网络联结组合的资源匹配

续表

个案证据		资源匹配	项目绩效	创业企业绩效
搪瓷自动喷涂系统项目	"所需设备向威尔公司采购,同时聘请以前的同事进行技术指导,主要针对利用威尔公司设备进行搪瓷表面喷涂给予指导,这与我们以前的工艺不同,需要将技术与设备整合好"	直接联结间的资源匹配	低	高
涂装车间轨迹试校项目	"由于客户与威尔公司的先前关系,主要设备向威尔公司采购,用于涂装项目的实施;本土自动化企业的设备加工则用于对威尔公司设备进行自动化设计与集成"	直接联结间的资源匹配	一般	高

资料来源:根据案例资料整理。

从社会网络理论来看,强联结所反映的是焦点企业与伙伴之间的关系型嵌入与内聚力程度[1],有助于增进信息流动的强联结,对促进联结双方的资源匹配具有重要的意义。原因在于以下几个方面。首先,强联结所带来的频繁互动,使资源的输出方和输入方更可能具有共同的理念、认知乃至信息识别习惯,因而双方能够更好地对对方传递的信息进行释义,解读对方资源的功能与价值[2],这为创业企业有针对性地获取所需的资源奠定了基础。其次,联结中蕴含的资源可能包括不利于直接传递与交换的隐性部分[3],这给创业企业的隐性资源获取带来了困难。但是强联结中双方共享的价值理念、合作的行为规范以及互惠标准的确立使这种具有内聚力的联结推动了资源的流动。最后,关系型嵌入还意味着信任的产生,这削弱了双方质疑对方尝试解决合作问题的动机。[4] 在信任的推动下,联结双方不会计较成本-收益的精确计算,而是专注于传递对方所需的资源以推动

---

[1] Uzzi, B., "Social Structure and Competition in Interfirm Networks: The Paradox of Embeddedness", *Administrative Science Quarterly*, Vol. 42, No. 1, 1997, pp. 35–67.

[2] Reagans, R., McEvily, B., "Network Structure and Knowledge Transfer: The Effects of Cohesion and Range", *Administrative Science Quarterly*, Vol. 48, No. 2, 2003, pp. 240–267.

[3] Gulati, R., Singh, H., "The Architecture of Cooperation: Managing Coordination Costs and Appropriation Concerns in Strategic Alliances", *Administrative Science Quarterly*, Vol. 43, No. 4, 1998, pp. 781–814.

[4] Molm, L. D., Peterson, G., Takahashi, N., "Power in Negotiated and Reciprocal Exchange", *American Sociological Review*, Vol. 64, No. 6, 1999, pp. 876–890.

合作的进行。在案例中，案例企业的创始人提到，"供应商和我们都是本地的企业，经过长期的合作，我们非常默契，只要我们在电话里说明对设备的要求，供应商就知道如何对设备做改进，满足我们的需求"。

创业企业与多主体同时建立直接的强联结时，以创业企业为核心的多条强联结组合将通过联结间的资源匹配创造组合效应（见图3-4中的匹配1）。由于创业企业所建立的联结组合是以项目为驱动的，因此其选择的主体以及通过主体获取的资源都是围绕特定项目展开的，意味着通过多条联结获取的资源具有项目导向性，或者说资源-项目匹配性。更进一步，出于资源价值以及关系治理成本的考量，创业企业倾向于与具有非重复关系（Non-redundant）的资源主体建立联系，一方面可以获取差异化的资源，另一方面提高了单位关系治理成本资源获取的效率。非重复关系主体所提供的资源不仅具有异质化的特质，而且具有相互匹配的特质。资源基础理论指出，固然价值性、稀缺性、难以模仿以及不可替代性是关键资源的基本属性，但更重要的是组织可用性，即关键资源能否为组织所用将影响资源价值的体现。[①] 当来自非重复关系主体的资源相互匹配时，资源的价值得以放大，使其高于单项资源的简单加总，增强资源间的协同，从而促进项目绩效的提高。正如案例所显示的，"我们在本地的技术合作伙伴主要为我们提供人力资源方面的支持（如现场安装），这些人具体负责我们采购的设备的安装；外聘技术人员对我们的现场支援、指导，就是具体解决威尔公司为我们提供的设备的现场运行问题"。

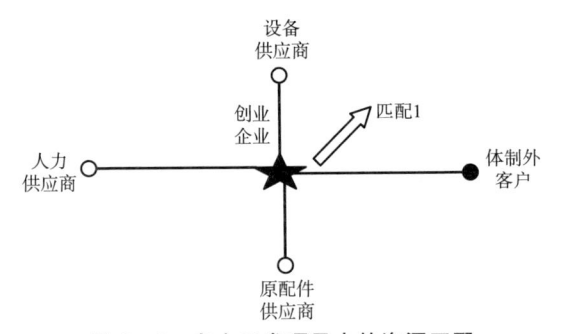

图3-4　自主开发项目中的资源匹配

---

① Barney, J. B., "Firm Resources and Sustained Competitive Advantage", *Journal of Management*, Vol. 17, No. 1, 1991, pp. 99-120.

从绩效结果来看，由于自主开发项目中客户以体制外主体为主，在本案例中较多地表现为私营企业，其有限的资源与资金实力，使整体项目标的额较低。尽管直接联结的资源匹配保证了项目的圆满完成，但项目整体收益不高。同时，由于创业企业在自主开发项目中居于主动地位，即联结组合的中心位置，因此它不会受到经纪人主体、互补性主体的利益分割，可以直接获取项目的全部利润，这就使创业企业的绩效较高。由此，提出如下命题。

命题 3b：在包含直接联结与结构洞联结的自主开发项目中，直接联结间的资源匹配促进项目绩效提升，但体制外主体资源的局限使项目绩效较低；由于消除了中间人的利益分割，创业企业绩效较高。

二、联结组合构成与资源匹配关系的研究结论

1. 主要研究结论

基于对单一案例多嵌入单元的深入分析，本章从联结主体和联结方式的双重视角解读联结组合的构成，并通过对资源匹配的激发探讨联结组合交互关联的协同效应及其对绩效结果的影响，发现了在创业企业成长的不同阶段，联结组合的不同结构特征诱发资源匹配效应产生差异，进而作用于创业企业成长绩效的证据。研究结果具有较高的理论和实践价值。

首先，创业企业利用联结组合获取资源，源于其对资源主体的选择，而其选择的标准主要在于体制属性与资源属性两个方面。对体制属性的考量顺应了我国当前体制内与体制外并存的制度转型格局，同时考虑到体制内组织与体制外组织在社会分层体系中的地位与资源配置权力，从而在不同情境下选择不同体制属性的资源主体。如研究发现，由于体制内组织资源丰富，因而其作为客户时对价格较低的敏感性，促使创业企业更倾向于选择体制内组织作为客户；由于体制内组织具有丰富的关系资源，通过体制内组织可以与更多客户建立关联，促使创业企业选择体制内组织或其关联企业作为经纪人引荐第三方客户。这突出了中国情境下创业企业在依托外部成长路径时的独特网络行为，即虽然身处体制外格局，但试图通过与体制内组织建立联结，从而实现嵌入体制内格局，以此获得持久资源与合法性。这一观点与以往关于体制内外组织的资源属性以及在资源配置上的竞争研究相一致，后者指出体制内格局的资源配置安排压缩了体制外组织

的资源空间，导致体制外组织不得不在坚持市场机制的同时，通过渗透到体制内格局来获取资源。① 但本章进一步揭示出创业企业向体制内组织渗透的方式，即通过建立联结组合，形成向体制内格局的逐步嵌入。

除了考虑体制内外组织的资源特质，本章研究还发现创业企业在选择联结伙伴时会考虑合作伙伴的资源多样性与互补性。这一结论顺应了Penrose（1959）关于资源多样性的观点，即一种资源可能包含多种用途。但与Partanen等（2014）所发现的单一联结可能蕴含多种资源不同，创业企业往往会与具有资源多样性的主体建立多条联结从而形成重复性联结组合，以撬动资源主体的多种资源。对这一问题的回答较好地解决了Wassmer（2010）所提出的解读重复性联结架构的问题。

其次，对于具有不同体制属性、不同资源属性的主体，创业企业会采取不同的联结方式，形成差异化的联结组合构成。其中，对重复性联结、间接联结、封闭式联结以及结构洞联结的研究结果，使我们认识到创业企业的联结组合构成更加复杂而有趣，它不是以创业企业为核心的直接联结加总，而是多种类型联结的整合。就重复性联结而言，它虽然发生在两个主体之间，但有别于传统的单一联结而形成两个主体多条联结的重复性联结架构。这突破了以往关于联结组合规模的研究中只关注联结主体的数量或只关注联结的数量来审视组合规模的局限②，转而综合考虑联结和主体两个维度，在有限主体间建立多维联结的动因来自主体的资源多样性。这与以往关于重复性联结侧重于探究多条联结构建的时间顺序，即企业倾向于与已建立关系的伙伴建立新联结，但其动机在于关系型嵌入导向下信任的驱动有所不同。而本章研究发现，创业企业在感知到资源多样性后通常通过与其建立多条联结的方式获得差异化资源。在结构洞联结与间接联结方面，近年来创业网络研究对结构洞这一独特现象给予了较多的关注，但已有研究大多将创业者视为结构洞的经纪人，从而连接非重复关系人以获得信息利益与控制利益。本章研究发现，创业企业往往主动寻找资源丰富的对象作为经纪人，以此为路径建立外部联结。更进一步，其动机不在于简单的关系传递，即认识其他人，而在于通过资源丰富的对象传递自身的

---

① 韩炜、杨俊、张玉利：《创业网络混合治理机制选择的案例研究》，《管理世界》2014 年第 2 期。
② Goerzen, A., Beamish, P. W., "Alliance Networks and Firm Performance: The Impact of Repeated Partnerships", *Strategic Management Journal*, Vol. 28, No. 5, 2007, pp. 487–509.

合法性信息,以及间接联结与直接联结之间的资源匹配。在封闭式联结方面,创业企业跨越结构洞从而形成了封闭式联结,其动机在于建立通向客户的直接渠道,其结果产生了与互补性对象之间的资源匹配,同时增加了联结组合的治理成本。总之,对不同类型联结组合的识别,能够使我们更深入地探究联结组合的构成与特征,从而从内容层面而非结构层面深入解析网络的运行规律。

最后,针对不同联结主体所形成的不同联结组合类型塑造了不同的资源组合,引发了不同程度的资源匹配效应。关于联结组合的研究指出,组合内部多条联结间的交互关联性是联结组合研究的核心,但少有研究触及。本章从创业网络联结组合中跨联结间资源的匹配角度来衡量交互性,发现不同的联结组合中呈现不同类型与不同程度的资源匹配。如先前关系项目中呈现重复性联结内、重复性联结与间接联结间以及直接联结与重复性联结、间接联结间三种资源匹配,需求互补项目中呈现封闭式联结内与封闭式联结外两种资源匹配,而自主开发项目中则呈现直接联结间一种资源匹配。本章围绕联结组合中资源匹配的研究,突破了以往从单一联结之间,或者不同联结主体之间探究联结组合交互作用的局限。后者仅仅分析了不同联结间的竞争性与互补性对整体绩效的影响,或者分析了不同主体是否构建了共同的信念基础、是否互动且相互学习,但未能剖析不同联结、不同主体所承载或提供资源的特质。本章对不同资源在跨联结间匹配组合的挖掘,有助于揭示不同联结组合构造下资源组合的异质性,回答创业企业如何在外部成长导向的新轨迹下打造匹配的资源组合的问题。

此外,本章在分析创业企业联结组合建立方式的决策时,综合考虑了成本与效益两个维度,即不仅考虑了联结组合的资源获取效益,而且考虑了其治理成本。例如,从收益层面来看,重复性联结实现了跨联结的资源贡献;而从成本层面来看,出于最小化治理成本的考量,创业企业会选择有限主体建立多维联结,从而用少量的关系维系成本获取少量主体的多种资源。尽管封闭式联结组合的建立增加了创业企业的治理成本,即增加了一个联结主体,但其建立动机在于为将来打破封闭、消除合作伙伴与第三方主体的关系奠定基础。正如 Wassmer(2010)所指出的,关于联结组合的研究应当在不同联结组合类型的成本与效益分析上投入更多的努力。但本章并没有将治理成本作为一个构念进行识别,也未能建立与资源匹配以及绩效结果的关系,而仅仅是在命题构建过程中结合了成本分析。因此,未来的研究应更多地整合成本与效益进行分析，由此揭示创业网络联结组合的构成与治理。

2. 理论贡献

本章的理论贡献主要有三个方面。第一，本章着重探讨了以创业企业为核心的具有资源不对等关系的联结组合所产生的资源匹配效应，提出多种类型的资源匹配方式，以呈现跨联结间的交互关联性。联结组合的本质在于跨联结间存在交互作用，而不是单一联结的简单加总，这意味着对于存在资源缺陷的创业企业而言，其对维系联结组合构成投入的成本有限，因此需要借助跨联结间的交互作用最大限度地利用联结组合创造资源价值。由此所产生的资源组合则通过不同联结中的资源匹配放大资源的"组合"价值，预示着创业企业的异质资源不在于内部资源的开发与积累，而在于超越企业边界的资源匹配性整合，这有助于丰富人们对创业企业外部成长路径的理解，以及对创业企业借助外部网络获取资源的动态把握。第二，本章扩展了社会网络理论，对重复性联结、间接联结、封闭式联结、结构洞联结、直接联结等不同类别的联结进行了深入分析，强调了网络结构的内容与质量所呈现的网络有效性。研究结论能够提高我们对怎样的联结组合更有利于创业者整合资源、构建具有匹配效应的资源组合以促进创业等方面的认识。第三，本章整合了联结方式与联结主体的不同视角，讨论怎样的主体以怎样的方式构建联结组合才更有利于诱发不同的资源匹配，从而促进创业绩效水平的提升。更重要的是本章关注了联结主体的体制属性，而这方面的研究有助于揭示中国情境下独特制度环境的作用机制。

3. 研究局限

本章研究的局限性主要体现在两个方面。首先，本章是基于单一案例的研究，尽管采用了多重嵌入单元的研究设计，但研究对象仍较为有限。同时，本章选择的是科技型创业企业，从创业者特质到创业企业的伙伴选择都偏重于技术型，致使研究结论在高科技行业相比在其他行业中的普遍性更高。因此，本章研究在技术型创业范畴中更具有理论效度。未来研究应增加对某一技术行业的抽样数量，进行多案例研究或大样本研究，加强对特定行业研究结论的论证。同时，应进行跨行业的研究检验，提高研究结论在多行业中的普适性。其次，本章考察了联结主体与联结组合方式的交互对资源匹配以及创业企业绩效的影响，即关注了联结组合构成内容绩效的作用机制,但资源的撬动以及资源匹配的诱发还可能来自创业企业对联结组合的管理,如治理机制的运用、治理成本的控制等。具体而言,细致的治理机制如契约、信任的运用,可能促使创业企业以不同的方式管理联结组合,形成具有不同效应的资源组合。未来研究将围绕对联结组合的管理展开,探究具有联结组合适应性的治理机制以及焦点创业企业的联盟能力,形成对已有联盟组合以及创业网络研究的有益补充。

第四章 创业网络联结组合的治理机制

如何管理创业网络联结组合是影响创业网络有效性的重要因素。在具有高度不确定性和资源不对等关系的创业网络中,选择恰当的治理机制是创业企业管理和维持网络中交易关系以推动企业成长的重要手段。但已有研究大多借鉴成熟企业网络的治理理论来解释创业网络的治理问题,未能对"在何种情境下创业网络适宜采用哪种治理机制"的问题给出合理解释。本章努力挖掘在创业网络联结组合的不同构成情境下治理机制的选择,并深入探讨其运行机理,以期形成对如何管理创业网络联结组合的理论与实践解释。

第一节 网络治理与联盟组合治理

网络组织有效性的发挥有赖于网络治理机制的设计与选择。从理论层面来看,交易成本理论、网络理论都聚焦于对网络治理问题的解答,但前者强调对契约的运用,后者则强调对信任的运用。同时,交易成本理论对非正式契约的关系治理给予了关注,而网络理论也广泛考察关系之外的正式联盟与合作。这意味着不同理论视角在尝试整合不同的治理要素,以形成对网络治理机制的解读。

一、网络治理主体、客体、机制的理论维度解析

不同于以企业为治理客体的公司治理研究,网络治理在治理主体、治

理客体、治理边界上都更为复杂。从治理主体来看,网络中包含异质化、多样化的网络主体,它们处于网络中的节点位置,而治理主体可能是所有节点企业,即形成多主体参与的共同治理或利益相关者治理。聚焦以创业企业为核心的自我中心式网络,网络治理的主体可能以居于核心地位的创业企业为主。而从治理客体来看,已有研究将网络中的节点企业、网络中的关系联结以及整体网络作为治理客体。就企业层面而言,创业网络中非核心的企业,即与创业企业形成直接联结或间接联结的企业构成被治理的客体。就关系联结而言,网络治理围绕连接焦点企业与伙伴企业的关系展开。就整体网络而言,以整体网络为治理课题增大了网络治理的难度与成本。

从治理机制来看,契约机制、信任机制与学习机制是已有研究常提及的治理机制。其中,契约机制侧重于以正式契约和非正式契约为主要工具;信任机制侧重于借助情感、声誉、道德、身份认同等促进互惠的产生;学习机制则侧重于通过信息的传递与沟通、知识的转移与交换等处理联结关系。这一类型划分的理论依据在于以下几个方面。首先,从交易成本经济学来看,由于契约包含针对交易内容、交易主体的权利和义务等细致条款,因而在环境复杂、风险较大的交易条件下,交易双方更愿意舍去投机心理,代之以契约的订立,以避免交易失败带来的风险或成本增加。[①] 其次,从网络理论来看,信任在网络治理中发挥着核心作用,因为信任不仅能够促进非常规交易发生,而且能够提升交易关系的效率,提升交易关系的深度和丰富度,将常发生于创业企业交易关系框架的一次性交易转变为常规性交易。[②] 最后,从组织学习理论来看,企业间通过互动学习以实现知识传递与转移,能够促进信息被更充分、更详细地解释,使创业企业在丰富的信息域和知识域中感知联结对象的行动意涵。[③] 同时,互动学习有助于增加创业企业的知识存量,促进企业间协同效应的产生与信

[①] Argyres, N.S., "Contractual Commitments, Bargaining Power, and Governance Inseparability: Incorporating History into Transaction Cost Theory", *Academy of Management Review*, Vol. 24, No. 1, 1999, pp. 49–63.

[②] Hite, J.M., Hesterly, W.S., "The Evolution of Firm Networks: From Emergence to Early Growth of the Firm", *Strategic Management Journal*, Vol. 22, No. 3, 2001, pp. 275–286.

[③] Powell, W.W., Koput, K.W., Smith-Doerr, L., "Interorganizational Collaboration and the Locus of Innovation: Networks of Learning in Biotechnology", *Administrative Science Quarterly*, Vol. 41, No. 1, 1996, pp. 116–145.

任的加深,使学习成为契约与信任的有益补充。①

网络治理理论认为,治理机制的选择在很大程度上取决于代表企业间交换关系的双边联结属性。在创业网络情境下,网络联结的不确定性更高,联结所蕴含的资源不对等关系更显著,而包括多联结协同的联结组合要在不同联结的治理上寻求平衡与协调。因此,联结组合适应性治理机制的选择可能更具独特性。在识别联结组合治理机制理论维度的基础上,本章认为社会资本理论、网络理论、交易成本理论和组织学习理论等相关理论知识可以作为解释网络治理的理论基础,基于此着重探讨治理机制对联结组合构成的绩效作用调节的影响,同时还从高管团队层面分析高管团队社会资本对联结组合构成的影响作用。

从社会资本理论和网络理论的角度看,以创业团队/创业者个人网络为基础构建、拓展和积累而成的创业企业创业网络联结组合中,针对拥有情感、精神资源的个体或小企业,网络治理表现为以感情、人情和交情为组合的信任治理机制。② 从交易成本理论的角度看,大企业拥有资源实力,能够承担寻找交易对象的搜寻成本,使其在契约交易中拥有选择交易对象的自主权,因而契约的有效性更高。从组织学习理论的角度看,针对创业企业未依托创业者个人网络而搜寻的异质主体,通过互动学习,促进了信息与知识的传递,更有利于企业间交易关系的持久性。

综上,在具有高度不确定性和资源不对等关系的创业网络情境下,创业企业难以像成熟企业那样承受完全契约机制下较高的搜寻成本、谈判成本、缔约成本以及合同监督成本,也不能为了寻求治理成本的降低而单纯依靠信任机制,而将联结组合中的所有交易都建立在创业者个人关系基础之上。因此,本章认为创业企业需要构建治理成本结构最优的"混合治理机制",在契约与信任、学习之间寻求平衡,甚至可能要融入其他的治理要素。

---

① Jones, C., Hesterly, W. S., Borgatti, S. P., "A General Theory of Network Governance: Exchange Conditions and Social Mechanisms", *Academy of Management Review*, Vol. 22, No. 4, 1997, pp. 911 - 945.
② Guo, C., Miller, J. K., "Guanxi Dynamics and Entrepreneurial Firm Creation and Development in China", *Management and Organization Review*, Vol. 6, No. 2, 2010, pp. 267 - 291.

二、创业企业联盟组合的治理

已有关于联盟组合的研究呈现三个脉络：一是联盟组合的结构；二是联盟组合的形成；三是联盟组合的治理。围绕联盟组合治理的研究，旨在揭示如何通过治理联盟组合来发挥其独特结构所产生的效应。聚焦联盟组合治理的研究主张，应将联盟组合作为一个整体来审视其治理机制，即将整个联盟组合作为治理客体，而不是将组合中的单个联盟作为治理对象。从这一点出发，已有研究着重从以下两个方面探讨联盟组合的治理问题。

第一类研究从能力的角度切入，聚焦联盟能力，主张联盟能力是焦点企业治理联盟组合必备的要素，是联盟组合实现治理目标的重要诱因。所谓联盟能力，是指焦点企业搜寻、筛选、识别联盟伙伴，与伙伴建立联盟关系，在联盟实施过程中参与联盟管理等方面的技能。[1] 联盟能力并不是单一维度的能力，而是多维能力的集合，包括搜寻并筛选伙伴方面的先动性（Partnering Proactiveness）、对联盟展开关系型治理（Relational Governance）以及跨联盟协调运营（Portfolio Coordination）的能力。围绕联盟能力的研究主张，拥有较强的联盟能力，特别是管理联盟组合的能力（Alliance Portfolio Management Capability），才能促使焦点企业执行联盟组合治理的任务，从而实现不同联盟间的协同，释放联盟组合的价值。[2]

第二类研究从职能的角度切入，关注能够对联盟管理能力形成支撑的联盟组合管理职能体系。管理联盟组合包含以下活动：管理焦点企业向联盟伙伴以及联盟伙伴之间展开的学习活动；联盟组合中参与者之间的知识共享管理；识别并管理联盟组合内的冲突；制定跨联盟间的协调策略以实现资源和能力上的协同；确定联盟执行的组织架构与股权运营方式；等等。[3]

---

[1] Khanna, T., Gulati, R., Nohria, N., "The Dynamics of Learning Alliances: Competition, Cooperation, and Relative Scope", *Strategic Management Journal*, Vol. 19, No. 3, 1998, pp. 193 – 210.

[2] Sarkar, B., Aulakh, P. S., Madhok, A., "Process Capabilities and Value Generation in Alliance Portfolios", *Organization Science*, Vol. 20, No. 3, 2009, pp. 583 – 600.

[3] Hoffmann, W. H., "Strategies for Managing a Portfolio of Alliances", *Strategic Management Journal*, Vol. 28, No. 8, 2007, pp. 827 – 856.

上述两类研究都对联盟组合可管理的特性给予了关注，但并未对如何管理联盟组合、联盟组合的构建过程如何，以及如何培养企业的联盟组合管理能力做出深入解释，因而没有构建关于联盟组合治理的适宜解释。

联盟组合治理机制的设计与选择会对联盟组合有效性的发挥产生重要影响，这也是采用联盟组合战略的企业提升自身绩效的关键。由于联盟组合包含多个联盟伙伴和联盟联结，联盟组合治理需要协调、控制不同联盟伙伴的活动，特别是后者在联盟活动时的任务完成与责任承担。考虑到多伙伴协调和多活动安排的治理成本，正式契约治理和非正式关系治理相结合的治理方式可能更为适宜，这也体现了联盟组合治理中多种治理手段混合的独特性。Oxley（1997）指出，正式治理是指以契约、股权等正式手段运用为主的治理机制，契约手段包括正式的、书面的协议约定，如新产品联合开发协议；股权手段包括焦点企业与联盟伙伴间以出资占有股权的方式持有或管理运营联盟的联合体，如成立合资公司或交叉持股，从而形成产权合作关系。相比之下，包含情感、信任等要素的关系治理则不强调契约的约定，而是建立在长期合作和关系专用性投资基础之上，联盟双方或多方自觉遵守默示的联盟规则与行动指南，采取一致的战略行动以实现预期目标。

从已有关于联盟组合治理的研究成果来看，大量的研究围绕联盟组合管理能力展开，其潜在的前提假设是，有能力就能把联盟组合管好，但对治理联盟组合的具体手段并没有做出深入解释。已有研究大多聚焦联盟能力、联盟经验和联盟学习，主张这些是治理联盟组合的关键因素，但相关研究主要援引联盟研究的范式与思路，没有关注联盟组合交互关联性的本质。对联盟组合的治理不应通过直接复制双边联盟治理手段来管理联盟组合中的每一个联盟，形成对联盟组合整体的治理，而应将联盟置于组合情境下，关注多联盟协调、互动的治理，关注不同联盟手段间的交互作用。如 Jiang（2010）关于联盟多样性的研究指出，联盟组合中治理手段的多样性会对焦点企业绩效产生影响。因此，有必要回归联盟组合的协同属性探讨组合治理，基于联盟组合治理的角度进一步解释联盟组合的多样性构造如何影响企业绩效。

第二节 联盟组合治理的实证研究设计

一、样本选择

本章选择创业板上市公司为研究对象,原因在于以下几个方面。①相较于主板上市公司,创业板上市公司的成立时间较短、规模较小。它们所处的发展阶段更趋于成熟期前端的初期成长,因而不像成熟企业那样将可持续发展作为企业成长的主要目的,而是将如何在激烈的市场竞争中生存下来作为其首要解决的问题,这与创业企业特质相契合。②相比成熟的大企业,成立时间较短的创业板上市公司有着资源与能力方面的局限,它们更需要借助于外部网络来获取生存所需的有价值的资源。③创业板是我国为创业企业、高科技中小型企业提供融资的平台,证监会要求创业板上市公司披露公司的重大事项,而对于缺乏合法性的创业板企业而言,与其他企业特别是大企业的联盟合作都是彰显其声誉的重要信号,因而企业通常会将关于联盟合作的事项进行公告。考虑到国内没有成熟的联盟数据库[①],因而创业板上市公司的联盟公告是非常适宜的研究资料。

所收集数据的时间节点是2016年6月,时间范围是2013—2015年。确定该时间范围的原因在于,自2009年第一家上市公司青岛特锐德(股票代码:300001)上市后,直至2013年上市公司发布联盟公告的行为才逐步增多;2016年6月,上市公司发布了上一年年报,年报资料能够形成对联盟信息的补充。因此,本章所选样本的时间范围是2013—2015年。

初始样本为截至2015年12月31日在创业板上市的496家企业。由于联盟组合意味着企业需要建立2个以上的联盟,因此要从初始样本中

[①] 国外的联盟研究特别是联盟组合研究,主要利用SDC数据库,即联盟、并购数据库,其中包含企业间联盟、并购的直接数据。

剔除仅发布 1 份联盟公告的企业，因为从公布的联盟资料来看，它们并没有建立起联盟组合；还要剔除没有发布联盟公告的企业，因为它们没有建立联盟，至少没有建立值得作为重大事项发布的联盟。最终，样本库由 115 家上市公司组成。从联盟组合规模来看，115 家企业共建有 776 个联盟，每家企业联盟组合的平均规模为 6.75 个联盟。为了检验样本企业与剔除的样本企业在企业基本特征，如企业年龄、企业资产规模、企业员工规模等变量上的差异性，本章采用方差分析法对两组样本进行检验。表 4-1 的结果显示，筛选出的研究样本与剔除样本在这些统计变量上没有显著差异。从研究样本的行业分布来看，从事制造业经营的创业板企业有 71 家，占总数的 61.7%，从事其他行业经营的企业占总数的 38.3%；从样本企业发布联盟公告的情况来看，制造行业、软件和信息技术服务行业在全部样本中的占比较大，这恰巧符合了创业板以高新技术企业为主的特征。

表 4-1 研究样本与剔除样本在企业特征变量上的方差分析

比较维度	企业年龄（年）				企业资产规模（亿元）				企业员工规模（千人）			
	均值	标准差	F值	Sig.	均值	标准差	F值	Sig.	均值	标准差	F值	Sig.
发布 2 份及以上联盟公告的 115 家企业	9.90	4.568	0.246	0.620	5.022	4.484	1.825	0.177	0.618	4.605	0.613	0.434
发布 2 份以下联盟公告的 381 家企业	9.56	4.742			4.300	5.170			0.958	4.643		

资料来源：根据案例资料整理分析。

二、数据收集

本章以联盟组合为分析单元，以此作为筛选样本的标准。在第一章关于联盟组合定义文献综述的基础上，本章采用第一种累积性视角和第四种时间性视角下的联盟组合定义，即联盟组合是指联结焦点企业的所有直接联盟的集合，但同时将其置于时间维度下，考察调查期内（2013—2015

年）创业企业逐步建立起的所有直接联盟集合。从形态上来看，该联盟组合表现为联结不同伙伴的联盟集合，也包含纵向时间维度下新联盟与旧联盟的组合。时间维度下需要考虑联盟的终结，但在研究时间范围内没有发生联盟终结的情况，因此本章中样本的联盟组合即联盟在纵向时间过程的累积性组合。

为了获取企业联盟的客观数据，本章构建了创业板上市公司的联盟数据库。以问卷方式收集联盟组合的数据，仅能获得企业间联盟关系程度、资源水平以及联盟所达到效果等主观评价信息。一方面，自填问卷的同源偏差难以避免；另一方面，难以获得每一个联盟的客观数据以及整个联盟组合的整体特征。二手数据收集方法的运用能够提高联盟信息获取的准确性，增强研究过程的信度和研究结论的效度。

本章主要采用对上市公司发布的联盟公告以及公司年报进行文字编码的方式，构建用于实证研究的数据库。本章所构建的创业板上市公司联盟数据库，包含作为网络焦点的创业板企业所构建的每一个联盟的详细信息。焦点企业的信息主要来自上市公司年报，其中涉及企业的体制属性、所在行业、成立年限、上市年限、资产规模等统计学特征，企业的业务范围、产品与专利、商业模式、职工数量、供应商与客户情况等经营性特征，以及企业的收入状况、利润、研发支出、管理费用等财务数据。有关联盟的信息包括联盟伙伴的特征，如资产规模、收益状况、行业特征、业务类型等，还包括合作双方的项目名称、性质、内容，以及双方提供的资源、双方的责任和义务、联盟规模、联盟治理方式（是否投资或者成立合资公司、是否成立专门的联盟合作管理部门）。因此，以创业板上市企业的联盟公告为研究素材，能够更好地呈现创业企业联盟组合的全貌。

三、变量测量

1. 被解释变量

本章包含两项研究：第一项研究着重分析联盟组合的多样性特征与股权治理的交互作用是否会对企业绩效产生影响；第二项研究重点分析高管团队社会资本通过联盟组合多样性影响企业技术创新绩效的关系。因此，有两个被解释变量，分别为企业绩效和技术创新绩效。

对于企业绩效，第一项研究采用净利润和总资产收益率（ROA）两个指标进行衡量。之所以选择这两个指标，理由如下。首先，净利润和ROA被广泛用于对企业绩效的衡量。在已有的联盟组合研究中，对联盟组合绩效影响作用的研究也大多以净利润和ROA为绩效衡量指标。[①] 其次，在联盟组合的多样性特征与绩效结果的关系研究中，已有研究主张企业绩效是联盟组合多样性的价值释放后所产生的绩效结果，其中间过程涉及多样化资源的整合、知识的共享，因而不能直接、快速地反映在企业绩效上，也就是说这一关系具有时间上的延迟性。[②] 因此，第一项研究选取创业板上市公司在2015年的净利润和ROA作为被解释变量，以确保解释变量与被解释变量的时间间隔。

2. 解释变量

正如本书第一章、第二章关于联盟组合的概念界定，联盟组合多样性是指焦点企业与具有不同属性和特征的联盟伙伴建立联盟，或者建立不同性质和类型的联盟，这些联盟形成的联盟组合所表现出的差异性。[③] 已有研究围绕联盟组合多样性的构成与细致化类型积累了较为丰富的成果，基于已有研究的分析思路，本章立足联盟伙伴角度，利用行业多样性和体制多样性来衡量联盟组合在伙伴层面的多样性特征。在多样性指数计算上，本章采用Blau指数来操作化地测量差异性。当联盟组合表现出极端同质的特征时，Blau指数为0；当联盟组合完全异质时，Blau指数为1。也就是说，Blau指数越接近1，联盟组合的多样化程度就越高。

（1）联盟组合行业多样性

联盟组合行业多样性是指焦点企业的联盟伙伴所处行业的差异性。[④] 根据我国的《国民经济行业分类标准》，首先，对115家创业板上市公司所在的行业以及联盟组合中联盟伙伴所在的行业分类赋值编码。例如，根

[①] Jiang, R. J., Tao, Q. T., Santoro, M. D., "Alliance Portfolios Diversity and Firm Performance", *Journal of Management*, Vol. 31, No. 10, 2010, pp. 1136 – 1144.

[②] Tanriverdi, H., "Performance Effects of Information Technology Synergies in Multibusiness Firms", *MIS Quarterly*, Vol. 33, No. 1, 2006, pp. 57 – 77.

[③] Wassmer, U., "Alliance Portfolios: A Review and Research Agenda", *Journal of Management*, Vol. 36, No. 1, 2010, pp. 141 – 171.

[④] Jiang, R. J., Tao, Q. T., Santoro, M. D., "Alliance Portfolios Diversity and Firm Performance", *Journal of Management*, Vol. 31, No. 10, 2010, pp. 1136 – 1144.

据该分类标准，金属制品制造业编码为 C43，互联网相关服务业编码为 I64。其次，采用 Blau 指数计算联盟组合在行业层面的多样性。计算公式如下：

$$D_H = 1 - \sum_{i=1}^{N} P_i^2 \quad P_i = \frac{N_i}{N}$$

其中，D_H 代表行业多样化程度，P_i 代表每一种行业类别在联盟组合中所占比重，即该行业类别的数量除以联盟组合中联盟总数。例如，沈阳新松机器人自动化股份有限公司（以下简称沈阳新松机器人，证券代码 300024）的联盟伙伴分别属于行业代码为 C25、C34、C38、C90、M74 的 5 个行业，在各个行业类别中联盟的数量分别为 2、1、3、1、1，联盟组合的总体规模为 8，则 $D_H = 1 - [(2/8)^2 + (1/8)^2 + (3/8)^2 + (1/8)^2 + (1/8)^2] = 0.75$。

（2）联盟组合体制多样性

联盟组合体制多样性是指联盟组合中联盟伙伴属于体制内或体制外组织的属性差异。关于体制属性的划分，本章将体制内组织界定为"政府部门、事业单位、国有企业、高等院校和科研院所"，而将体制外组织界定为"外商独资企业、民营企业、中外合资企业"。其原因在于，基于社会分层理论，中国经济体制转型过程中所形成的再分配体制，赋予体制内组织相较于体制外组织更为丰富的资源，使"单位壁垒"成为阻隔资源在不同单位之间流动的重要原因，单位也成为反映体制属性的重要指标。[1] 中国转型经济背景下独有的二元经济格局，是指代表体制内的国有部门和代表体制外的非国有部门并存，这进一步呈现了不同体制资源的共存性[2]，也反映出复杂的制度环境与社会结构所带来的体制属性差异。[3] 因此，组织的体制属性已经为社会学界所广泛关注，并作为衡量社会地位和资源含量差异的重要指标，这说明上述类型划分与测量方式已经得到了已有研究的支持。

---

[1] 边燕杰、李路路、李煜、郝大海：《结构壁垒、体制转型与地位资源含量》，《中国社会科学》2006 年第 5 期。

[2] 边燕杰、王文彬、张磊、程诚：《跨体制社会资本及其收入回报》，《中国社会科学》2012 年第 2 期。

[3] Boisot, M., Child, J., "From Fiefs to Clans and Network Capitalism: Explaining China's Emerging Economic Order", Administrative Science Quarterly, Vol. 42, No. 4, 1996, pp. 600–628.

本章继续采用 Blau 指数来测量联盟组合体制多样性，用 D_T 来表示。仍以沈阳新松机器人为例，其联盟组合中体制内联盟伙伴数量为 7，体制外联盟伙伴数量为 1，联盟组合的总体规模为 8，则 $D_T = 1 - [(7/8)^2 + (1/8)^2] = 0.219$。

（3）联盟组合的股权治理机制

对联盟组合进行治理是为了协调不同的联盟活动，控制联盟伙伴的责任承担、权利履行、收益分配而实施的管理双方关系的一种方式。[①] 针对已签订正式协议即契约的联盟所形成的联盟组合的治理，被置于正式契约治理的范畴，而治理手段的采用呈现不同的治理安排，表现为股权治理与非股权治理的差异。从单一联盟的股权治理来看，这种方式是指焦点企业与联盟伙伴以投资入股的方式维系双方的关系。在股权持股方式上，焦点企业可以持有为联盟而建立的合资公司的股份，也可以与联盟伙伴进行交叉持股。[②] 无论是哪种方式，股权治理的核心都在契约之上，有产权维系的联盟关系更为紧密，使联盟内存在的问题更容易被解决，信息能够高质量地流动，也能够激发信任的产生。

由于股权治理主要针对单一联盟的联盟关系，因此本章采用联盟组合中多个联盟实施股权治理的比例来衡量股权治理机制在联盟组合中的运用程度。首先，识别出联盟组合中每一个联盟所采用的治理方式是否包含股权投入的含义，即根据每一份联盟公告对焦点企业是否出资建立合资公司、是否因联盟而持有联盟伙伴股份等关于股权方面的内容进行编码，如果联盟涉及焦点企业依靠投资获取股权的内容，则该联盟即被编码为股权治理。其次，通过计算联盟组合中采用股权治理方式的联盟所占比例，得出联盟组合实施股权治理机制的水平。以沈阳新松机器人为例，该公司分别与公司 A、公司 B 建立了合资公司，且在合资公司中持有股份，以股权的方式参与合资公司运营管理，对联盟进行治理。沈阳新松机器人所建立的联盟组合包含 8 个联盟，因此其联盟组合的股权治理比例为 2/8 = 25%。

---

① Gulati, R., Lawrence, P. R., Puranam, P., "Adaptation in Vertical Relationships: Beyond Incentive Conflict", *Strategic Management Journal*, Vol. 26, No. 5, 2005, pp. 415–440.

② Reuer, J. J., Devarakonda, S. V., "Mechanisms of Hybrid Governance: Administrative Committees in Non-equity Alliances", *Academy of Management Journal*, Vol. 59, No. 2, 2016, pp. 510–533.

3. 控制变量

本章选择焦点企业层面的企业规模、成立年限、研发支出、行业类型，以及联盟组合层面的联盟组合规模作为控制变量。

第一，企业规模是影响绩效的重要指标。企业规模越大，其所拥有的资源就越多，企业的声誉优势就越明显，这将有助于企业绩效的提升。同时，规模是企业综合实力的显性标志，它往往是企业在搜寻、筛选、评估联盟伙伴时要考虑的因素，焦点企业的规模越大，就越可能吸引优质的联盟伙伴与之建立联盟。因此，企业规模会对联盟的建立产生影响，进而影响企业的绩效结果。本章选择2013—2015年企业的平均总资产规模来衡量企业规模。

第二，企业成立年限能够在一定程度上反映出企业存续时间内的资源含量、行业经验水平与知识储备程度，从而影响企业绩效与创新。从时间上来讲，成立年限较长的企业由于在所处行业深耕多年，因而具有较丰富的经验与资源，能够在市场竞争中保有自己的竞争地位，有利于企业绩效的提升。因此，有必要对企业成立年限进行控制。

第三，由于本章所选择的样本以高科技企业为主，绝大多数企业具有研发职能，企业的研发支出能够反映出企业在技术创新方面的投入，这将对企业绩效特别是创新绩效产生影响。因此，本章采用焦点企业2013—2015年的平均研发支出作为控制变量。

第四，本章还将创业企业所处行业类型作为控制变量。战略管理理论中的结构学派主张，行业结构以及由此引发的行业吸引力差异，是企业间绩效产生差异的重要诱因。这意味着在不同行业中经营的创业企业可能因其所处行业的吸引力不同而形成绩效差异。因此，本章将行业类型作为控制变量，而由于所涉及行业范围较广，故将行业做二分类变量处理，即将制造业赋值为1，非制造业赋值为0。

第五，不同规模的联盟组合也会对焦点企业通过联盟组合获取资源引发的绩效提升产生影响。企业所建立的联盟组合中的联盟数量越多，预示着其需要联结更多的联盟伙伴，因而其驾驭多个联盟的能力就越强，也反映出其能够调用的外部资源越丰富，有利于企业绩效的提升。本章采用2013—2015年焦点企业建立的联盟总数来衡量联盟组合规模。

第三节　联盟组合多样性与股权治理机制的实证研究

一、联盟组合多样性与企业绩效

多样性是已有研究所发现的联盟组合的最主要特征，也是大量实证研究关注的焦点。联盟组合多样性，表现为焦点企业在联盟伙伴、联盟功能、联盟治理等多方面的差异性。[①] 已有研究主要从主体、联盟两个层面解读联盟组合多样性。主体层面主要关注联盟伙伴在所处行业、所在国家、体制属性等方面的差异，而联盟层面则关注联盟功能、合作类型等方面的差异。如 Mouri 等（2012）从联盟伙伴角度，通过对联盟伙伴所在行业、拥有的资源和技术等方面的差异性来识别联盟组合的多样性。Cui 和 O'Connor（2012）则将联盟组合多样性界定为伙伴所拥有资源的差异性。Faems 等（2012）在度量联盟组合多样性时，通过对联盟伙伴进行分类，如客户、供应商、竞争对手等，指出联盟伙伴的质量比数量更重要，表明联盟伙伴相比焦点企业的重要性。总之，联盟组合多样性是一个多维概念，包括联盟伙伴所提供资源的异质性、联盟伙伴国际化程度的差异以及治理的多样性等。

传统的战略联盟研究指出，焦点企业与其联盟伙伴间资源和能力的互补有助于提升焦点企业绩效。[②] 但战略联盟研究以单个联盟为分析对象，关注焦点企业与直接联盟伙伴之间的资源互补，而联盟组合研究更加强调焦点企业所建立的不同联盟间的资源相互支撑，这种相互支撑往往出现在组合内资源异质或多样的情境下，因为资源同质更可能引发资源重叠而非

[①] Jiang, R. J., Tao, Q. T., Santoro, M. D., "Alliance Portfolios Diversity and Firm Performance", *Journal of Management*, Vol. 31, No. 10, 2010, pp. 1136 – 1144.

[②] Vassolo, V. S., Anand, J., Folta, T. B., "Non-additivity in Portfolios of Exploration Activities: A Real Options-based Analysis of Equity Alliances in Biotechnology", *Strategic Management Journal*, Vol. 25, No. 11, 2004, pp. 1045 – 1061.

资源互补。因此，越来越多的学者带着对联盟组合交互关联性的关注，围绕联盟组合多样性展开研究。在这种情形下，一个需要思考的问题是，多样化的联盟组合是否必然带来焦点企业绩效的提升？联盟组合的多样性水平在何种情境下对企业绩效的提升所起的促进作用最大？

这个问题是学术界和实务界共同关注的焦点——多样性程度的"最佳水平"，日益被视为企业整合外部资源以提升企业绩效的重要驱动力。但已有研究未能对"最佳水平"做出令人满意的解释，原因在于围绕联盟组合"多样性－绩效"关系的研究并未构建起具有内在一致性的理论框架。

越来越多的研究从不同的方向、理论视角集中探讨联盟组合多样性对企业绩效的作用，但目前仍存在两种相反的观点。一种观点认为，与相似的伙伴建立联盟关系，会使焦点企业在创新、绩效等方面有更成功的表现。联盟合作双方的同质性可以减少联盟执行过程中的冲突，促进伙伴间的知识共享和信息交流，增进双方的互信。这一观点被大量关于单个联盟的研究所支撑，相关研究发现，焦点企业与联盟伙伴间的相似性越高，越有利于联盟合作者之间为了提高创新绩效而分享知识与技术。[1] 另一种观点主张，与异质性伙伴建立联盟关系更有利于焦点企业获取多样化信息，有利于形成多样化的资源池以促进绩效提升。这些研究认为，同质的伙伴无法为焦点企业带来新知识与新机会，不利于企业对新机会的探索与利用。[2] 相关研究大多以联盟组合为分析单元，其对异质的解读也不是局限于焦点企业与联盟伙伴之间，而是置于联盟组合范围内所有主体之间。如Anand 等（2007）在研究中指出，当联盟组合中出现"重叠"的技术资源时，不容易激发新构想，反而使联盟伙伴发现会削弱联盟组合价值的冗余技术和知识。对此，已有研究也通过大量的实证检验方法证实了联盟伙伴呈现异质化特征的联盟组合绩效优于联盟伙伴呈现同质化特征的联盟组合绩效。

在众多认可联盟组合多样性的积极绩效作用的研究中，Cui 和 O'Connor

---

[1] Darr, E. D., Kurtzberg, T. R., "An Investigation of Partner Similarity Dimensions on Knowledge Transfer", *Organizational Behavior and Human Decision Processes*, Vol. 82, No. 1, 2000, pp. 28 – 44.

[2] Harrison, J. S., Hitt, M. A., Hoskisson, R. E., Ireland, R. D., "Resource Complementary in Business Combinations: Extending the Logic to Organizational Alliances", *Journal of Management*, Vol. 27, No. 6, 2001, pp. 679 – 690.

(2012)指出，联盟组合多样性对企业绩效的正向影响存在理论边界，即联盟参与主体间信息和资源的共享程度，以及市场的不确定性程度。他们在研究中发现，从联盟组合内部来讲，资源层面多样性的发挥有赖于联盟内资源和信息的共享，只有高共享的联盟组合才能放大其在资源层面多样性所带来的绩效优势。从联盟组合外部来讲，市场的高度不确定性会阻碍联盟组合资源多样性的绩效提升，而联盟功能的多样性也因资源被分散在不同类型、不同功能的联盟中而无法实现贡献，因而会削弱资源多样性与企业绩效的正向关系。但是，较强的联盟组合管理能力能够强化这一关系，这也呼应了本章对联盟组合治理的关注。

在这两类研究的基础上，新近研究开始关注联盟组合多样性与企业绩效可能呈现的曲线式复杂关系。殷俊杰、邵云飞（2018）指出，联盟组合的伙伴多样性与企业的创新绩效呈倒 U 形曲线关系，而企业的创新搜索能力和联盟惯性在伙伴多样性和企业创新绩效关系中起到调节作用。该研究在阐述理论逻辑时指出，在焦点企业建立联盟组合的初期，联盟伙伴所涉及的行业范围越广，预示着焦点企业获取多样化、互补性资源的机会就越大，这时的多样性水平会正向促进企业绩效的提升；而随着联盟组合多样性程度的逐步提高，联盟组合中伙伴的构成也越来越复杂，表现为其涉及更多的行业、拥有差异化更大的体制属性与管理模式，因而联盟组合管理的难度增大，联盟组合内冲突产生的概率更大，这样会降低联盟组合多样性所带来的价值。从这样的研究结论可以看出，联盟组合多样性与企业绩效的关系存在理论边界，而联盟组合的治理机制扮演着重要的角色。联盟组合的多样性特征并不总是有益于企业，多样性对企业绩效的促进作用有赖于多样化的联盟伙伴对信息、技术、资源共享的承诺和投入，而这取决于焦点企业是否能够采取适宜的治理机制激发联盟伙伴的投入意愿。

二、联盟组合多样性与股权治理机制的交互作用

1. 联盟组合行业多样性与股权治理机制的交互

来自不同行业的联盟伙伴拥有不同的行业经验与资源，因此企业具有联结处于不同行业联盟伙伴的动机与需求。已有关于联盟伙伴选择的研究主张，焦点企业为了实现不同联盟之间的平衡与互补，倾向于选择不同行

业的联盟伙伴。① 大量研究利用行业多样性来衡量联盟组合的多样性特征,并借此解释多联盟伙伴间技术转移的实现路径,以及创业企业如何借助与不同行业伙伴的联盟进入新市场等问题。② 新近研究也对联盟组合的行业多样性给予了较多的关注,相关研究认为建立包含来自不同行业的联盟伙伴的联盟组合,会创造超越单个联盟所产生价值的组合价值。组合价值主要来自不同行业伙伴所拥有的差异化知识、经验、能力等,以及它们之间的相互补充而非相互竞争或替代。相比之下,在相同行业深耕的联盟伙伴,往往在业务领域、行业知识、运营经验、技术诀窍等方面表现出较高的重叠性,它们为了获得焦点企业更多的关注以及争夺关系专用性的资源投入,可能会引发伙伴间的竞争,从而引发较高的联盟组合协调成本。③ 同时,处于相同行业的联盟伙伴之间还存在战略趋同与资源趋同的特征,它们之间不但不易形成知识共享与转移,反而会引发相互模仿与学习竞赛,进而提高治理成本。和与同行业联盟伙伴建立联盟相比,与来自不同行业的企业建立联盟能够为焦点企业带来具有异质性、互补性的资源,如与上下游企业或其他行业的潜在合作者建立联盟,有助于价值链协调效率的提升,互补的资源组合有利于具有先天资源劣势的创业企业的初期成长。

与已有研究不同,本章在 Cui 和 O'Connor(2012)研究的基础上,主张焦点企业通过联盟组合的构建实现绩效提升的理论逻辑,不在于联盟组合的多样性构成,而在于焦点企业能够对组合多样性进行治理,使多样性发挥资源互补、知识共享的作用。从这个意义上说,只有焦点企业建立并管理好多样化的联盟组合,运用适宜的治理机制,才能为焦点企业创造绩效价值。④ 联结不同行业的伙伴建立联盟组合并不必然产生协同作用,原因在于以下两个方面。一方面,不同行业的企业在管理模式、业务流程、

---

① Kruss, G., "Balancing Old and New Organizational Forms: Changing Dynamics of Government, Industry and University Interaction in South Africa", *Technology Analysis & Strategic Management*, Vol. 20, No. 6, 2008, pp. 667 – 682.
② Marthin, H., Sven, S., Wonsik, Y., "Understanding Asia's Conglomerates", *McKinsey Quarterly*, No. 1, 2013, pp. 8 – 12.
③ Cohen, W. M., Levinthal, D. A., "Absorptive Capacity: A New Perspective on Learning and Innovation", *Administrative Science Quarterly*, Vol. 35, No. 1, 1990, pp. 128 – 152.
④ Oriani, R., Anand, J., Vassolo, R., "Alliance Activity as a Dynamic Capability: Search and Internalization of External Technology", *Academy of Management Proceedings*, No. 1, 2007, pp. 1 – 6.

组织惯例、组织文化等方面都会存在差异,当焦点企业与这样的联盟伙伴建立合作关系时,必然引发较大的管理障碍与较高的协调成本。[1] 另一方面,随着联盟组合中伙伴所处行业多样性的不断提高,焦点企业管理联盟组合的复杂性提高,难度也进一步增大,焦点企业需要投入更多的资源来促进联盟组合协同的实现。[2]

联盟组合中伙伴间行业多样性所引发的协同效应,只有在作为焦点企业的创业企业设计并实施适宜的治理机制时才能够发挥。股权往往是企业进行关系治理的主要手段,从这个角度出发,焦点企业依靠股权能够形成基于股权的治理安排与非股权的治理安排。股权治理意味着关系双方对关系的投资承诺,以及股权承诺下的知识贡献与学习整合。[3] 从交易成本理论来看,成熟大企业凭借其已经确立的市场地位和规模、声誉能够吸引联盟伙伴的资产专用性与关系专用性投资,而相比之下,缺乏资源和合法性的创业企业则很难要求联盟伙伴主动做出专用性投资决策,因而也难以激发后者共享资源与知识的动机。从网络理论与治理观点来看,依靠联盟合同即契约方式治理网络关系,关系双方对专有性知识和资源的共享意愿较低,在合同中约定的资源往往是价值性较低的显性资源,没有利益联系的关系双方缺乏共享隐性知识的动力。当关系双方依靠股权进行关系治理时,双方更愿意对关系专用性知识进行投资。[4] 一旦联盟伙伴对所建立的联盟做出投资承诺,投资承诺将驱动联盟组合中不同行业的联盟伙伴进行互动,激发彼此共享联盟经验与知识的意愿,促进联盟问题的解决,这有助于创业企业绩效的提升。

当创业企业以股权治理的方式管理其所建立的联盟组合时,焦点企业对联盟的高承诺投资一方面会因其在联盟中较高的决策权而促使联盟伙伴的行动互相配合,另一方面则因投资承诺而反映出对联盟的战略重视度,吸引联盟伙伴的关系专用性投资,这均表现出来自不同行业的联盟伙伴实

---

[1] Cui, A. S., O'Connor, G., "Alliance Portfolio Resource Diversity and Firm Innovation", *Journal of Marketing*, Vol. 76, No. 4, 2012, pp. 24 – 43.

[2] Collins, J. D., Riley, J., "Alliance Portfolio Diversity and Firm Performance: Examing Moderators", *Journal of Business & Management*, Vol. 19, No. 2, 2013, pp. 35 – 50.

[3] Kogut, B., "The Stability of Joint Ventures: Reciprocity and Competitive Rivalry", *Journal of Industrial Economics*, Vol. 38, No. 2, 1989, pp. 183 – 198.

[4] Williamson, O. E., "The New Institutional Economics: Taking Stock, Looking Ahead", *Journal of Economic Literature*, American Economic Association, Vol. 39, No. 3, 2000, pp. 595 – 613.

施有助于联盟合作目标实现的战略行为。① 焦点企业利用股权治理能够提高自身在联盟组合中的控制权，也更有能力对联盟伙伴施加管理压力，以促进不同行业合作伙伴之间的信息交流与知识共享，甚至对联盟伙伴所转移的信息、技术或者资源的类型形成指导性意见，以促进互补性资源组合的形成。当联盟组合中较多地以联盟协议来治理联盟关系，即采用非股权治理，或者较少地采用股权治理（如在大规模的联盟组合中仅有一个联盟采用股权治理）时，具有资源缺陷的创业企业缺乏能够吸引其他联盟伙伴特别是大企业伙伴做出投资承诺的资本，也让后者难以建立信心。单纯依靠契约治理来维系和约束多联盟关系，将会使联盟伙伴止步于联盟协议约定的责任和义务，而缺乏主动做出有利于联盟目标实现的行为的意愿，也缺乏风险共担、共同解决问题的积极性。关系专用性投资的缺失，极大地降低了联盟合作方之间信息共享、知识共享的愿望，阻碍了多行业联盟伙伴之间协同的产生，进一步影响了焦点企业利用联盟组合的价值创造与价值获取。因此，尽管联盟组合行业多样性会带来较高的协调成本，但股权治理机制的实施则能够将协调成本控制在一定范围内，甚至大幅度减少协调成本，从而削弱联盟组合行业多样性因协调成本所引发的负面影响，使行业多样性的正面作用得到更好的发挥。因此，提出如下假设。

H1：联盟组合的行业多样性特征与股权治理机制正向交互作用于创业企业的绩效。

2. 联盟组合体制多样性与股权治理机制的交互

联盟组合中联盟伙伴的体制属性既表现为政府部门、国有企业的体制内组织，也表现为外商独资企业、民营企业的体制外组织，同样存在多样性。即便是来自同一行业的联盟伙伴，也可能由于其"单位"在我国的体制结构中所处的位置不同而呈现体制内外差异。关于转型经济的相关研究，将政府部门、事业单位、国有企业等单位划归体制内组织，而将民营企业、外商独资企业、中外合资企业等划归体制外组织。② 构建包含多样

---

① Blodgett, L. L., "Research Notes and Communications: Factors in the Instability of International Joint Ventures: An Event History Analysis", *Strategic Management Journal*, Vol. 13, No. 6, 1992, pp. 475 – 481.

② Jiang, R. J., Tao, Q. J., Santoro, M. D., "Alliance Portfolios Diversity and Firm Performance", *Journal of Management*, Vol. 31, No. 10, 2010, pp. 1136 – 1144.

化体制属性的联盟组合,在创业情境下更为显著。就面临初始资源禀赋弱势的创业企业而言,它们具有通过与体制内组织建立联结关系以直接获取资源的动机和意愿。其理论依据在于,社会分层理论指出,资源在社会经济体系中的金字塔分布,赋予处在金字塔顶端的体制内组织更丰富的高质量资源,这与其在国家行政体系中的地位有关。① 从社会权力理论来看,在国家行政体系和社会经济体系中的双重高地位使体制内组织拥有更权威的社会权力,这使体制内组织具有调动资源、进行资源再分配的能力。② 因此,为了获得高质量、核心性的资源以弥补资源不足的缺陷,创业企业倾向于与体制内组织形成联结关系或建立合作联盟。然而,创业企业同时还缺乏合法性,缺乏评估创业企业先前信誉的信息,因而减弱了体制内组织与之建立联结关系的动机。而体制外组织一方面利用市场方式获取资源,另一方面通过接入、渗透到体制内格局中以求打通资源渠道。因此,与体制外组织建立联结关系或缔结联盟,有助于创业企业建立联结体制内组织的通路,从而塑造联盟组合包含多种体制联盟伙伴的构成特征,即联盟组合的体制多样性。

体制内组织和体制外组织在资源与能力、管理规范等方面均存在显著差异。③ 从资源论的角度来看,体制外组织对市场的运作逻辑、运行规则更为熟悉,因为长期参与市场竞争使其掌握了市场交易、价格机制、效率分配等方面的知识,而体制内组织则更了解由国家行政力量所支配的资源配置,具有调用行政体系内高质量资源的经验。④ 从社会规范理论来看,体制内的企业更具有关系期望,因而将关系视为被普遍认可的期望规范。所谓期望规范,是指个体如何在群体中行事的认知。⑤ 从这个意义上来说,体制内组织在关系上的态度会对想与之建立联盟的创业企业的认知和

---

① 边燕杰、李路路、李煜、郝大海:《结构壁垒、体制转型与地位资源含量》,《中国社会科学》2006 年第 5 期。
② Blau, P. M., "A Macrosociological Theory of Social Structure", *The American Journal of Sociology*, Vol. 83, No. 1, 1977, pp. 26 – 54.
③ Child, J., Tse, D. K., "China's Transition and Its Implications for International Business", *Journal of International Business Studies*, Vol. 32, No. 1, 2001, pp. 5 – 21.
④ Child, J., Lu, Y., "Institutional Constraints on Economic Reform: The Case of Investment Decisions in China", *Organization Science*, Vol. 7, No. 1, 1996, pp. 60 – 77.
⑤ Elster, J., "Social Norms and Economic Theory", *The Journal of Economic Perspectives*, Vol. 3, No. 4, 1989, pp. 99 – 117.

行为产生影响,使其以符合关系期望的方式如非正式关系治理来维系和管理与体制内组织的联盟。

联盟组合价值的实现有赖于抑制组合内的交易成本,或将其控制在一定范围内,这就需要将治理机制与联盟伙伴的特征相匹配,从而平衡价值创造与价值获取。[①] 当联盟组合具有较高的体制多样性时,意味着创业企业能够借助体制外组织联结体制内组织的资源渠道,借此提高获取高地位、高含量资源的可能性。同时,创业企业也能够享有体制外组织嵌入市场规则的交易资源,加之两种资源的组合有利于创造资源协同以保证创业企业的资源供给。然而,资源协同价值的实现需要创业企业对两种体制属性的联盟伙伴采取适宜的、有效的治理手段。考虑到创业企业具有较低的合法性,体制内组织的关系期望规范会要求创业企业在关系专用性投资上投入更多[②],也就是说,创业企业需要为特定的联盟关系做出只属于该联盟的投资承诺。而与体制内组织不同,体制外组织的市场期望规范则要求创业企业在市场的游戏规则下建立并管理联盟,在契约作为基本维系纽带的基础上,股权投资更符合体制外组织对联盟组合的治理要求。[③] 同时,以股权为纽带的治理有助于形成联盟参与方对彼此的资产专用性投资,而产权、资产等不可逆的投资承诺进一步激发了联盟参与方做出关系专用性投资的意愿,更有利于联盟目标的实现。

当创业企业较多地采用股权治理时,对于体制外的联盟伙伴来说,联盟组合往往表现为以股权式联盟为主,这意味着焦点企业和联盟伙伴之间具有一定的资金关系,因此其进行资源分享的动机和意愿较强。对于体制内的联盟伙伴来说,创业企业在联盟建立之初即与之建立信任、互惠关系的难度较大,可能性较小,但是股权治理依靠股权的维系能够强化双方对关系承诺的投入。[④] 因此,当创业企业采用以股权治理为主的治理机制来管理其联盟组合时,通过对具有不同体制属性的联盟伙伴的专用性投资激

[①] Lavie, D., "Alliance Portfolios and Firm Performance: A Study of Value Creation and Appropriation in the U. S. Software Industry", *Strategic Management Journal*, Vol. 28, No. 12, 2007, pp. 1187–1212.

[②] Stam, W., Arzlanian, S., Elfring, T., "Social Capital of Entrepreneurs and Small Firm Performance: A Meta-analysis of Contextual and Methodological Moderators", *Journal of Business Venture*, Vol. 29, No. 1, 2014, pp. 152–173.

[③] Jiang, R. J., Tao, Q. T., Santoro, M. D., "Alliance Portfolios Diversity and Firm Performance", *Journal of Management*, Vol. 31, No. 10, 2010, pp. 1136–1144.

[④] 韩炜、杨俊、张玉利:《创业网络混合治理机制选择的案例研究》,《管理世界》2014年第2期。

励，具体表现为对体制外组织的资产专用性投资激励与对体制内的关系专用性投资激励，联盟组合的体制多样性更能够发挥整合来自不同体制属性伙伴的知识与资源以形成协同的作用，促进焦点企业以及联盟绩效的提升。当创业企业较少地采用股权治理时，对于体制内的联盟伙伴来说，仅约定联盟执行过程中责权利的一般契约并不符合体制内组织的关系期望规范，因此后者做出关系专用性投资承诺的动机较弱，甚至使联盟难以持久；而对于体制外的联盟伙伴而言，联盟组合中较少的股权投入可能囿于创业企业的资金，但这提高了体制外伙伴对创业企业可能采取机会主义行为的警惕，同时诱发体制外伙伴规避机会主义行为、谨慎推进资源共享与信息交流的行动，这进一步削弱了联盟组合的协同价值，影响创业企业绩效的提升。因此，提出如下假设。

H2：联盟组合的体制多样性特征与股权治理机制正向交互作用于创业企业的绩效。

三、实证模型分析与数据结果

表4-2呈现的是本章涉及的主要变量的描述性统计与变量间的相关系数矩阵。从相关分析来看，行业多样性、体制多样性并没有与企业绩效变量（ROA、净利润）直接相关，但行业多样性与股权治理机制的交互项与ROA相关，体制多样性与股权治理机制的交互项与ROA、净利润均相关。

本章分别以净利润和ROA为因变量，采用层级回归分析方法对所提出的理论假设进行检验。在两组层级回归中，首先在模型中加入控制变量（模型1、模型4），在此基础上加入3个自变量（模型2、模型5），再分别加入经过中心化处理的自变量间的2个交互项（模型3、模型6）。

层级回归的数据结果见表4-3。模型1、模型4中呈现了控制变量对因变量的回归结果，模型2、模型5呈现了自变量对因变量的回归结果，即主效应模型。由模型2来看，联盟组合的行业多样性和体制多样性与创业企业净利润之间的关系不显著（$\beta_{行业多样性} = -0.133$，$P > 0.1$；$\beta_{体制多样性} = 0.081$，$P > 0.1$）；由模型5来看，联盟组合的行业多样性和体制多样性与创业企业ROA之间的关系不显著（$\beta_{行业多样性} = -0.088$，$P > 0.1$；$\beta_{体制多样性} = 0.098$，$P > 0.1$），即二者没有对企业的ROA产生显著影响。

表 4-2 描述性统计和相关系数矩阵

变量	均值	标准偏差	1	2	3	4	5	6	7	8	9	10	11
1. 净利润	1.341	2.002											
2. ROA	0.087	0.159	0.852**										
3. 行业类型	0.539	0.501	-0.015	-0.039									
4. 成立年限	14.496	4.062	0.162**	-0.130	-0.107								
5. 研发支出	0.403	0.463	0.190**	0.013	-0.100	-0.137*							
6. 资产规模	16.264	11.625	0.352***	-0.042	-0.071	-0.124	0.532***						
7. 联盟组合规模	5.478	4.610	0.078	-0.018	-0.014	0.145*	0.053	0.146*					
8. 行业多样性	0.535	0.240	-0.064	-0.050	0.007	0.002	-0.020	0.064	0.230**				
9. 体制多样性	0.230	0.221	0.032	0.043	-0.045	0.154*	-0.119	0.010	0.398***	0.420***			
10. 股权治理机制	0.159	0.246	0.090	0.095	-0.004	-0.034	-0.008	0.116	-0.104	0.031	0.079		
11. 行业多样性·股权治理机制	0.031	1.070	-0.050	-0.068*	-0.023	0.024	0.047	0.166**	-0.017	0.003	-0.014	-0.095	
12. 体制多样性·股权治理机制	0.078	0.996	0.153*	0.050*	0.016	-0.073	-0.019	0.076	-0.117	-0.015	-0.008	-0.041	0.474***

注：* $p<0.1$，** $p<0.05$，*** $p<0.01$，$n=115$。

表 4-3 层级回归分析结果

变量	因变量:净利润			因变量:总资产收益率(ROA)		
	模型 1	模型 2	模型 3	模型 4	模型 5	模型 6
行业类型	-0.005	-0.001	-0.006	-0.057	-0.052	-0.058
成立年限	-0.129	-0.140	-0.117	-0.144	-0.154	-0.128
研发支出	-0.007	0.002	0.008	0.031	0.050	0.062
资产规模	0.332***	0.327***	0.341***	-0.083	-0.100	-0.095
联盟组合规模	0.048	0.054	0.075	0.013	0.007	0.037
行业多样性		-0.133	-0.129		-0.088	-0.082
体制多样性		0.081	0.067		0.098	0.081
股权治理机制		0.050	0.042		0.097	0.094
行业多样性·股权治理机制			-0.204			-0.207
体制多样性·股权治理机制			0.225**			0.284***
R^2	0.140	0.158	0.205	0.157	0.212	0.333
调整后的 R^2	0.140	0.018	0.047	0.025	0.020	0.066
调整后的 F 值	3.554***	0.745	3.093**	0.554	0.738	3.855**

注:*$p<0.1$,**$p<0.05$,***$p<0.01$,$n=115$。

模型3和模型6是加入行业多样性、体制多样性与股权治理机制交互项后的交互效应模型。

结果显示,行业多样性与股权治理机制的交互项与净利润、ROA的关系不显著,H1没有得到验证;而体制多样性与股权治理机制的交互项与净利润($\beta_{\text{体制多样性}}=0.225$,$P<0.05$)、ROA($\beta_{\text{体制多样性}}=0.284$,$P<0.01$)之间呈现显著关系,且 R^2 相比仅包含自变量的主效应模型显著提高(调整后的 R^2 分别为0.047和0.066),H2得到验证。从实证检验的数据结果来看,联盟组合股权治理机制与体制多样性交互作用于企业绩效,且呈现正向交互影响,但是股权治理机制不与行业多样性交互作用于企业绩效。

为了进一步刻画联盟组合体制多样性与股权治理机制的交互作用,利用图4-1、图4-2的交互效应来解析交互作用的机理。当创业企业较多地采用非股权治理来管理具有较高程度体制多样性的联盟组合时,二者的联合作用会对创业企业绩效产生负面影响;当创业企业较多地采用股权治理来管理具有较高程度体制多样性的联盟组合时,二者的联合作用会对创业企业绩效产生正向促进作用。

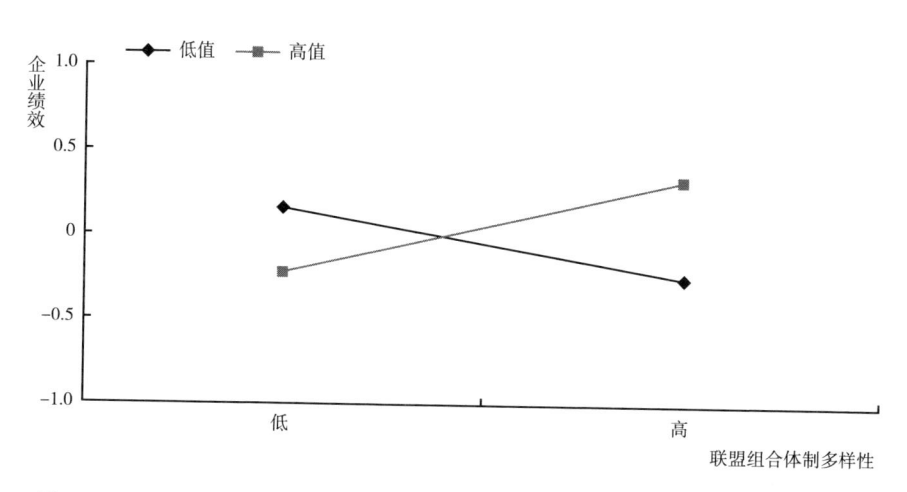

图 4-1　联盟组合体制多样性与股权治理机制的交互效应（以净利润为因变量）

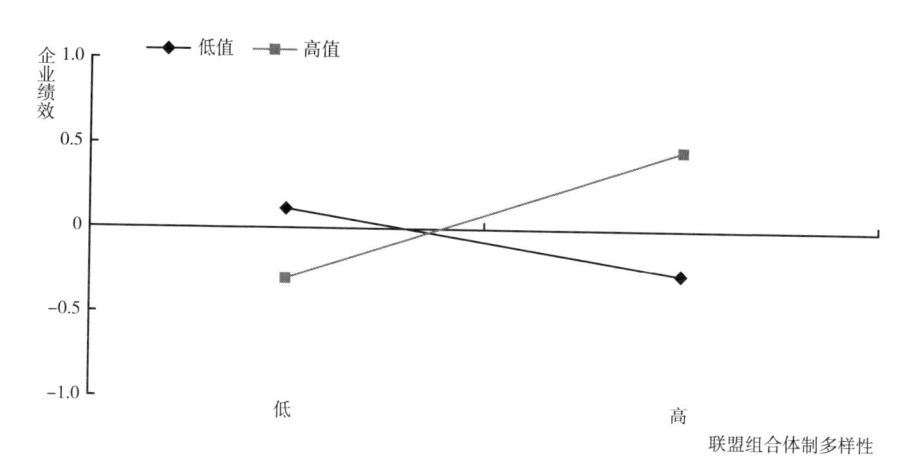

图 4-2　联盟组合体制多样性与股权治理机制的交互效应（以 ROA 为因变量）

本章采用更换统计检验方法的方式进行稳健性检验,即采用工具变量法对原有模型进行检验。相较于最小二乘估计法,工具变量法适用于遗漏变量误差与测量误差问题的应对,有助于解决"内生性"问题。检验结果与原结果一致。联盟组合行业多样性、体制多样性与焦点企业的 ROA

之间分别呈负向和正向关系，相关系数分别为 -0.053（P=0.412）和 0.059（P=0.439）；与净利润之间也分别呈负向和正向关系，相关系数分别为 -1.077（P=0.162）和 0.607（P=0.503）。但是，作用均不显著。加入两种多样性与股权治理机制的交互项后，两个交互项都对焦点企业的 ROA、净利润具有显著作用。交互项与 ROA 的回归系数分别为 -0.031（P<0.05）和 0.046（P<0.01），与净利润的回归系数分别为 -0.382（P<0.05）和 0.452（P<0.05）。

四、结论与讨论

1. 研究结论

本章以构建了联盟组合的创业板上市公司为研究对象，利用创业板上市公司发布的联盟公告与年报数据，实证检验了创业企业联盟组合的多样性特征与股权治理机制对企业绩效的作用。研究结果表明，联盟组合的行业多样性和体制多样性构成对创业企业绩效的独立作用并不显著，而股权治理机制的引入能够通过与多样性的交互作用影响创业企业绩效的提升。本章的主要结论如下。

首先，与已有研究结论不同，本章研究发现联盟组合的多样性特征并不直接作用于企业绩效，多样性作用的发挥有赖于股权治理机制与多样性的交互作用。本章的研究结论表明，联盟组合多样性的绩效提升作用并不在于其结构属性本身，如包含不同行业伙伴的多样化结构、伙伴具有的差异化体制属性以及异质化资源结构等，而在于对多样化的联盟组合施以适宜的治理机制，如利用股权治理方式激发多样化联盟伙伴进行关系专用性投资的动机，促进其进行信息交流与资源共享。这一结论将联盟组合研究对"多样性 - 绩效"直接关系的关注向前推进，尝试揭示联盟组合多样性在何种情境下才能实现组合的协同效应，真正发挥绩效提升作用。关于联盟组合多样性的新近研究，围绕联盟伙伴多样性影响企业绩效的边界条件进行了广泛的探索，如将这一关系链条置于市场不确定性、联盟伙伴的国际化、联盟功能特征、联盟管理职能等情境下[①]，这与本章想要实现的

---

① Cui, A. S., O'Connor, G., "Alliance Portfolio Resource Diversity and Firm Innovation", *Journal of Marketing*, Vol. 76, No. 4, 2012, pp. 24 - 43.

理论目的相契合。同时，本章研究结论还与新近研究聚焦联盟组合的可管理特征、探索联盟组合治理机制的研究取向相匹配。但上述研究在认可联盟组合"多样性－绩效"关系的基础上审视不同边界条件对这一关系调节的影响，忽视了多样性结构本身可能并不会直接诱发高绩效，只有在与适宜的股权治理机制的交互作用下才能推动绩效的提升。本章通过对创业企业联盟组合治理机制的辨识，分析了股权治理机制与联盟组合体制多样性影响创业企业绩效的交互作用，揭示出联盟组合体制多样性协同效应发挥的理论边界。

其次，本章研究发现当创业企业采用股权治理方式管理具有体制多样性的联盟组合时，创业企业绩效更可能得到提升。这一结论表明，较多地采用股权的方式治理包含体制内组织和体制外组织的联盟组合，更能够发挥体制多样化联盟组合的协同效应，促进不同体制属性的联盟伙伴为焦点企业提供互补的资源组合，从而有利于创业企业绩效的提升。体制外组织与体制内组织在资源禀赋、核心能力、运作规则、管理模式等方面都存在差异，两种类型伙伴间的协同不在于行为层面的协同，而在于其所提供资源间的互补。具体表现为来自体制内组织的行政资源或调用资源的权力对来自体制外组织的市场资源或市场知识的互补，如掌握先进技术的体制外组织能够为焦点企业提供用于新产品开发的技术支持，这种技术资源以及产品资源通过体制内组织提供的政治资源，能够快速实现上市或进入新市场，如获得行政审批等，或者通过体制内组织调用资源的渠道和权力获取更为优质的资源，如获取政府订单、国企订单等。作为市场治理的重要手段，股权治理方式的采用能够吸引深谙市场游戏规则的体制外组织做出专用性投资决策，而当创业企业与体制外组织就联盟合作进行联合股权治理时，进一步激发了双方做出投资承诺。相比之下，在与体制内组织的联盟中，创业企业往往是股权治理的主体，只有通过股权投资才能激发体制内组织做出关系专用性投资的动力，进而建立体制内资源与体制外资源间的桥梁联结。综上，在联盟组合范畴内实施股权治理，能够有效促进联盟组合体制多样性协同作用的发挥，从而提升创业企业绩效。

最后，本章研究还发现，联盟组合的行业多样性与股权治理机制的交互作用并不显著，这既与行业多样性的属性特征及其测量有关，也与创业板企业的独特性有关。其一，联盟组合的体制多样性仅表现为体制内和体制外两种不同类型，而行业多样性则表现为联盟伙伴在多个行业的差异，其多样化程度更高。当联盟组合的行业多样性较高时，表现为焦点企业的联盟组合囊括多个行业，来自多行业联盟伙伴间的协同作用取决于联盟组合内资源间的相互支撑，而非治理机制的选择。其二，相比主板上市公司而言，创业板企业具有规模小、成立时间短等特点，其多元化程度不高，因而往往深耕于相对聚焦的行业。同时，创业企业在驾驭多个行业、维系多领域合作关系方面的能力也不足，因而其在选择多行业联盟伙伴方面较为谨慎。例如，在北京数码视讯科技股份有限公司（股票代码：300079）所构建的包含 8 个联盟的联盟组合中，有 6 个联盟的伙伴从事传媒行业。因此，较高的行业多样性会分散创业企业维系多个联盟关系，以及开展多项合作的资源投入与管理精力，而较高的治理成本进一步降低了企业的绩效水平，不利于创业企业利用联盟组合提升绩效。

2. 理论贡献与实践启示

本章的理论贡献在于以下几个方面。第一，已有研究较多地关注了联盟组合多样性对焦点企业绩效的直接作用，忽视了对该关系链条理论情境与理论边界的探讨，而本章着力揭示联盟组合多样性与股权治理机制对创业企业绩效的联合作用，从"结构－治理"交互作用的视角丰富了对联盟组合"结构－绩效"关系的理论解释。已有研究围绕联盟组合的多样性特征以及多样性对企业绩效的影响进行了较多的探讨，少数新近研究从市场环境、焦点企业特质或联盟伙伴特征的角度分别对联盟组合"多样性－绩效"关系进行了分析，但相关研究仍止步于验证联盟组合多样性与绩效的正向关系、负向关系或倒 U 形曲线关系。本章则立足探索联盟组合多样性在何种情境下才能发挥绩效影响作用，着重探讨了联盟组合多样性与股权治理机制影响焦点企业绩效的交互作用，有助于深入挖掘联盟组合的可管理特征，揭示联盟组合治理机制与组合多样性结构的交互影响，形成对联盟组合"结构－绩效"作用的深层次解释。

第二，相较于以往以联盟伙伴所处行业的多样性替代性地衡量联盟组合多样性、复杂性以及资源多样性的研究视角，本章立足中国转型经济背景，借助联盟组合中伙伴的体制多样性概念，反映出转型经济背景下体制内组织与体制外组织并存的二元经济格局，同时挖掘出具有体制多样性的联盟组合与股权治理机制间存在交互作用的结论，有助于丰富对网络治理的探讨。已有研究存在将联盟组合多样性泛化为行业多样性的趋势，将行业多样性代指所有蕴含于联盟组合中的多样性特征，如资源多样性、组合复杂性等，其假设前提是，来自不同行业的伙伴必然提供多样化的资源，使联盟组合更为复杂，但其本质上均表现为行业多样性。本章在此研究的基础上，引入联盟伙伴的体制属性概念，通过联盟组合中不同伙伴的体制属性差异所反映出的多样化程度来衡量联盟组合多样性，有助于丰富对联盟组合结构的理解与探讨。

第三，国外关于联盟组合的研究一般利用联盟与并购的成熟数据库（SDC数据库），而国内关于联盟组合的研究尚缺乏相关数据库。在创业情境下，对联盟数据的获取更加困难。本章将创业板上市公司发布的联盟公告作为二手数据，数据的可信性有助于分析创业企业所构建的多样化联盟组合的结构及其治理机制，有助于基于创业情境丰富对联盟组合现象的解读。

本章的实践启示在于以下两个方面。一方面，对引导创业企业确立构建联盟组合以撬动外部资源，从而提升绩效的管理思维具有积极意义。同时，突破以往将联盟作为战略工具获取外部资源的管理逻辑，指导创业企业通过建立多联盟撬动多渠道获取差异化资源，构建相互补充的资源组合，有助于促进创业企业资源价值的提升。另一方面，提示创业企业不要一味地寻求与多样化的伙伴建立联盟，也不要仅仅选择与自己存在差异的伙伴建立与以往不同性质的联盟，而应注重对多样化联盟组合的治理，通过采用适宜的治理机制如契约、股权、信任、学习等要素或这些要素的集合，从而更好地管理联盟组合的协同。

3. 研究局限与未来研究展望

本章的研究局限在于以下几个方面。第一，对于处在生命周期前端的创业企业而言，其建立正式联盟以获取资源的难度较大，同时建立多个联盟以组建联盟组合的难度更大，因此本章的样本较少。后续研究应将研究对象拓展至新三板从而扩大研究样本，同时新三板上市公司具有创业企业特征，其成立时间更短、规模更小。在更广泛的样本范围内检验研究结论，有助于增强对研究普适性的论证，提高研究外部推论效果。

第二，本章对数据的编码挖掘来源于上市公司发布的联盟公告，但是可能存在上市公司建立了联盟但没有发布公告的情况，这些联盟没有被记录在数据库中，因此研究样本存在一定的偏差。为了解决这一问题，未来可采用多案例研究，结合定性比较分析（QCA）方法，调研并分析创业板上市公司未披露的联盟情况，探讨已披露联盟和未披露联盟的差异性，进一步验证联盟组合的相关结论。

　　第三，对于联盟组合治理机制，本章从股权治理角度进行分析，探讨了股权治理机制与联盟组合多样性的交互性，未能对多样化的联盟主体就正式契约、股权治理、信任机制等多要素互为补充的混合治理机制进行探讨。由于从上市公司发布的联盟公告中无法识别关于信任、互惠等情感要素投入的非正式关系治理，这就需要采用实地观察、访谈、扎根调研等方式获取相关资料。后续研究应将二手数据编码与一手案例调查、问卷调查相结合，形成多重数据来源的交叉验证，深入挖掘适用于联盟组合多种构成情境的多治理机制的交互关联性，提炼混合治理机制的理论内涵。

第五章 创业网络联结组合的演化过程

创业企业面临资源缺陷与合法性不足的劣势,往往要依靠网络来获取资源,然而创业网络有效性的产生并不始于网络架构雏形的形成,而是伴随着网络演化促进网络结构与构成内容的调试而逐步释放网络价值,这意味着对创业网络动态过程的研究具有更重要的意义。[①]已有关于创业网络的研究较多地集中于对创业网络静态结构的解析及其影响作用的挖掘[②],而诸如网络规模、网络密度、关系强度等结构特征并未区分创业网络在生成伊始与发展多年的成熟阶段的差异。若聚焦创业网络初始架构的结构特征,网络本身可能带有创业者个人社会资本的局限,被动型、低资源的网络结构并不是创业者所需的;若聚焦历经多年发展的网络结构,则难以与成熟企业网络进行区分,不易捕捉具有创业特质的网络结构。大量的现实观察也显示,真正为创业企业带来价值的创业网络是跨越网络主体筛选、网络关系试错的调整阶段,历经网络演化而形成的创业网络结构。这意味着应基于过程视角审视创业网络的动态演化过程,而非过度聚焦创业网络的静态结构特征。

---

① Engel, Y., Kaandorp, M., Elfring, T., "Toward a Dynamic Process Model of Entrepreneurial Networking under Uncertainty", *Journal of Business Venturing*, Vol. 32, No. 1, 2017, pp. 35 – 51.
② Slotte-Kock, S., Coviello, N., "Entrepreneurship Research on Network Processes: A Review and Ways Forward", *Entrepreneurship Theory and Practice*, Vol. 34, No. 1, 2010, pp. 31 – 57.

第一节 创业网络联结组合演化的理论解析

一、创业网络研究由静态向动态的转化

早期的创业网络研究集中于从静态视角出发,探究创业网络的结构、规模、最优关系等问题,却忽视了创业网络的动态变化过程。尽管对创业网络静态特征的研究有助于挖掘创业网络结构属性对创业的支持作用,但并不能捕捉创业网络的运行本质,即伴随创业企业成长而不断调整的动态规律。因此,部分学者开始关注创业网络的过程研究,但总体而言,创业网络过程研究的相关结论和成果较少,研究框架也尚未完整化和结构化。

围绕创业网络的过程研究,沿时间维度呈现创业网络生成前端的形成过程研究与生成后端的演化过程研究,而沿形态维度则呈现周期性的演化研究与非周期性的异变研究。就时间维度的前后端研究来看,从 Larson(1992)以及 Larson 和 Starr(1993)的三阶段"创业网络生成模型",到 Hite 和 Hesterly(2001)以及 Hite(2003,2005)关于与创业企业由生成到初期成长共演化的创业网络形成过程研究,研究的焦点在于探讨创业网络从何而来,而对创业网络初期结构与创业过程的作用关系,以及基于创业网络初期结构的绩效解释探索不足。就形态维度的网络演化与异变研究来看,前者应用生命周期理论,着重强调创业网络具有时间导向性的自然衍生过程,但忽视了其规律导向的自发演化特征。综上,已有关于创业网络演化过程的研究集中于论证这是"时间导向的自然衍生过程还是规律导向的自发形成过程",试图挖掘创业网络过程的一般性规律,但并未得出较为一致的结论。较多的研究支持前者的观点,认为随着创业企业的生存与成长,创业网络呈现在不同类型间的演化。[1]

---

[1] Hite, J. M., Hesterly, W. S., "The Evolution of Firm Networks: From Emergence to Early Growth of the Firm", *Strategic Management Journal*, Vol. 22, No. 3, 2001, pp. 275 – 286.

基于辩证逻辑和进化论观点的创业网络演化研究对创业网络非周期性、非连续性的变革过程给予了更多的关注，尽管已有研究逐步关注创业网络的非周期性演化，但研究成果还相对较少，且存在两个方面的局限。第一，关于创业网络演化的研究较多关注创业网络会呈现何种格局或特征的变化，较少探索在何种情境下这种演化如何发生，即相关研究并未指出哪些因素驱动了创业网络演化的发生。第二，少数研究尝试从创业者与外部环境两个方面挖掘创业网络演化的影响因素，但缺乏整合创业者与外部环境两个要素对创业网络演化的系统解释。在创业者方面，已有研究主张创业者会主动、有意识地管理网络以使网络演化方式发生转变，这意味着创业网络演化可能会受到创业企业网络战略或网络管理方式的驱动。在外部环境方面，学者们普遍认可创业网络与创业企业是共演化、共发展的，且这一过程会受到外部环境的影响[1]，但已有研究并没有对环境要素进行操作化处理，也缺乏对中国独特制度环境的剖析。综上，已有研究大多从创业者或外部环境的独立视角探讨创业网络演化的影响因素，鲜有融合两个视角构建创业网络演化的整合分析框架。从社会网络理论来看，创业者是嵌入外部环境特别是社会环境中的，其网络行为势必存在与外部环境互动的烙印。

二、创业网络演化的影响因素

围绕创业网络演化，学者们重点关注与创业企业成长相匹配的演化，致力于回答"随着创业企业的成长，创业网络在何种情境下会呈现何种格局或特征"，鲜有研究能够深入探索创业网络演化的前置性驱动因素，即回答"什么因素导致了创业网络的演化，其影响机制是什么"。对此，少数研究已尝试从创业者与外部环境两个方面挖掘创业网络演化的影响因素。

从创业者角度来看，相关研究主要借鉴社会心理学理论，从创业者个人特质与创业者行为的互动视角研究创业网络的演化过程。一方面，有研究将创业者个人特质反映于其社会网络能力的运用，即创业者对自身所构

---

[1] Elfring, T., Hulsink, W., "Networks in Entrepreneurship: The Case of High-technology Firms", *Small Business Economics*, Vol. 21, No. 4, 2003, pp. 409–422.

建网络关系的动态治理能力将深刻影响创业网络结构的演化,其中包括协调与上下游企业、金融机构、科研机构和政府部门之间的关系等。另一方面,部分研究强调创业者行为的主动性在创业网络构建与演化过程中的作用,主张创业者与他人进行社会互动时主动应用各种社会技能,以及在建立关系过程中不断克服所遇到的障碍,都会对创业网络趋向成熟的发展与演化产生积极作用。但相关研究仍以创业者的内在特征与动力为主旨,未关注外部环境对创业者内在动机的诱发、调动作用;而且大多以实证研究为主,缺乏对创业者特质与行为如何影响创业网络演化的过程机理的深入研究。

从外部环境角度来看,其对创业网络构建过程及网络结构演化的影响是深刻而复杂的。尽管学者们普遍认可外部环境存在影响,但已有研究并没有对环境要素进行操作化处理,也缺乏对中国独特制度环境的剖析。对此,少数研究进行了尝试性探索,如 Engel 等(2017)的最新研究借鉴不确定性的概念,部分地衡量外部环境,探讨不确定性情境下创业网络演化的动态过程。但其不确定性主要体现在期望的网络联结无法预先识别、网络行为的结果无法预测,以及外部环境的社会互动与创业企业目标相抵触方面所表现出的不确定性,而在创业网络演化过程中蕴含创业者行为(预测、识别)与外部环境(社会互动)整合的观点。

三、创业网络联结组合演化研究的理论视角

1. 资源水平、关系强度与连接方式视角下的联结组合演化

创业企业采用适宜的治理机制来管理其联结组合,将促使联结组合在资源水平、关系强度与连接方式上以绩效提升为目标而演化。从资源依赖理论、网络理论以及结构洞与嵌入等相关理论来看,创业网络联结组合演化是一个沿着资源水平、关系强度与连接方式三个维度逐步演变的过程。

从资源依赖理论来看,创业企业建立和拓展联结关系的目的在于资源获取和交换[①],而治理机制的选择是创业企业借以撬动联结对象资源的重要手段。当创业企业采用不同的联结组合治理机制时,联结组合所承载的

---

① Aldrich, H. E., Martinez, M. A., "Many are Called, But Few are Chosen: An Evolutionary Perspective for the Study of Entrepreneurship", *Entrepreneurship Theory and Practice*, Vol. 25, No. 4, 2001, p. 41.

资源也将发生变化，表现为联结组合资源结构在高地位资源与低地位资源上的异变，从而引发资源水平的变化。从网络理论来看，治理机制的选择会促进联结双方依存关系与协调方式的调整，导致联结组合关系强度发生变化。[①] 例如，相较于正式契约而言，信任的投入更能够促进企业间高质量信息的传递与联合问题的解决，从而有利于嵌入型关系的产生。这意味着不同治理机制的采用，将引致网络联结关系强度的变化，使包含强联结和弱联结的联结组合呈现紧密的或松散的关系结构。从连接方式维度来看，由于联结组合治理机制作用的发挥，创业企业可能针对具有不同属性、拥有不同资源含量的主体做出不同方式的连接决策，使联结组合的结构洞规模与特征发生变化，进一步引发联结组合嵌入结构的变化。与无关联主体建立结构洞式联结（创业企业的联结对象间无关联）易于在创业企业与联结对象间形成双边关系型嵌入，而关系传递式联结（创业企业的联结对象间有关联）则趋向于形成包含多主体的多边结构型嵌入。

在创业网络研究领域，围绕联结组合结构洞特征、联结组合嵌入性的研究还相对较少。在结构洞方面，有研究指出创业网络的结构洞规模会对创业企业绩效产生积极的促进作用[②]；在嵌入性方面，少数研究指出创业企业应促进网络联结向关系型嵌入演化，因为嵌入所体现的是比联结更为深入、更为紧密的关系结构。[③] 因此，探讨创业企业连接方式的变化，即勾画网络联结在关系型嵌入与结构型嵌入间的演变过程以及结构洞特征的变化，回答创业企业如何通过形成适宜的嵌入类型以及建立结构洞来整合更多的优质资源，是非常有趣的议题。

2. 环境与团队要素对联结组合演化的调节影响

从环境与团队两个层面审视联结组合的演化过程，有助于丰富对联结组合演化理论边界与理论内涵的深入解析。市场化程度是衡量中国转型期

---

① Hakansson, H., Snehota, I., *Developing Relationships in Business Networks*, London, Routledge, 1995, p. 45.
② Batjargal, B., Hitt, M. A., Tsui, A. S., Arregle, J., Webb, J. W., Miller, T. L., "Institutional Polycentrism, Entrepreneurs' Social Networks, and New Venture Growth", *Academy of Management Journal*, Vol. 56, No. 4, 2013, pp. 1024 – 1049.
③ Hite, J. M., "Evolutionary Processes and Paths of Relationally Embedded Network Ties in Emerging Entrepreneurial Firms", *Entrepreneurship Theory and Practice*, Vol. 29, No. 1, 2005, pp. 113 – 144.

独特制度环境的重要变量。伴随着中国经济体制的转型,中国逐步形成了一种独特的制度环境,即在市场框架下融入关系要素,形成以血缘、亲缘、地缘为纽带,人格化关系与非人格化关系并存的资源配置格局。① 这种表现为不同市场化程度(非人格化关系水平)的制度环境会对联结组合的异变过程产生影响。因此,在联结组合演化分析中引入市场化程度要素,分析在不同市场化程度下联结组合的演化过程,回答在何种制度环境下联结组合更可能发生什么样的演化,有助于丰富对创业网络联结组合演化过程与机理的解析。

团队的体制嵌入性也折射出中国转型期的制度环境特色,它会影响创业网络联结组合异变过程中创业企业在资源水平、关系强度、连接方式上的行为与决策。② 例如,当创业团队更多地嵌入体制内格局,表现为团队成员拥有丰富的体制内工作经验时,创业团队可能引导创业企业更多地将与体制外组织的联结转向体制内组织,且不断增加关系投资以提高关系强度,从而获取高地位含量资源;也可能引导创业企业将现有的体制外联结作为桥梁,通过关系传递建立与体制内组织的联结。为此,讨论团队的体制嵌入性对创业网络联结组合演化过程的影响,整合市场化程度变量,深入剖析团队与环境要素影响下创业网络联结组合的演化过程与规律,回答在何种制度环境下、具有何种体制属性的创业团队更倾向于引导创业企业推动联结组合发生什么样的异变,有助于形成对创业网络联结组合演化过程的深入理解以及对创业企业绩效的深层次解析。

3. 创业网络联结组合演化影响创业企业绩效的作用机制

在识别创业网络联结组合演化规律的基础上,应进一步考察经历联结组合异变过程所重构的联结组合对创业企业绩效的影响作用。创业网络联结组合经过资源水平、关系强度与连接方式三个维度的演化后,将形成有别于联结组合初始构成的重构特征,即在上述三个维度呈现新的均衡状态。为了深入探究联结组合异变的有效性,有必要对联结组合异变所产生的新均衡进行识别与操作化衡量。其理论依据在于:从社会资源理论来

---

① Boisot, M., Child, J., "From Fiefs to Clans and Network Capitalism: Explaining China's Emerging Economic Order", *Administrative Science Quarterly*, Vol. 42, No. 4, 1996, pp. 600 – 628.
② 杨俊、韩炜、张玉利:《工作经验隶属性、市场化程度与创业行为速度》,《管理科学学报》2014年第8期。

看，资源含量的高低能够折射出联结组合中的联结主体在社会经济系统中的地位，这一方面可以呈现联结组合的主体地位特征，另一方面可以衡量联结组合的整体资源水平。① 从网络理论来看，演化过程中联结主体间依存关系的变化将使网络联结的关系强度发生变化，进而引发联结组合紧密程度的变化，而联结组合的关系强度有助于判断强联结和弱联结间的整合与协调。② 从结构洞方面的知识来看，创业企业与无关主体建立联结意味着结构洞的产生，而通过关系传递建立关系联结则有助于消除结构洞建立深度嵌入结构。③ 因此，连接方式的变化将在联结组合的结构洞规模上呈现明显的变化。

企业网络理论认为，企业绩效在很大程度上取决于其所嵌入企业网络的结构与内容。④ 在创业情境下，对于面临新进入缺陷的创业企业来说，网络是其进行资源获取与交换的重要渠道，因而创业网络的构成特征对创业成败以及创业企业绩效的影响会更加显著。因此，从资源水平、关系强度和连接方式三个维度提炼创业网络联结组合演化过程所衍生的联结组合重构特征对创业企业绩效的影响作用，有助于基于动态视角探究创业网络联结组合演化对创业企业绩效的影响。

第二节　创业网络联结组合演化的质化研究设计

本章的研究问题是"创业企业如何与潜在的合作伙伴建立联结以构建联结组合"。由于这一过程涉及多要素互动且呈现动态演化的过程属

---

① Lin, N., *Social Capital: A Theory of Social Structure and Action*, Cambridge: Cambridge University Press, 2001, p. 15.
② Jack, S. L., "The Role, Use and Activation of Strong and Weak Network Ties: A Qualitative Analysis", *Journal of Management Study*, Vol. 42, No. 6, 2005, pp. 1233 – 1259.
③ Batjargal, B., Hitt, M. A., Tsui, A. S., Arregle, J. A., Webb, J. W., Miller, T. L., "Institutional Polycentrism, Entrepreneurs' Social Networks, and New Venture Growth", *Academy of Management Journal*, Vol. 56, No. 4, 2013, pp. 1024 – 1049.
④ Hite, J. M., Hesterly, W. S., "The Evolution of Firm Networks: From Emergence to Early Growth of the Firm", *Strategic Management Journal*, Vol. 22, No. 3, 2001, pp. 275 – 286.

性，因此需要采用关注要素互动、聚焦过程研究的质化研究方法。从已有关于创业网络联结组合的研究来看，相关研究在联结组合的构成方面已经取得了较丰富的成果，但针对联结组合形成过程的研究还较为少见，也缺乏相关理论作为指导性基础。因此，本章的研究问题适合采用探索性研究设计，利用注重理论构建的案例研究方法。

一、案例选择

本章采用包含多条联结的嵌入式单一案例研究方法，以科恩（出于公司商业机密的考虑而做化名处理）为研究对象。科恩主要从事气体调节设备的研发、制造与销售，由于该设备的基本原理是以制造氮气的方式降低空气中的氧气含量，因此设备可用于蔬菜水果保鲜、人体在低氧环境的训练等业务领域。同时，该设备在不同领域中的应用性技术研发是相对复杂的任务，企业需要与外部资源提供者进行合作以实现复杂任务目标。

本章选择该案例的依据在于：①在复杂任务的驱动下，科恩需要与外部资源提供者展开形式多样的合作，因此公司在创建过程中大量借助网络联结来获取外部资源，形成了联结组合的基本架构；②科恩的创业网络联结组合包含多样化的主体以及多样化的联结类型，具体而言，公司与上游供应商、外购协作厂商、生产外协单位，下游渠道商、客户，横向的合作研发机构、投资机构等20多家企业或组织建立了网络联结（见图5-1）；③科恩在不同的技术应用项目或复杂任务上投入了不同的社会资本且社会资本的调用方式不同，因而公司的联结组合构建方式也存在差异；④笔者自科恩成立伊始即与创业者保持紧密联系且进行了长时间的跟踪，并多次进行实地考察、参与观察、访谈等，掌握了联结组合演化以及公司成长的一手资料。

本章以科恩为对象，以该公司所建立的联结组合中每一条网络联结为嵌入式分析单元。原因在于，科恩针对不同的合作伙伴建立了不同的联结关系，联结伙伴在企业特征、拥有资源、与该公司的先前关系以及联结所指向的项目任务方面均有所不同，这些差异化联结共同构成了案例企业的联结组合。沿着每一条网络联结，焦点企业的建立过程、行动表现具有共性与差异并存的特征，因此通过原样复现与理论复现，本章构建了创业网络联结组合的演化过程模型,复现逻辑的使用有助于本章结论的得出。

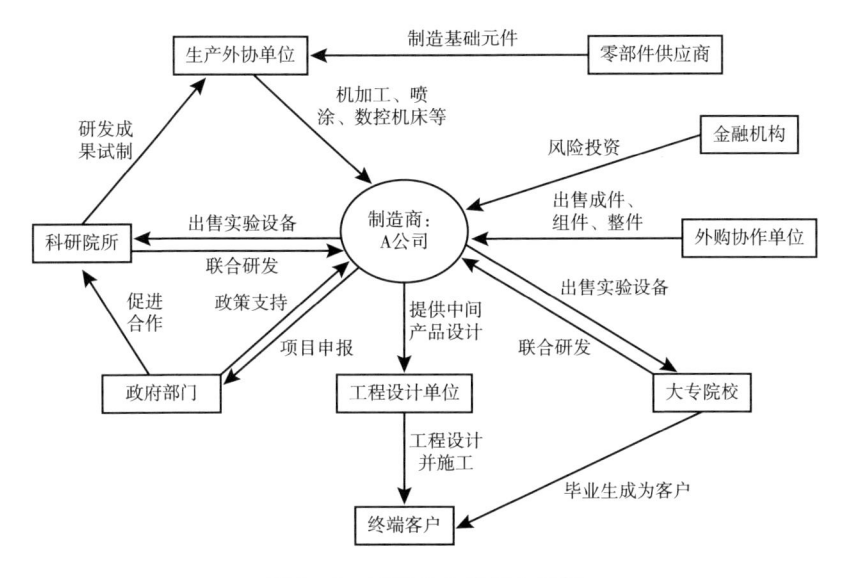

图 5-1 案例企业的创业网络

二、资料来源与收集过程

笔者对案例企业科恩进行了长达6年的动态跟踪调查,集中的资料收集工作也开展了近两年时间,因此为本研究提供了坚实的数据基础。在资料收集方式上,主要采用一手资料与二手资料相结合的调研设计,其中一手资料主要通过实地观察、参与观察与焦点访谈等方法收集,二手资料主要包括公司的制度文件、会议纪要等档案,公司网站披露的有关公司的信息,以及公开网站上介绍的关于公司发展的资料等。

在一手资料收集方面,一是在最初与案例企业接触时,主要采用实地观察的方式,通过参观企业的生产现场以及产品研发、产品生产流程等,形成对案例企业经营业务的全貌了解。同时,通过旁听公司的日常工作会议、管理例会等,以及在为公司提供战略咨询、管理培训过程中深入了解公司运营情况,收集到关于公司借助外部网络获取资源的关键一手资料。此外,还对案例企业与其他个体、组织、单位的联结建立进行了调研。动态跟踪调查能够使研究者捕捉时间维度下研究对象的演化过程，特别是识别发生过程中的要素变化，而不是请创业者回忆发生过程，以弱化后视偏见的影响。二是借助深度的、焦点式的访谈了解创业者以及公司高管所描绘的创业网络联结组合的构建过程，了解创业者所面临的困难、面对困难的态度与情绪、解决困难的办法、所能寻求到的帮助等。对创业者与高管团队的访谈形成了对实地观察和参与观察的资料补充，且形成了资料间的三角验证。深度访谈主要以开放式、有轻度指导的面谈形式展开，访谈对象主要是创业团队、公司高管团队、公司中层管理者以及实际负责与合作伙伴进行业务接洽的员工等。三是在案例企业的帮助下，对与案例企业存在联结关系的其他组织进行了一定的访谈，特别了解了其他组织与案例企业在合作任务、关系属性、关系建立过程等方面的情况，形成了访谈者间的三角验证。

在二手资料收集方面，主要对案例企业提供的公司制度汇编、会议纪要、新项目建议书、项目可行性分析报告等档案文件进行收集、整理与编码，借此了解公司在创业过程中产品、项目、制度、外部合作等方面的情况。同时，向案例企业以及与其建立了网络联结的其他组织发放了调查问卷，以了解案例企业对与外部资源提供者之间的关系建立、合同履行、问题解决、违约责任等的处理情况，作为对实地观察与访谈资料的补充。此外，还访问了案例企业的网站以及其他与之存在联结关系的企业网站，从第三方网站收集了案例企业所在行业的信息，并对相关信息进行了整理和编码。

三、研究的信度与效度

关于研究的信度，一方面采用三角交叉检定法构建资料的收敛，形成对调研资料的可信性解释；另一方面建立案例研究资料库，供后续研究者进行重复编码，从而提高研究的信度。首先，在资料收集过程中注重对特定问题的多方调研，如"贵公司如何选择合作伙伴""贵公司如何管理与对方的关系"等。对于此类涉及企业间关系的问题，单纯调研案例企业存在资料偏差问题，因此需要对案例企业的合作伙伴进行调研，以三角交叉检定的思路检视不同资料来源数据的真实性和可信性。其次，根据案例研究数据库的建设要求，将所收集的资料进行表格化编码与类型化划分，并依据编码准则建立了概念索引，以备后续研究者进行重复性检视，提高了研究的信度。

关于研究的效度，采用背对背编码的规则，根据预先设定的编码准则，要求两个编码员对同一组资料进行背对背编码，对于编码过程中的差异问题，采用专家意见法寻求专家对问题的解答，同时配合向企业求证以验证资料编码的准确性。为此，专门成立了由一名教授和一名副教授组成的专家团队，组建了由两名博士生和两名硕士生组成的两个编码小组。编码以背对背的方式进行，首先，两个小组分别根据编码准则进行编码，但并不知晓谁与其配对，也不知道对方的编码情况，如对编码问题的看法等。其次，每个小组内背对背编码的两个编码员完成编码后，对编码概念进行对比，由小组负责的教授提供指导意见。最后，将调整后的编码结果向案例企业求证并征询组外专家意见，进一步提高了研究的效度。

四、数据分析过程

尽管本章采用的是案例研究方法，但在提炼概念的初级编码过程中采用了扎根理论的开放性译码技术对资料进行初级编码，即根据扎根理论的开放性译码程序，将大量分散的资料打散再逐级缩编，逐步提炼为概念和范畴以统合原有分散化的资料。本章的数据分析过程见图 5-2。

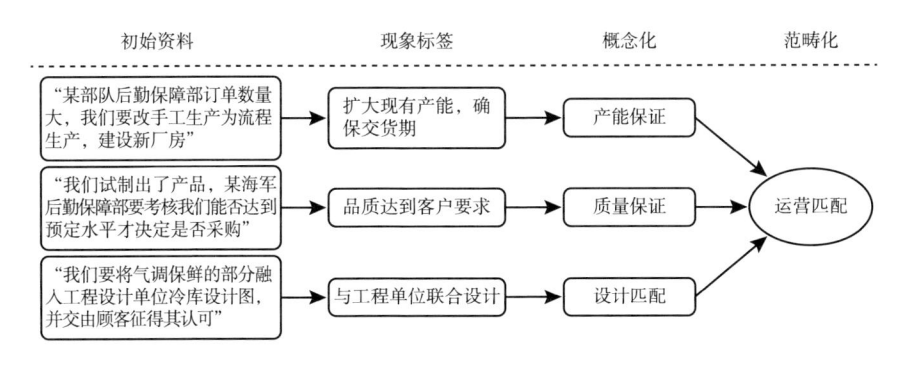

图 5-2 数据分析过程

第三节 创业网络联结组合演化的过程模型

一、创业网络联结组合演化的过程描述

1. 萌芽期

在萌芽期,创业企业与潜在合作伙伴进行初次接触。科恩在萌芽期并不能确切地知道哪些组织是自己的潜在合作伙伴,为了尽可能地接触更多组织,科恩随意地与有一定信号显示且可能成为其供应商、客户或合作伙伴的组织进行初步的接触,尝试与这些组织建立联系。建立联系的路径主要包括直接联系、创业企业先前关系的传递,以及将创业者个人的社会资本作为媒介进行关系引荐等(见表5-1)。

表5-1 萌芽期科恩建立网络联结组合的方式与对策

潜在合作伙伴	合作伙伴类型	联系方式	关系要求	案例证据	应对措施	结果
某部队后勤保障部	客户	创业者个人的社会资本引荐,创业者直接联系	了解创业者 了解产品	"通过朋友引荐,联系到了某部队后勤保障部负责武器(采购)的人员,并向其介绍我们主打的高压制氮系统。通过最初的几次接触,该负责人对我们的产品表现出兴趣,但仅从宣传册中看不出产品的具体特性"	频繁接触 邀请参访企业	对产品与企业形成初步印象
某海军后勤保障部	客户	企业先前的关系传递,创业者直接联系	了解产品	"由于我们为某部队后勤保障部生产的产品反响很好,该部队后勤保障部相关人员便将我们介绍给了某海军后勤保障部。对方与我们接触了几次,发现舰艇上用的设备与其他地方用的设备要求不一样,希望对我们的产品做更深入的了解"	邀请参访企业	对产品与企业形成初步印象

续表

潜在合作伙伴	合作伙伴类型	联系方式	关系要求	案例证据	应对措施	结果
北京某公司	客户	通过最终用户的关系传递,创业者直接联系	了解新企业 了解产品	"经调查发现,果蔬种植者、批发商等果蔬储藏系统的最终用户,对果蔬保鲜的通行做法都是聘请工程单位为其设计冷库。我们与北京某公司取得联系,但对方并不了解我们的产品"	邀请参访企业 产品展示	对产品与企业形成初步印象
山西某农产品公司	客户	先前的关系传递,创业者直接联系	了解产品	"该公司从北京某公司那里了解到我们,但还不了解我们的产品,主动找到我们希望进一步了解"	上门推广产品 产品展示	对产品形成初步印象
北京某大学	客户	直接联系民品销售部(客户上门)	了解新企业 了解产品	"北京某大学一位低氧研究方面的权威专家设计了一个体育训练室,需要模拟高原低氧环境。他以前只买国外的设备,通过网络查到我们公司的资料后,主动找到我们希望了解我们的产品"	产品展示 营销部门推广	对产品形成初步印象
天津保鲜中心	合作伙伴	创业者个人的社会资本引荐,创业者直接联系	了解新企业	"在参加陕西省杨凌现代农业示范区农业博览会时,我们结识了一位工作人员,他推荐我们与天津保鲜中心进行联系,尽管我们都是做'保鲜'的,但当时我们并不了解对方的业务是什么"	中间人联系下的座谈	对企业形成初步印象
大连某公司、烟台某公司	合作伙伴	先前的关系传递,创业者直接联系	了解新企业 了解产品	"通过北京某公司的介绍,我们逐渐与大连某公司、烟台某公司等工程设计单位相关人员结识,他们也都对在冷库设计中融入气调保鲜有浓厚的兴趣,但还不太了解我们公司的产品"	产品展示 营销部门推广	对企业形成初步印象

续表

潜在合作伙伴	合作伙伴类型	联系方式	关系要求	案例证据	应对措施	结果
某设备厂商	电路设备供应商	创业者个人的社会资本引荐，创业者直接联系	了解产品	"这个公司的创始人曾经在某研究所担任技术人员，出于对我个人的信任，提供电路板用于我们公司的产品生产，但他要了解我们公司的产品后，才能有针对性地生产我们公司需要的电路板"	产品展示座谈	对产品形成初步印象

在萌芽期，创业企业的潜在合作伙伴最需要对创业企业及其提供的产品、服务进行认识与了解，即便通过企业先前的关系传递或创业者个人的社会资本引荐与之建立了初步的联系，潜在合作伙伴仍有对创业企业进一步认知的动机，这表现在潜在合作伙伴对创业企业及其所提供产品的性能、特色、质量等方面想了解更多。针对这样的认知需求，创业企业采取了约请潜在合作伙伴到企业参访、进行产品展示、召开座谈会讲解产品的性能，以及开展市场推广等多种方式，与潜在合作伙伴更频繁地接触，旨在促进这些潜在合作伙伴对企业及其产品形成初步的认知。

2. 试错期

在试错期，创业企业与潜在合作伙伴开始进行试探性的"交往"，彼此向对方提出自己的关系需求，主要是在信息和知识层面，通过行动与对策逐步适应对方的需求（见表5-2）。尽管潜在合作伙伴对企业已经有了一定的认知，但创业者个人的社会资本、先前关系的媒介作用在试错期仍旧具有存在的价值，但其价值在一定程度上有所下降，反而创业者个人作为联系人的角色变得更加重要。需要区分的是，创业者个人参与联系的程度，与网络联结的重要性密切相关，这种重要性通常表现在网络联结所承载的业务含量、任务复杂性上。

潜在合作伙伴在试错期购买和使用创业企业的产品，主要目的是合作设计、作为中间投入品、零部件定制供应等，因此合作者需要对创业企业所提供产品的属性、性能等有更深入细致的了解，尤其是在某些联结中，潜在合作伙伴还会提出特殊的产品需求以考察公司是否有足够能力开展其所需的应用性研发。对于潜在合作伙伴了解产品属性与性能的认知需求，科

第五章 创业网络联结组合的演化过程

表 5-2 试错期科恩建立网络联结组合的方式与对策

潜在合作伙伴	联系方式	关系要求	案例证据	应对措施	结果
某部队后勤保障部	创业者直接联系	产品性能、质量保证	"实地参访企业之后,某部队后勤保障部要求我们提供的产品与所描述的水平一致。而且强调,我们需通过质量认证,才能成为其供应商"	产品试用通过质量认证	达成初步购买意向
某海军后勤保障部	创业者直接联系	特殊应用需求	"我们为某海军后勤保障部提供的船用果蔬储藏系统,需对原来的果蔬储藏系统进行特殊测试,以适宜在船上使用,如满足防水、防潮要求,现有的产品要围绕这些要求开展研发"	应用性设计	参与联合研发
北京某公司	创业者直接联系	产品性能与价格	"该公司专业做冷库,并不生产气调设备,也不具备设计气调保鲜的能力,因此想全面了解我们的产品。我们针对该公司做了两次设备方面的培训,并提供培训教材,进行服务营销"	设备培训宣传材料	达成初步购买意向
山西某农产品公司	民品部联系	产品性能	"由于是单独购买我们的产品,该公司想知道假如不使用工程单位专门设计的保鲜库,怎样用我们的产品来达到保鲜目的"	设备培训宣传材料	达成初步购买意向
北京某大学	民品部联系	特殊应用需求	"北京某大学来找我们时,我们并不清楚制氮机还可以在体育训练时使用。北京某大学要求我们能够模拟运动员训练时所需的低氧环境,这虽然与制氮机的原理类似,但需要获得运动员在各种运动状态下的生理参数才能模拟"	应用性设计	达成初步购买意向
天津保鲜中心	创业者直接联系	战略思路认知	"在某工作人员的引荐下,我们与天津保鲜中心取得了联系。该中心主要对果蔬的生理过程开展研究,认为工业化生产是难题;我们则恰恰相反,不研究果蔬的生理参数,而是保证参数的实现,同时可以进行规模化生产,因此我们在战略思路上存在差异"	邀请到企业参访定期交流	寻找合作方向

续表

潜在合作伙伴	联系方式	关系要求	案例证据	应对措施	结果
大连某公司、烟台某公司	民品部联系	产品性能与价格服务、沟通水平	"对北京某公司销售成功后,我们认为要将工程设计单位作为重点客户进行开发。这些单位主要关注的是我们提供的服务、产品价格以及彼此之间的沟通。因此,我们要通过参观、交流、培训等方式,实施服务营销"	设备培训参观交流	达成初步购买意向
某设备厂商	创业者直接联系	产品接口产品标准	"该公司要求参与我们的接口设计,保证与其电路板相衔接,从而让其生产的电路板更好地接入我们的产品。同时,还需要实现我们的设备与其电路板的标准化设计和生产"	产品试制产品调试	达成供货意向

恩主要通过现场参观交流、发放和讲解宣传材料、开展设备培训等方式来满足。而对其产品提出独特需求的潜在合作伙伴,科恩则围绕其特殊需求积极开展和积累产品的应用性设计,为后续双方合作时进行应用性研发做好充分准备。

3. 调整期

在调整期,创业企业与潜在合作伙伴之间更加深入地开展合作,为促进交易签约,创业企业在研发、设计、产能、质量等维度实施相关行动和互动策略,其中主要侧重于在运营层面采取行动(见表5-3)。创业者个人在调整期已不再需要参与企业之间的一般性联系,大多将其交由公司内部的职能部门负责,但创业者个人对一些非常重要的联系任务仍承担主要责任,因为该阶段潜在合作伙伴信任的对象仍然是创业者个人,这种信任尚未被转移至创业企业。

在调整期,由于创业企业的网络关系进入合同细节讨论阶段,双方趋于建立正式关系,潜在合作伙伴的关系需求主要进入运营层面,即公司产品的标准、设计、产能、质量以及操作和维修服务等具体的维度,以推进关系的操作化。

表5-3 调整期科恩建立网络联结组合的方式与对策

潜在合作伙伴	联系方式	关系要求	案例证据	应对措施	结果
某部队后勤保障部	创业者带领销售团队联系	产能保证 操作咨询 维修服务	"某部队后勤保障部试用产品之后很满意,但订单要求的数量较大,当时我们只有一个厂房,采用的基本是手工生产,以至于快到交货期时不得不赶工。对方还经常询问我们操作的方式,除了提供必要的培训外,我们还要随时解答疑问"	生产流程化、规模化 卓越的服务 运营匹配	签订合同
某海军后勤保障部	主要由创业者联系或带领研发与销售团队联系	产品性能 操作咨询	"我们和对方在研发上共同努力,并试制出产品,对方要考核我们能否达到预定的水平才决定是否采购。还要求我们为具体使用的人员提供操作培训,便于更好地使用"	应用性研发 产品试用 操作培训 运营匹配	签订合同
北京某公司	主要由创业者联系或由民品部联系	设计匹配	"该公司提供的产品是冷库,思考的是如何将气调保鲜的模块融入其冷库设计图中,并让顾客认可"	联合设计 运营匹配	签订合同
山西某农产品公司	民品部联系	质量保证	"该公司要求产品与宣传的标准一致,确保产品质量和设备培训中所体现的水平一致"	产品试用 产品调试	签订合同
北京某大学	民品部联系	质量保证	"在研发过程中,我们公司的几个创始人在测试房间里整整待了一个星期,记录我们在坐、行走、说话等不同状态下呼入的氧气量、呼出的二氧化碳量等参数,但据此数据所生产出来的产品能否达到运动员的训练要求,还需试用和调试后才能知道"	应用性研发 产品试用 产品调试 运营匹配	签订合同
天津保鲜中心	研发部联系	研发投入 知识共享	"我们需要从天津保鲜中心那里获得果蔬生理参数,为保鲜设备的应用性设计提供技术指导,而该中心需要我们为其提供试验用的保鲜设备,希望我们在双方的合作研发方面能够增加投入,并分享我们在保鲜设备研发方面的知识与经验"	经验交流座谈 参数合作试验 运营匹配	签署合作协议

续表

潜在合作伙伴	联系方式	关系要求	案例证据	应对措施	结果
大连某公司、烟台某公司	民品部联系	设计匹配	"我们分别与两家工程设计单位及其用户签订了合同,我们与工程设计单位是合作设计关系,而不是买卖关系"	联合设计 运营匹配	签订合同
某设备厂商	生产部联系	质量匹配 标准匹配	"只有该公司生产的电路板的质量和标准与我们的要求相符合,我们才会选购其产品"	质量监控 生产监控 运营匹配	签订合同

4. 稳定期

在稳定期,创业企业与潜在合作伙伴之间已经形成了非单次的交易、交流、合作甚至新关系引荐等深入的关系形式,已经建立起正式的、可持续的关系（见表 5-4）。

表 5-4 稳定期科恩建立网络联结组合的方式与对策

潜在合作伙伴	联系方式	关系要求	案例证据	应对措施	结果
某部队后勤保障部	军品部与对方后勤部联系	提供不定期服务 新产品开发	"有一次设备出故障,我们派人去维修,发现是使用错误导致的。尽管我们之前已经为其提供了培训,但使用设备的人员流动性很大。在高压制氮系统领域合作之后,对方又想引入我们的果蔬保鲜系统"	产品一键操作 智能化 双方联合研发 战略匹配	建立长期客户关系
某海军后勤保障部	以创业者为主带领军品部联系	产能保证 售后服务	"在认可了我们的产品之后,某海军后勤保障部扩大了对我们产品的采购量,并要求我们能够保证产品的产量"	兴建厂房 规模生产 战略匹配	建立客户关系
北京某公司	民品部联系	质量保证 售后服务	"在重大工程单位渠道,我们希望将自己的产品打造成为北京某公司产品中的重要组成部分,该公司为提升竞争优势,也要求我们不断改进产品设计与品质。应工程单位要求,我们还要为其最终用户提供售后服务"	提升产品品质 新产品开发 与最终用户的服务合同 战略匹配	建立长期客户关系

续表

潜在合作伙伴	联系方式	关系要求	案例证据	应对措施	结果
山西某农产品公司	民品部联系	售后服务	"对方要求我们实时解决购买后的使用问题,还要对其员工进行培训以便更好地使用"	操作培训与咨询及时维修	建立客户关系
北京某大学	民品部联系	售后服务	"在产品调试成功之后,对方使用起来比较满意,但需要我们提供设备维护服务,解决一些小问题。对方使用我们的产品后感到满意,还将我们推荐给了其他客户"	设备维护战略匹配	建立客户关系
天津保鲜中心	研发部联系	联合问题解决	"合作过程中出现的各种问题主要是在某部门的协调下解决,我们也努力寻求战略思路的统一,积极配合对方"	专门联系人制度战略匹配	建立长期合作关系
大连某公司、烟台某公司	民品部联系	施工配合售后服务	"除了设计过程之外,在施工、验收、调试等诸多后续环节,我们都要与工程设计单位合作完成,还要为最终用户提供调试、使用培训等售后服务"	与最终用户的服务合同战略匹配	建立长期客户关系
某设备厂商	创业生产部联系	质量保证服务保证	"由于采购量大,该公司的电路板质量一度不太稳定,售后服务做得也不太好,我们决定自己生产"	从事部分供应商活动	建立供应关系

潜在合作伙伴在稳定期出于与创业企业建立网络联结的考虑,同时出于对创业企业的认知和信任,双方之间的联结已演变为企业主导的部门联系负责制。双方的关系需求则主要体现在售后服务、共同解决问题、研发新产品以及引荐新的关系等方面。

二、关系驱动对创业网络联结组合演化的影响

1. 萌芽期:通过关系接触形成初步印象

在萌芽期,创业企业主要做的是尝试在潜在合作伙伴心目中形成初步印象,从而降低创业企业的合法性缺陷可能导致的负面影响,而这主要是通过与潜在合作伙伴实施关系接触来实现的。这里的关系接触主要有两种类型:随意性接触和目的性接触。其中,随意性接触是指创业企业并不知晓哪个组织是其潜在的网络联结对象,为了提高网络联结的概率,创业企

业与可能成为其合作伙伴的机构预先进行接触。这种接触并非在实际需要关系联结时才去实施，而是在着手开发合作伙伴之前就先进行尝试，具体采取的方式往往是双方非正式会见，且并不进行正式的商业会谈。目的性接触是指创业企业借助创业者个人的社会关系人的"桥接"，有目的地去接触和认识潜在合作伙伴，致力于做好前期铺垫，推动双方建立正式的关系。创业企业通过诸如非正式的会面、营销推广、参与各类产品展销会，以及有目的地进行产品展示、邀请参访企业、开展座谈等不同形式的关系接触，让潜在合作伙伴对企业及其产品形成初步认知，从而为双方后续的关系交往打下良好的基础（见图5-3）。

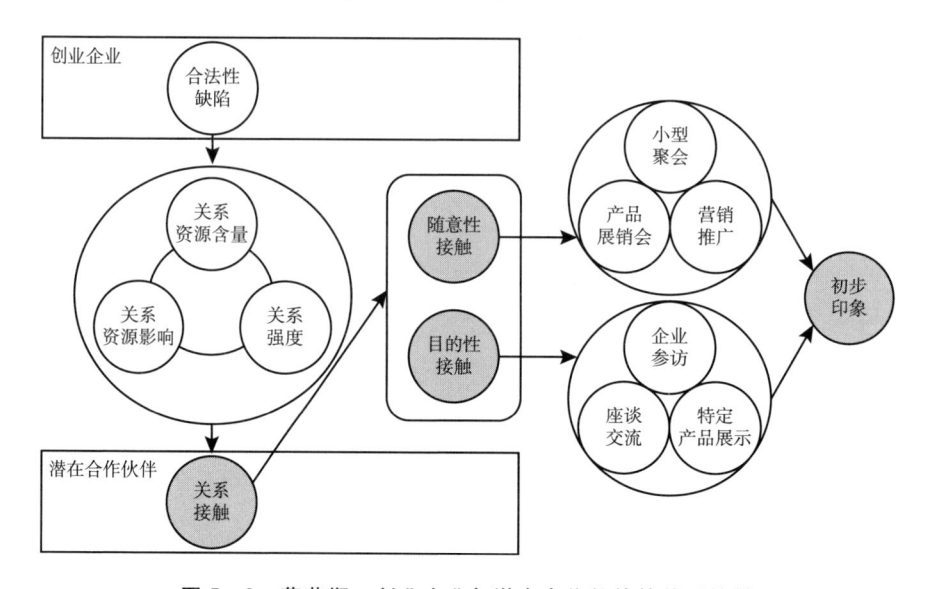

图5-3 萌芽期：创业企业与潜在合作伙伴的关系接触

创业者个人的社会资本特征对关系接触方式选择有着显著影响。当未拥有所需的社会关系或其社会网络中的强联结匮乏时，创业者在先期有更强的动机采取随意性接触方式，尽可能地扩展接触面，以挖掘潜在合作伙伴。在这种情况下，随意性接触在一定程度上替代了网络强联结，这种方式能为其广泛培养潜在合作伙伴，并为后续的关系建立预先进行投入，可降低创业企业因合法性缺陷的存在而具有的潜在负面影响。

创业者所拥有的关系资源含量，尤其是其关系资源的影响度，是其采取目的性接触的主要动力。社会分层理论强调，社会经济系统中的资源呈现"金字塔"形分布，且不同阶层间表现出差异化的分布，即处于金字塔顶端、拥有较高社会地位的个体或组织，相较于处于金字塔底端的个体或组织所掌握的资源更丰富。因此，创业者中那些拥有丰富关系资源的人，意味着其社会关系人有更高的社会地位，掌握能为其所用的更丰富的资源，创业企业则有潜在的机会凭借这些社会关系人的地位或权力优势，获得更多可供选择的潜在合作伙伴。创业者的目的性接触在其社会关系人与潜在合作伙伴存在影响关系时有更大的机会获得成功，即社会关系人与创业者的潜在合作伙伴之间存在亲人、朋友或熟人等强联结关系时，有更大的机会直接帮助创业企业建立稳固的关系。

2. 试错期：创业者主导下关系交往促进认知匹配

在试错期，创业者个人担负着主要连接纽带的职责，促使创业企业和潜在合作伙伴之间开展关系接触后的关系交往。宣传创业企业的产品和企业整体是试错期关系交往的关键内容（见图5-4）。创业企业面临的合法性缺陷，源于创立初期外界对其了解不足，导致其社会认知度不高，使其与外部各相关组织之间存在信息不匹配。一旦创业企业在与外界组织进行关系接触的基础上传递企业及其产品信息，提升其与外部相关方的信息匹配程度，将能显著促进利益相关者的认知与创业企业的特征相匹配。

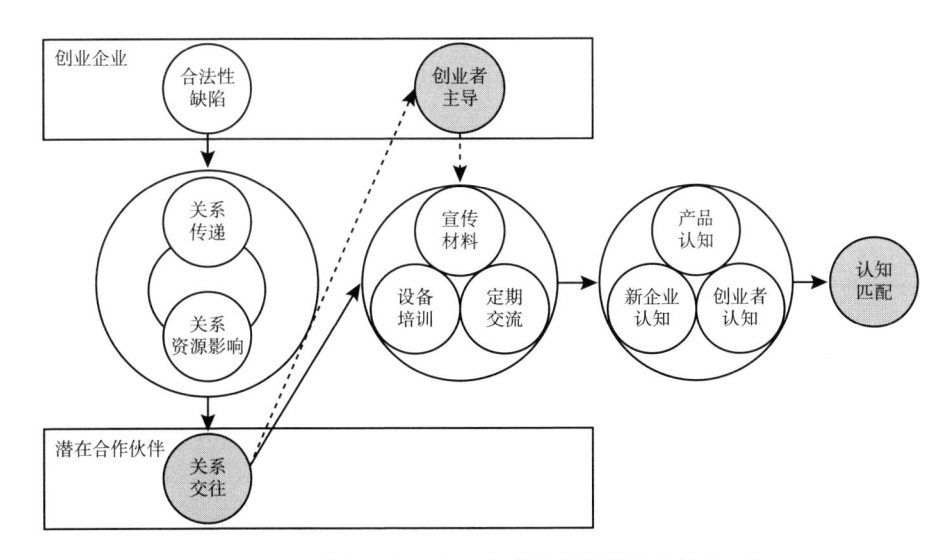

图5-4　试错期：创业企业与潜在合作伙伴的关系交往

创业者在认知匹配过程中扮演着重要的角色，即依靠创业者去建立创业企业与潜在合作伙伴之间的联系，主要通过创业者的桥梁作用来传递信息。这是因为，一方面，在创业的初期阶段，创业者对以组织为单位建立网络联结关系还没有足够的信心，特别是在建立某些重要的关系联结时，创业者通常对由其他人去实施缺乏信任，因此往往亲力亲为。另一方面，创业者个人的社会关系人发挥媒介作用所传递的关系资源，主要是通过创业者个人扮演载体角色，以其为节点来延续这种网络关系联结，在这种联系形式下，创业者在试错阶段成为联系的主导。

关系传递属性在这种联系方式中有重要影响，表现为在关系网络节点间进行传递，是一种关系内传递，网络联结所承载的关系首先会传递给节点。依据社会网络文献，关系具有传递性或转移性特征。关系传递意味着可以存在"中间人"，将其与一方的个人或组织关系传递给另一方，以这种"桥接"角色在原本分隔的双方之间建立关联。创业者在关系接触过程中正是利用社会关系人的关系传递作用与潜在合作伙伴实现接触。尽管已经将关系传递给创业者，社会关系人并未完全退出这个关系联结，而是仍通过继续影响创业企业的潜在合作伙伴来提升创业者的关系地位。

3. 调整期：双重联系下关系调试实现运营匹配

在调整期，创业企业与潜在合作伙伴关系联结的重点是实施深度关系调试，着眼于据此提升双方在运营上的匹配度。经历了试错期的关系交往，创业企业与潜在合作伙伴之间通过信息传递形成了对彼此的认知，尤其是让潜在合作伙伴对创业企业及其产品有了更为详细的了解。进入调整期后，创业企业将以任务开展为中心与潜在合作伙伴进行运营匹配（见图5-5）。这里的运营匹配主要体现在创业企业根据潜在合作伙伴提出的关系需求，从设计、研发、生产、售后服务等诸多方面实施满足关系需求的行动。

创业企业在进行关系调试过程中，运营匹配对双方彼此产生信任发挥了关键的作用。在试错期，潜在合作伙伴仅能根据创业企业所传递的信息对其形成认知；而在调整期，潜在合作伙伴则可以通过创业企业所开展的满足关系需求的相关活动逐步实现双方的运营匹配，提升创业企业的运营可信度。不管是投入应用性研发，还是参与联合设计，都体现出创业企业有能力满足关系需求，且实现运营匹配也折射出创业企业在逐步建立满足关系需求的信誉。特别地，运营匹配关乎企业整体的承诺，体现的是企业自身拥有能够满足对方需求的资源和能力，因此潜在合作伙伴的信任不是

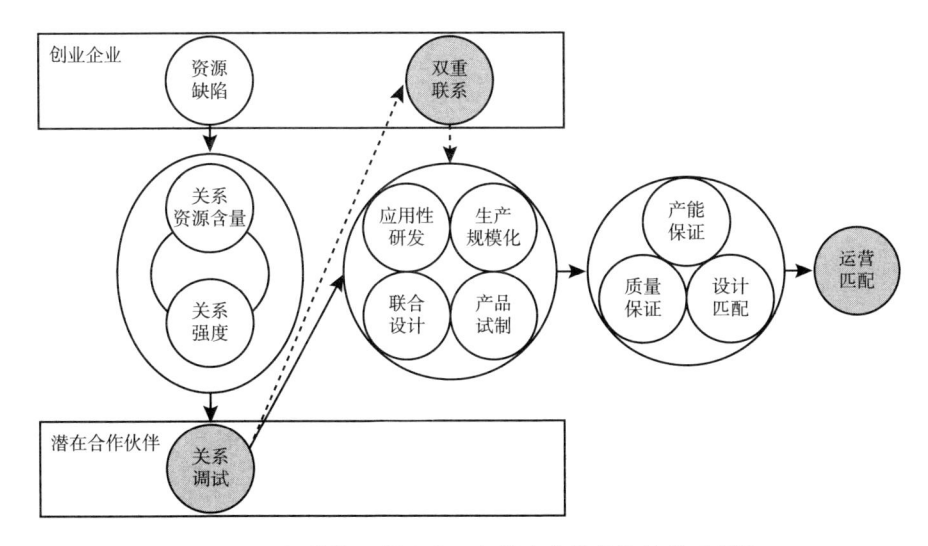

图 5-5　调整期：创业企业与潜在合作伙伴的关系调试

指向创业者个人，而是指向创业企业，这与在关系接触阶段和关系交往阶段通过社会关系人向创业者转移的信任存在明显的不同。因此，在这一阶段的关系调试过程中，以创业者为主导的联系逐步向以企业为主导过渡，创业企业与潜在合作伙伴之间呈现双重联系的特征。在这一阶段，创业者并未完全退出关系联结，仍具有一定影响，也要参与双方的联系过程与运营匹配过程，但主要在复杂任务上扮演指挥者、监督者的角色。

在该阶段，社会资本的支持对创业企业仍然具有重要性，但目的不再是社会关系人的关系传递，而是通过其关系资源和关系强度获取与增强运营匹配相关的资源。在关系资源方面，在社会分层体系中拥有较高社会地位的组织或者个人，尤其是处于体制内的主体，所拥有的资源更多且更丰富，并且可以依赖体制内组织的结构壁垒阻止资源跨壁垒流动，而将资源的流动控制在壁垒之内。这类拥有高地位资源含量的社会关系人，不再单纯作为第三方媒介起引荐作用，还能为创业企业的运营带来生产技术、研发资金和设计知识等投入资源。在关系强度方面，得益于承载高强度关系的联结，创业企业与潜在合作伙伴之间的信息交流能够为其建立更为通畅的渠道，从而推动双方以更高的频率和程度开展互动，以更大的可能性加快双方信任的建立并进一步强化这种关系。更重要的是，创业者个人的高强度联系人与创业者之间往往存在一定的情感投入，因而有更强的意愿借助其强关系将资源、信息以及各种形式的交换传递给创业者。整合上述关系资源与关系强度的影响，创业者有更大可能从拥有高地位关系资源、高强度关系的社会关系人那里获得资源。

4. 稳定期：企业主导下关系内问题的解决推动关系建立

在稳定期，创业企业与潜在合作伙伴形成非单次交易或合作，建立了正式而稳定的关系。此时创业企业与潜在合作伙伴之间要解决的主要是关系内问题，同时双方为建立更加持久的关系，着力围绕战略匹配开展行动（见图5-6）。关于这一阶段的战略行动开展，创业企业主要是针对特定联结对象建立专门的联系人，形成一对一的关系联结；在深入了解潜在合作伙伴的基础上为其提供完备的服务，以延续双方的关系；针对潜在合作伙伴的新需求开发新的产品，甚至围绕潜在合作伙伴主动创造、开发新的需求。实施这些战略行动的目的在于在创业企业与潜在合作伙伴之间建立制度化联系模式，配备固定的人员，形成常态化合作关系并不断提升关系需求的满足程度。当关系内问题无法得到解决或战略匹配难以达成时，双方止步于上一阶段的运营匹配，即便双方的单次交易得以顺利完成，也可能无法持续深化关系，甚至可能中断关系。

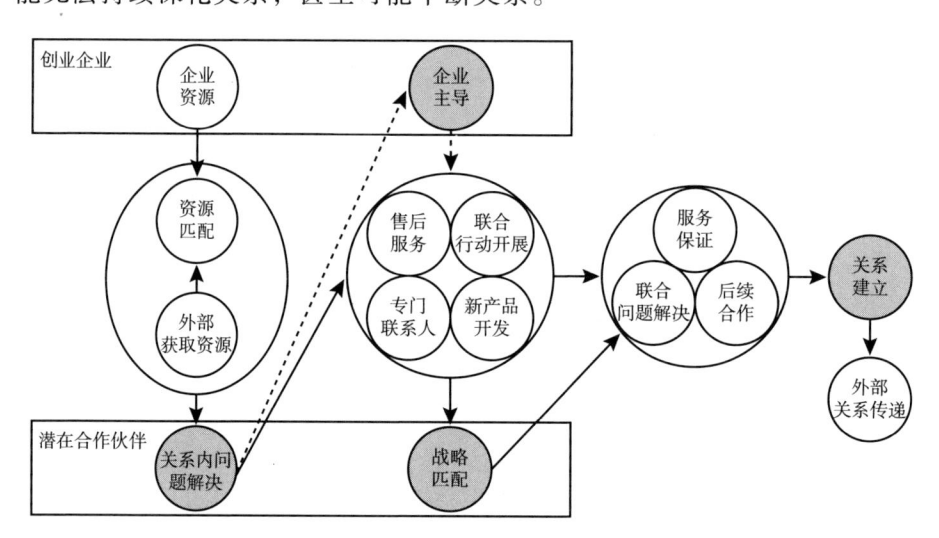

图5-6 稳定期：创业企业与潜在合作伙伴的关系建立

在稳定期，创业企业与潜在合作伙伴的关系，已经由创业者建立的人格化关系转向以企业为主体的关系，实现了由二者之间人格化关系向非人格化关系的演变。而联结双方已经形成的战略匹配，以及经过多次合作不断得以强化的信任促进了这种转变。首先，创业企业致力于在运营匹配的基础上打造双方之间的战略匹配，着眼于在自身原有产品的基础上围绕潜在合作伙伴的个性化需求进行新的设计、开发新的产品，或主动创造新的需求，努力将自己的产品嵌入潜在合作伙伴的产品体系中，成为其中不可或缺的关键组成部分，从而与对方的战略思路保持一致。其次，创业企业注重提供完备的服务方案，积极解决与潜在合作伙伴之间的关系内问题，逐渐提高对方的信任度，且这一阶段所建立的信任不再是基于创业者个人的情感与个性，而是基于创业企业的行动表现。

在稳定期，创业企业对其社会资本的调用呈现一定的选择性，其中特别注重的是通过社会资本的助力，获取那些能够与企业自身所拥有的资源相匹配的外部资源。这是因为经过前文所述三个阶段调用其社会资本，创业企业的资源已经实现了一定积累，此阶段更希望社会资本能够为其提供与内部资源互补的外部资源。将内部与外部两种渠道的资源进行匹配，具有放大单一资源价值的作用，通过资源组合利用体现出协同效应，能够更好地服务于创业企业与潜在合作伙伴之间的战略匹配。潜在合作伙伴与创业企业之间建立关系后，也有更大可能发挥其关系传递作用，将其网络关系传递给创业企业，使创业企业获得更多新的关系联结，并助力创业企业逐步嵌入创业网络联结组合之中。Uzzi（1997）就曾提及第三方"中间人"通过关系传递使另外两方建立关联，并从社会网络视角探讨了由此所形成的关系嵌入。而从经济行为视角观察，通过组织或个人间的关系传递形成网络嵌入在现实中更是寻常现象。这些关系传递行为具有的共性特征是，已建立关系的联结方通过关系传递，助力创业企业建立新的网络联结，从而使创业企业跨越结构洞形成网络嵌入。这种增强的网络嵌入性有助于创业企业获取更丰富的外部资源，也提升了市场交易的效率，在一定程度上降低了潜在的无效率风险，对创业企业提升创业成功率和运作效率有着显著的积极影响。

三、研究结论

创业网络的形成包括两类关系，从创业者角度可以视为人格化关系，从企业角度可以视为非人格化关系，而其形成过程往往是从尝试接触逐步发展到关系确立的。本章着眼于单案例研究的典型性,详细描述并深入分析了上述网络形成的全过程,发现了影响创业网络形成的因素以及网络形成中的创业行动。

1. 主要研究结论

第一,创业网络的形成过程是创业企业与不同潜在合作伙伴间关系建立的过程,关系的建立来自创业者个人社会资本的关系传递(见图5-7)。从资源依赖理论来看,关系建立于企业间存在对等的、相互依赖的资源需求情境。基于此,大量研究从先前网络联结和强信息传递的角度解释关系的建立。本章研究发现,创业企业网络关系的建立更多地起始于通过创业者个人社会资本传递的潜在关系,为创业企业带来关系接触的机会,进而通过采取以形成创业企业认知为目的的关系交往、促进运营匹配的关系调试行动,创业企业将逐步与潜在合作伙伴建立战略匹配的网络关系。这意味着先前联结、信息传递的观点并不足以解释创业网络关系的建立,原因在于当创业者个人的社会资本构成与创业企业的资源需求不相匹配,即创业企业无法通过创业者个人先前联结建立所需的资源关系时,创业企业就需要寻求新的途径建立网络关系,此时将社会资本作为第三方媒介传递新关系是一种有益的选择。当创业企业缺乏能够吸引潜在合作伙伴的高质量信息时,创业企业更倾向于通过创业者个人的社会资本引见新关系,或传递新企业信息,作为合法性的担保。

在创业网络形成过程中,创业企业的行动步骤具有先后顺序的过程特征,包括初期的尝试接触、中期的深入交往调试以及终期的关系确立。首先,针对创业者个人社会资本的先前联结,创业企业的尝试接触往往具有比较明确的指向性,向潜在合作伙伴伸出橄榄枝;如果连最基本的先前联结都不具备,则只能非常随意地广撒网,同时寻找机会推动可能的弱关系向强关系转化。其次,在完成初步的尝试接触后,创业企业会在信息过滤的基础上与潜在合作伙伴进行深入交往,一方面,主动传递信息以增强对方对自己的了解与信任;另一方面,借机深入了解潜在合作伙伴,进一步评估后续行动的节奏与强度。再次,如果经过前面两个阶段达成了较高水平的认知匹配,创业企业会进一步加强双边关系调试,着眼于运营层面的实质互动,试图以此克服自身的合法性缺陷与资源缺陷,为双方协作做好一切准备。最后,经过首次交易完成到持续性交易展开的过程,标志着双方关系的最终确立与长期维持,至此,创业企业可以在认知匹配与运营匹

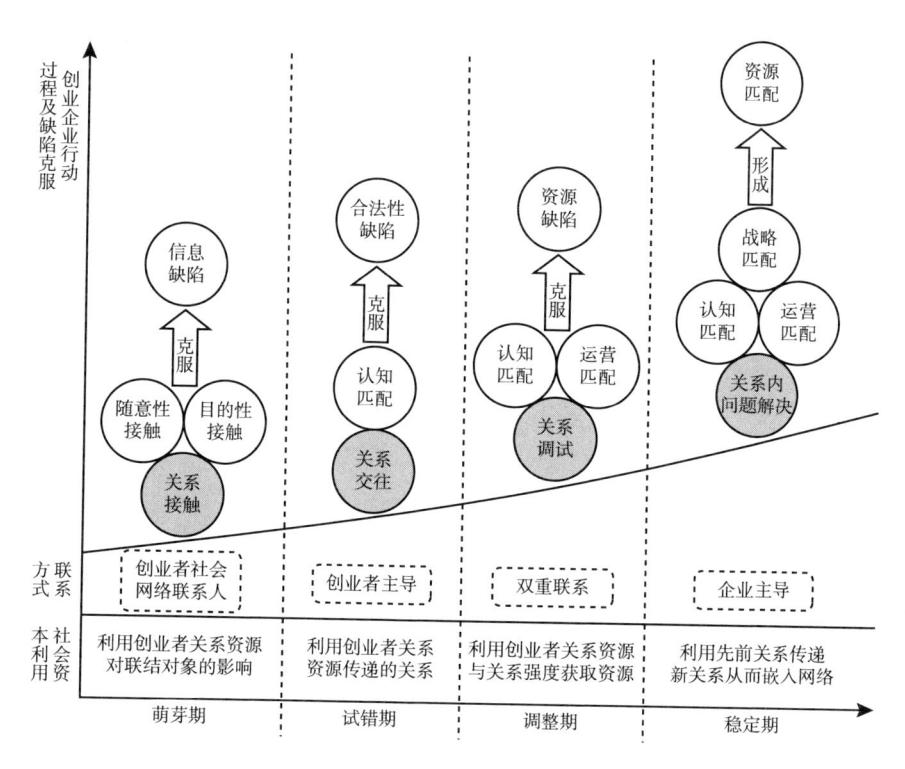

第五章　创业网络联结组合的演化过程

图 5-7　创业网络联结组合演化过程模型

配的基础上，尝试与合作伙伴深度融合以实现战略匹配。

第二，在创业网络形成过程中，创业者与创业企业分别具有不同的角色定位，这种角色定位还会伴随网络的形成与演化而发生变化，进而引起联结关系的变化。初期，创业者个人的社会资本在创业企业与外部伙伴关系建立的过程中起决定性作用，往往是通过创业者个人的社会资本实现企业间的合作关系，并以此为桥梁进行信息传递。在这个阶段，创业者与创业企业之间的界限很难区分，外部伙伴对创业企业的信任也主要来自对创业者的信任。中期，创业企业的市场角色逐步清晰，且逐步承接创业者本身的信息传递职能，创业者个人在企业关系中的作用逐步减弱，但创业者仍然是企业关系的核心纽带。随后，企业的运营角色进一步强化，需要承担更主要的责任，企业间的关系逐步占据主导，此时只有创业企业的运营角色才能更好地满足合作伙伴的需求，创业者在企业间所起的关系调试作用进一步弱化。终期，创业者完全退居幕后，而企业间的合作完全进入正常的企业层次,此时创业企业通过与合作伙伴的战略匹配以及合作伙伴对创业企业的信任由创业者转移到创业企业,实现最终的企业关系确立与维持。从上述过程可以看出,创业网络的形成是创业者人格化关系与企业非人格化关系的双向演进,创业者将自身所拥有的社会资本作为核心要素,建立人格化的人际关系,创业企业则将市场规则作为核心要素,建立非人格化的交换关系。上述两种关系此消彼长,人格化的人际关系被非人格化的交换关系所替代的过程,正是创业网络由创立向成熟发展的过程,同时也是创业者个人网络向企业网络发展的过程。

第三,就创业角度而言,创业者在创业网络的形成发展过程中会采用不同的方式调用其自身的社会资本。从上述分析可知,创业者个人的社会资本在创业过程中发挥了举足轻重的作用,甚至可以说创业者个人的社会资本是创业企业创业活动的核心驱动力。已有研究提出创业者个人所拥有的社会资本存量以及对其利用的有效性会对创业行动效率产生重要影响,因此通过一系列创业者个人的社会资本变量研究其对创业行动效率的作用,包括社会网络规模、密度和强度等网络结构指标。但学者们对创业者个人的社会资本如何影响创业网络建立的关注明显不足。本章的主要研究结论为,在创业网络建立初期,创业者调用其自身社会资本的方式是通过社会关系尝试与潜在合作伙伴接触,而不是直接利用社会关系获取资源。随后,创业者为了实现与潜在合作伙伴的运营匹配,进一步采用强关系挖掘社会资本的资源。上述过程的完结也标志着潜在合作伙伴变为现实伙伴,伙伴关系得以正式确立,同时也意味着创业企业的社会资本容量得到扩大,新的合作伙伴能够成为新的节点,帮助创业企业进一步向外传递关系,由此创业网络得到进一步的演化。由此可知,每一个新伙伴关系的确立都是市场关系与人际关系共同作用的结果,这一结果使新伙伴逐步嵌入创业企业社会网络,合作双方基于关系传递发展成为结构嵌入。

在创业网络联结组合形成的过程中,创业企业通常实施从关系接触、关系交往到关系调试、关系建立等的一系列创业行动。首先,针对创业者个人社会资本的先前联结,或其存在潜在影响的联结,创业企业会采用目的性接触的关系接触方式面向潜在合作伙伴传递信息;而当创业者个人的社会资本缺乏先前联结或影响的潜在关系时,创业企业便采用随意性接触,这将放大内嵌于弱联结、间接联结中的信息,促进弱联结向强联结转化。其次,在初步完成关系接触的基础上,创业企业将进一步与潜在合作伙伴开展关系交往，通过在交往过程中传递信息，强化对潜在合作伙伴的了解与认知，从而克服创业企业的合法性缺陷。认知的形成暗含潜在合作伙伴掌握了有关创业企业丰富的信息，有助于加快关系建立的进程。再次，在认知匹配的基础上，创业企业的关系调试行动是希望从运营层面与潜在合作伙伴形成匹配，克服创业企业的资源缺陷，从而为双方完成协同任务做好前期准备。最后，关系建立不只是指创业企业与潜在合作伙伴之间完成了单次交易，还要开展持续性交易和合作。因此，为促进这种长期关系的建立，创业企业与潜在合作伙伴要在促进单次交易或任务的认知匹配和运营匹配的基础上，通过解决关系内问题来实现双方的战略匹配。

　　第四，在创业网络联结组合形成的过程中，创业者与创业企业的角色存在差异，且随网络的形成会发生异变，引发网络联结属性相应发生变化。在萌芽期，创业企业与潜在合作伙伴之间的关系依赖于创业者个人社会资本的引入，即创业者个人的社会资本"桥接"双方关系，承载并传递双方的关系需求与关系信息。而创业者个人则以创业企业代表的身份成为双方关系中的重要节点，这是因为社会资本的信任主要来源于创业者特质而非创业企业的特征。在试错期，尽管创业企业已开始成为关系交往中信息传递的参与者，但创业者仍然起着关系主导作用，是创业企业与潜在合作伙伴之间联结的纽带，同时创业者个人社会资本的作用则逐步减弱。进入调整期后，创业企业与潜在合作伙伴间的关系调试由创业者个人和创业企业的双重联系来维系，因为任务运营以企业为主体，创业企业在这一阶段的参与主要表现为调整自身在任务承担与运营上配合潜在合作伙伴，以满足对方需求。在稳定期，创业者个人的角色逐渐交由创业企业负责，创业企业具体负责与潜在合作伙伴的关系建立和战略匹配，原因在于潜在合作伙伴已通过任务运营将信任由创业者向创业企业转移。综合来看，创业网络联结组合的形成，伴随着两种路径的交叉融合：一是依赖创业者个人的人格化关系建立联结，其根源在于创业网络联结组合中蕴含创业者个人的社会资本及情感因素；二是依赖企业的非人格化关系建立网络联结，遵循市场交易的规则构建或管理企业之间的交换关系。伴随创业网络联结组合逐步走向成熟，以非人格化关系为主体的市场中心战略将逐步取代以人格化关系为主体的网络中心战略，即由创业者个人网络向创业企业间的网络演变。

　　第五，在创业网络联结组合形成的不同阶段，创业者调用社会资本的方式存在差异。社会资本是创业过程中不可或缺的一种资源投入，创业活动正是受到嵌入创业者个人社会网络中的各类资源驱动。已有文献显示，研究者大多主张创业者的行动效率在很大程度上受创业者利用社会资本获取资源的效果的影响，尝试以此来解释社会网络规模、网络强度、网络密度等结构特征与创业企业创业行动之间的关系。然而，创业者如何通过调用社会资本来构建创业网络联结组合关系，现有的研究并未得出较为一致的结论。本章研究发现，在创业网络联结组合关系建立的初期，创业者对社会资本的利用并非直接利用其社会网络中蕴含的关系资源含量，即不直接从社会关系人那里获得资源，而是通过社会关系人的"桥接"作用与潜在合作伙伴之间建立接触式联系，形成关系传递效应。与潜在合作伙伴建立初步联系之后，创业者才会着手调用社会网络中的关系资源，通过强联结撬动社会关系人所拥有的高含量资源，支撑创业企业的运营。当创业企业与潜在合作伙伴建立关系之后，新建立的关系将成为创业企业社会资本新的构成部分，成为其未来关系传递的节点，为创业企业传递新关系，也促使创业企业逐步嵌入创业网络联结组合。这种基于关系传递而嵌入的过程，将创业企业的市场行为嵌入一个由市场交易与利益、信任和利他情感组成的多元关系中，使创业企业借助创业活动形成关系嵌入，并有可能借助存在的企业间双边关系发展成结构嵌入。

2. 理论贡献

本章主要有三个方面的理论贡献。首先，深入探讨了创业企业构建社会网络的行为，进而描述了创业企业创业网络的形成过程。已有研究大多从网络构成或创业企业自身的特征角度研究社会网络，在网络构成视角下，网络关系的建立主要基于先前关系，而在创业企业自身特征的视角下，网络关系的建立主要基于创业企业已有资源或创业者经验等能够释放吸引信号的特质。本章侧重于网络关系的建立主要基于创业企业的网络行为，由此挖掘创业网络形成的动态规律，因此本章是研究视角的扩展。其次，在创业网络形成过程中考察了创业者的角色与社会资本利用的变化特征，并在此基础上挖掘创业网络形成的基本规律，即创业网络的形成往往遵循以创业者个人的社会资本为基础的人格化关系向以市场中心为基础的非人格化关系转换的一般规律，这是对探索创业网络形成机理的尝试。最后，既有的关系研究往往强调双方博弈，本章则通过关系传递将双边关系扩展至三方甚至多方，以此分析创业网络的形成与演化，这是从动态视角对社会网络研究的扩展，有助于揭示创业企业社会网络嵌入的路径。

3. 研究局限与未来展望

尽管本章揭示了创业网络的形成过程及其一般规律，得出了一些有价值的研究结论，但是仍存在一些不足。首先，研究样本存在局限。虽然本章所探讨的创业网络包含居于核心地位的创业企业以及与之存在网络关系的十几家企业，研究过程中利用多重数据来源的资料收集方法，力求做到分析资料丰富，但本章仍是单一案例研究，这为研究的外部推论效果带来了局限。未来可通过补充新案例，运用多重案例研究方法、社会网络分析的仿真方法、大样本统计方法检验研究结论。其次，关系传递是本章的重要理论贡献之一，但本章仅讨论了关系传递影响网络形成的过程，未来可以进一步对关系传递的特征进行深入挖掘，如关系传递的方向、内容、强度等，还可以对关系传递的前因变量与结果变量进行扩展，以更深入地揭示关系传递的内容及其作用机制。

第六章 联盟组合管理能力与创业企业的可持续成长

可持续性对成熟企业与创业企业具有明显不同的意义。就创业企业而言，考虑到创业初期的高风险和不确定性，可持续性可能仅仅意味着它们能够生存下来并持续成长。已有的战略和组织研究表明，创业企业的失败率要比成熟企业高。由于"新"的特质，创业企业缺乏与供应商和客户的稳定关系，也缺乏足够的资源。在研究样本中，即中国新三板的互联网和信息产业公司，1/4 的样本为负利润，甚至有 3 家公司在上市仅 3 年就退出了市场。然而，有 2/5 的公司在首次公开募股（IPO）前盈利为负，其中一半的公司在 1—5 年内盈利为正。创业企业生存节奏不同可能归因于其获得外部资源的途径和管理能力。

本章尝试回答"在董事会权力分配条件下，联盟投资组合管理能力如何影响创业企业的可持续性"，基于最新的研究发展了联盟组合管理能力的维度，即合作积极性、投资组合协调和关系治理，并探讨了它们对创业企业可持续性的影响。研究发现，合作积极性和关系治理对创业企业的可持续性均具有正向影响，且对联盟组合价值具有完全中介作用。此外，在上述关系中，董事会权力分配起到了调节作用。分析表明，当董事会具有集中权力时，合作积极性和关系治理提升了联盟组合的价值和创业企业的可持续性；而当董事会具有分散权力时，合作积极性和关系治理对联盟组合的可持续性改善很弱。

本章的贡献主要如下。首先，从联盟组合管理能力的角度分析创业企业可持续性的先决条件，重点研究联盟组合管理而不是联盟结构。其次，研究发现联盟组合管理能力与企业可持续性的内在机制，即联盟组合价值的中介作用，而先前的研究主要集中于联盟组合管理能力和财务结果的直接影响。联盟组合管理能力的作用是多层次的，以组合层次的价值为直接

第六章　联盟组合管理能力与创业企业的可持续成长

效应,而以企业层次的绩效为间接效应。最后,研究发现董事会权力分配在中介过程中的调节作用。尽管对董事会进行了广泛的研究,但对创业企业或创业公司的董事会知之甚少,更不用说与联盟组合的关系,因此本章丰富了公司治理视角下的联盟组合研究。

第一节　相关概念的理论解析

战略联盟对于创业企业尤其是创业企业可持续性来说是一个有价值的工具。在许多情况下,为了获得资源和合法性,创业企业必须利用来自战略联盟的资源和知识,以弥补研发能力的不足,提高声誉,或提高学习能力。创业企业为了保持可持续增长,具有建立战略联盟和管理关键联盟关系的动机,从而受益于联盟伙伴提供的互补资源。

以往的战略联盟研究主要集中于原子论视角下的二元关系。然而,创业企业由于具有多样化的资源需求,常常同时与不同的合作伙伴建立多个联盟。已有研究指出联盟组合是一个有趣的分析单元,对它的关注产生了许多创新的关键问题。已有关于联盟组合的文献认为,联盟为企业提供了不同且互补的资源,特别是在企业成立初期。因此,在创业企业创立阶段建立并管理联盟组合,有利于创业企业克服"新"的困难,获得可持续性。目前关于联盟组合结构的文献较多,而对联盟组合管理的研究则较少。在实践中,创业企业应该发展同时管理多个联盟的能力,以便通过不同的途径利用和调动资源。因此,联盟组合管理能力被定义为建立、协调和治理整个组合的能力。此外,联盟组合管理能力对创业企业可持续性的影响可能会受到创业企业董事会的影响。战略管理学者认为,董事会需要参与战略决策和战略管理过程,其参与的程度可能会影响某些战略行为的表现。因此,董事会可能有助于解释联盟组合管理能力与创业企业可持续性之间关系的差异。

一、创业企业的可持续成长

人们普遍认为创业企业相较于成熟企业失败的可能性更大,这是因为

"新"事物具有天然缺陷。Stinchcombe（1965）认为，创业企业缺乏资源，未能与供应商和客户建立稳定有效的关系。由于创业企业具有的特点，可持续性的含义不同于成熟企业。就成熟企业而言，可持续性强调的是可持续增长，即为了使增长势头更强劲，要获得更大的市场份额和可持续的竞争优势。而对创业企业而言，可持续性意味着早期的可持续生存，即通过销售或利润的稳定增长来保证生存。创业企业的生存率很低，因此已有大量研究关注创业企业的生存问题，如创业企业的形成或创业企业的表现。[1] 然而，创业企业的形成通常通过企业注册、首次销售或获得利润来衡量，这不能说明创业初期的可持续生存或增长。此外，先前的研究还发现，企业家的人力资本和社会资本、企业家行为等是影响创业企业绩效的因素。由于战略联盟是深化合作和充分获取资源的重要工具，因此联盟可以为更好地解释创业企业的可持续性提供一个独特的视角，即保证稳定的关系和合法性。然而，目前人们关于联盟对创业企业可持续性的影响还知之甚少。与单个联盟的独立作用相比，联盟组合更有利于解释创业企业持续生存和发展的逻辑，因为联盟组合更有可能捕捉到跨联盟的相互依存关系，这是创业企业调动异质性资源并获取持续竞争优势的方式。因此，联盟组合可以为创业企业的可持续性提供额外的理论解释。

二、联盟组合管理能力

企业与不同合作伙伴同时参与多个战略联盟的情况普遍存在，由此形成了联盟组合。联盟组合现象已经引起了不同领域的研究者的关注，如战略管理领域、创业领域、社会网络领域等。从网络理论出发，将联盟组合定义为核心企业的自我中心联盟网络。[2] 从累积性角度出发，联盟组合被

---

[1] Davidsson, P., Gordon, S. R., "Panel Studies of New Venture Creation: A Methods-focused Review and Suggestions for Future Research", *Small Business Economics*, Vol. 39, No. 4, 2012, pp. 853–876.

[2] Baum, J. A. C., Calabrese, T., Silverman, B. S., "Don't Go It Alone: Alliance Network Composition and Startups' Performance in Canadian Biotechnology", *Strategic Management Journal*, Vol. 21, No. 30, 2000, pp. 267–294.

定义为核心企业所有战略联盟的集合。① 以联盟组合为分析单元，关于联盟组合的研究主要集中在跨联盟的互动上，这使合作伙伴与联盟之间的相互依赖成为核心问题。

已有关于联盟组合的研究缺乏用整体的方法来更好地理解由多个单个联盟组成的一致组合。② 如果采用这种方法，企业可以获得多样化的资源，并享受来自组合管理的额外好处。因此，联盟组合管理受到研究者的重视，并得出了一些有价值的结论。关于联盟组合管理的研究主要集中在两个方面：一是联盟组合管理能力的产生；二是联盟组合管理的战略工具。

就上述两个话题而言，前者是联盟组合管理的一个重要研究方向。与从原子论角度研究企业单个联盟能力相比，联盟组合管理能力包括形成联盟组合战略、发展联盟组合管理系统、治理多个合作伙伴及其关系，以及协调和监督的能力。③ 联盟组合管理能力影响企业绩效的方式与联盟经验、联盟相关知识以及这些要素在组合中的集成有关。以往的研究虽然为单一联盟能力提供了丰富的文献和很好的解释，但对联盟组合管理能力的研究则非常有限，而这一话题近年来备受关注。

联盟组合管理能力是指企业通过伙伴选择、联盟构建、治理机制、联盟组合协调与配置等方式掌握持续竞争优势的能力。④ 换言之，它是同时有效地管理多个单个联盟并与其战略目标相匹配的能力。关于联盟组合管理能力影响最大的研究是 Sarkar 等（2009）提出的联盟组合管理能力包括三个维度：合作主动性、关系治理和组合协调。

合作主动性（Partnering Proactiveness）是指能够识别具有互补资源的伙伴并与之建立合作联盟的能力。Castro 和 Roldán（2015）认为合作伙伴的准确选择是联盟合作成功的第一步。联盟伙伴的选择应从战略目标、互

---

① Hoffmann, W. H., "How to Manage a Portfolio of Alliances", *Long Range Planning*, Vol. 38, No. 2, 2005, pp. 121 – 143.
② Kale, P., Singh, H., "Managing Strategic Alliances: What Do We Know Now, and Where Do We Go from Here?" *The Academy of Management Perspectives*, Vol. 23, No. 3, 2009, pp. 45 – 62.
③ Sarkar, B., Aulakh, P. S., Madhok, A., "Process Capabilities and Value Generation in Alliance Portfolios", *Organization Science*, Vol. 20, No. 3, 2009, pp. 583 – 600.
④ Lichtenthaler, U., "Determinants of Absorptive Capacity: The Value of Technology and Market Orientation for External Knowledge Acquisition", *Journal of Business & Industrial Marketing*, Vol. 31, No. 5, 2016, pp. 600 – 610.

补资源和文化差异等方面综合考虑。积极选择信誉好、资源互补的合作伙伴，是合作活动顺利开展的有利保证。

关系治理（Relational Governance）强调通过契约治理实现相互信任和知识共享。Hoetker 和 Mellewigt（2009）认为，关系治理在战略联盟中具有两个主要作用：一是基于交易成本理论的控制作用；二是基于组织理论的调和作用。控制作用可以降低联盟合作中核心知识和能力被窃取的风险，使得获取和吸收合作伙伴的资源与知识变得更加容易。调和作用可以减少合作中的冲突，促进联盟伙伴之间的资源共享和知识交流。在联盟合作中，关系治理也是不可或缺的。Jelle 等（2014）研究发现，良好的关系质量和合作经验能够增强伙伴之间的关系强度，而关系强度对开发性合作和探索性合作的发展具有正向影响。

组合协调（Portfolio Coordination）集中于联盟组合内的资源和知识的集成、管理，以及联盟伙伴数量和范围的整体调整。① 首先，联盟带来的资源大多是无序的，只有通过协调活动才能体现其价值。企业通过资源协调和整合，可以满足不同资源对开发性合作和探索性合作的需求。其次，当外部技术环境发生变化时，企业可以通过吸引更多具有较强创新能力的合作伙伴来扩大联盟组合的范围，并通过积极的探索性合作开发新技术；当外部市场环境发生变化时，企业可以选择具有较强市场能力的合作伙伴来维持或提高市场份额。

三、创业企业董事会

现有的公司治理研究主要集中于董事会的两种功能：控制功能和服务功能。基于委托代理理论，董事会在战略决策中起着控制和监督的作用，以处理多重代理问题。基于管家理论，董事会成员与管理者之间不存在根本冲突，这一观点对董事会成员的控制作用提出了挑战。董事会成员应积极参与战略决策，以实现服务功能。决策过程是否科学有效，无疑会对企业的市场竞争力和可持续发展产生决定性的影响。

董事会的作用取决于董事会的权力分配。权力反映董事会成员通过正

---

① Castro, I., Galán, J. L., Casanueva, C., "Management of Alliance Portfolios and the Role of the Board of Directors", *Journal of Business Economics and Management*, Vol. 17, No. 2, 2016, pp. 215–233.

式或非正式手段达到预期结果的能力。① 有权力的董事会成员，通常是那些拥有更多股份的董事会成员，在决策上可能具有较高的地位和权威。此外，在董事会背景下，权力分配决定了董事会是集中还是分散，这可能在决策速度上有所不同。从联盟组合管理能力的角度看，董事会的权力分配决定了联盟组合管理能力发挥作用的程度。新近研究提出董事会可能会为联盟组合管理做出更深入的解释。

董事会的权力分配可能会影响企业的可持续性。代理理论认为，在高权力集中的董事会条件下，可以有效地减小短期利润压力，增加企业的长期R&D投资。② 由于控制权集中，有控制权的董事便会关注长期战略发展，更可能促进突破性创新，为企业带来新的市场，提升企业的竞争力。在权力集中度较低的情况下，"搭便车"和"用脚投票"的现象在少数董事中普遍存在，导致董事对经理人的监督力度小、信息不对称和经理人的"风险规避"选择。最终导致战略决策缺乏长远考虑，不利于企业的可持续发展。

第二节 创业企业联盟组合管理能力与可持续成长的理论关系

一、联盟组合价值的中介作用

已有研究认为，联盟组合管理能力与联盟组合层次的结果和企业层次的绩效相关。企业可以凭借联盟组合管理能力完成联盟组合管理的复杂任务，使联盟目标实现程度最大化并获得合作利益和竞争优势。然而，已有研究对联盟组合管理能力与绩效的关系分别从联盟组合层次和企业层次进行了论述，没有考虑联盟组合在不同绩效层面的组合效应，也没

---

① Salancik, G. R., Pfeffer, J., "Who Gets Power—And How They Hold on to It: A Strategic-Contingency Model of Power", *Organizational Dynamics*, Vol. 5, No. 3, 1977, pp. 3–21.
② Baysinger, B. D., Kosnik, R. D., Turk, T. A., "Effects of Board and Ownership Structure on Corporate R&D Strategy", *Academy of Management Journal*, Vol. 34, No. 1, 1991, pp. 205–214.

有考虑联盟组合管理能力与绩效关系的内在机制。本章认为拥有高水平联盟组合管理能力的企业可以获得更高的联盟组合价值，进而在企业层面获得可持续性。

联盟组合价值比单个联盟绩效的总和更能反映联盟的整体资本和成果。联盟组合的价值越高，表明企业管理整个联盟组合的专业能力越强。从网络理论和系统观点来看，联盟组合管理能力是企业协调跨联盟边界的多个联盟，以及监控战略目标和运营任务的有效系统。参考目前对联盟组合管理能力的概念和框架的研究，本章将其定义为三个维度，即合作主动性、关系治理和组合协调。

1. 合作主动性

合作主动性被定义为企业发现新的联盟机会并对其做出反应的能力。[①] 在此，新的机会包括能够为企业现有业务带来价值的新项目，以及具有高地位或宝贵和稀有资源的新伙伴。那些积极探索和利用新的联盟机会的企业比不积极寻求合作关系的企业更有可能获得竞争优势。[②] 通过联结"能够提供帮助的合作伙伴"，合作主动性有助于创业企业借助合作伙伴提供的资源，更好地利用所识别的创业机会。一方面，积极寻找和选择合作伙伴的创业企业可能对合作伙伴有更多的了解，如了解其联盟意图，从而降低了信息不对称的风险。另一方面，创业企业积极主动地搜寻合作伙伴，将造成高质量合作伙伴资源的稀缺。特别是当"伙伴市场"是一个没有竞争或稀有的市场时，合作主动性可能会放大先发制人的伙伴优势，从而导致联盟组合形成先发优势。

在高度不确定的情况下，积极参与合作伙伴的活动对于创业企业来说非常重要。一方面，由于新机会的时间价值有限，创业企业应尽快抓住机会。然而，这里的悖论是资源受限和缺乏合法性的创业企业往往不能对新机会做出快速反应。[③] 从资源基础理论来看，伙伴方的宝贵、稀缺资源是获得可持续优势的关键资源，是企业及时抓住新机遇、持续生存的基础。

[①] Sarkar, M. B., S. Aulakh, P. S., Madhok, A., "Process Capabilities and Value Generation in Alliance Portfolios", *Organization Science*, Vol. 20, No. 3, 2009, pp. 583–600.

[②] Newbert, S. L., Tornikoski, E. T., "Supporter Networks and Network Growth: A Contingency Model of Organizational Emergence", *Small Business Economics*, Vol. 39, No. 1, 2012, pp. 141–159.

[③] Davidsson, P., "Entrepreneurial Opportunities and the Entrepreneurship Nexus: A Reconceptualization", *Journal of Business Venturing*, Vol. 30, No. 5, 2015, pp. 674–695.

另一方面，通过积极选择合作伙伴，创业企业可以在合作伙伴一方获得先发优势，这保证了其与竞争对手相比能够获得更高地位的合作伙伴关系和兼容的资源。同时，降低信息不对称的风险可以促进创业企业与其合作伙伴之间进行高质量沟通。拥有优秀的合作伙伴以及与其进行更好的沟通将带来更高的联盟组合价值和更稳固的可持续性。因此，提出如下假设。

H1a：联盟组合绩效在合作主动性与企业可持续性的关系中起完全中介作用。

2. 关系治理

关系治理指的是一个企业想要做出的面向关系的承诺，这可能导致值得信任和富有弹性的关系。[①] 关系治理的本质是合作，其目的是通过非正式交互和特定关系的投资，将合作伙伴绑定甚至锁定在一起。[②] 在关系利益相同的情况下，关系治理能力的提升有助于焦点企业与合作伙伴建立牢固的联系，并且实施自我保障措施作为联盟运行的基础。

关系治理是应对机会主义的一种办法，机会主义是创业企业建立联盟时遇到的主要风险。由于合法性的缺失，创业企业在市场上的地位或声誉不高，这可能导致合作伙伴的机会主义行为。联盟组合中机会主义行为的威胁可以通过有效的关系治理将其最小化。基于交易成本理论，关系治理有助于建立信任，提供高质量的信息流和联盟问题解决方案。这些因素可以消除机会主义行为的动机，改善合作伙伴之间的关系。此外，通过关系专有投资，关系治理还降低了契约和监控的成本，提高了联盟运行的效率。关系治理鼓励合作伙伴将重点放在对联盟组合价值提升至关重要的资源和知识交换上。总之，关系治理能力的提升将降低治理成本，激发合作伙伴参与合作的动机，使联盟运行更加高效，对创业企业的可持续绩效产生积极影响。因此，提出如下假设。

H1b：联盟组合绩效在关系治理与企业可持续性的关系中起完全中介作用。

[①] Dyer, J., Singh, H., "The Relational View: Cooperative Strategy and Sources of Interorganizational Competitive Advantage", *Academy of Management Review*, Vol. 23, No. 4, 1998, pp. 660 – 679.

[②] Riordan, M. H., Williamson, O. E., "Asset Specificity and Economic Organization", *International Journal of Industrial Organization*, Vol. 3, No. 4, 1985, pp. 365 – 378.

3. 组合协调

不同于作为体系结构构建的基本能力，即基于伙伴结构和关系结构的合作主动性和关系治理，组合协调定位于特定结构的组合提升。着眼于整体视角，联盟组合协调集中于管理多个联盟活动的协同作用以及从不同的伙伴那里调动不同的资源。正如 Ozcan 和 Eisenhardt（2009）研究所指出的，"联盟组合……具有影响绩效的聚合属性（协同效应），但对于单个纽带没有意义"。因此，联盟组合协调强调的是组合角度而不是原子二元论角度的能力，包括战略互补、活动互动、知识流动等。

组合协调提升了联盟组合的核心作用。不同联盟之间协调的好坏决定了协同作用能否被激发，以及冲突能否被最小化。联盟组合的协同作用包括规模和范围的经济性、知识流动和资源互补性，联盟组合中的冲突包括源自资源相似性或伙伴之间重叠竞争的冗余。[1] 高度的协同和低水平的冲突使联盟组合创造的价值大于单个联盟创造价值的总和，这将对企业绩效产生重要影响。

组合协调有助于创业企业实现联盟组合的高价值，提高其生存和发展的可持续性。就创业企业而言，在创业初期，创业活动或创业项目资源有限，任务往往非常复杂。创业企业需要将一系列特殊组织动员到一个集合实体中，并在组织之间发挥协同作用。因此，联盟间的协调对于创业企业管理复杂的任务是极其重要的，通过协调联盟活动和联盟组合中的知识流动可以创造协同价值。从协同理论来看，高水平的协同能够激励焦点企业与其合作伙伴的协调行动，这有助于双方的合作和问题的解决。此外，多个联盟之间的资源互补将通过焦点企业的协调活动而显现，确保作为联盟组合价值的基础，即丰富而有差异的资源池。简言之，组合协调能够使创业企业通过协同作用在联盟组合水平上保持高绩效，从而实现企业的可持续性。因此，提出如下假设。

H1c：联盟组合绩效在组合协调与企业可持续性的关系中起完全中介作用。

---

[1] Salvatore, P., Amy, C., "Alliance Portfolios: Designing and Managing Your Network of Business-Partner Relationships", *Academy of Management Perspectives*, Vol. 17, No. 4, 2003, pp. 25–39.

二、董事会权力分配在联盟组合价值中介过程中的调节作用

已有研究证实,企业网络关系来源于其他关系,如组织中的董事会。从"网络多元化"或"关系多元化"的角度来看,董事会层面的关系会影响组织间的关系。① 例如,Beckman 等(2007)认为,董事会成员的社会网络决定了联盟组合的多样性。Collins 等(2009)发现高管团队的外部社会联系与联盟组合的多样性有关。然而,这些研究主要集中于网络结构,如董事会规模、董事会特征多样性等,而对权力分配等内容维度的研究较少,对网络管理能力的研究则更少涉及。笔者认为,董事会权力分配在联盟组合管理能力与可持续性之间具有调节作用。

已有研究指出,公司治理研究应该应用于联盟组合管理领域。联盟组合管理作为一种战略决策,其服务功能基于管家理论,应得到董事会的关注和认可。② 从管家理论来看,董事会的作用不仅在于给企业带来外部信息和潜在的联系,或者成为各种资源的渠道,而且涉及战略管理与决策,如联盟管理能力的培养。本章并不关注董事会的外部社会网络,而是强调董事会权力分配如何影响联盟组合管理能力与联盟组合价值和企业可持续性的关系。

考虑董事会的权力分配,根据董事会成员所占的股权份额,本章将董事会分为集中式和分散式两种类型。集中式董事会是指权力集中于某一董事会成员,通常是董事会主席。分散式董事会是指董事会中的股份分配更为均衡。基于团队理论,团队中的权力分配对团队的运作效率有很大的影响。在分权条件下,权力分配不清晰容易导致团队中的成员发生冲突,进而可能降低团队的效率。据此,分散式董事会难以快速做出战略决策,导致决策过程复杂甚至混乱。然而,在集中式董事会中,拥有集中权力的成员更容易影响他人,并使整个董事会实现共同的目标和协同行动。

第一,董事会权力分配可能会影响联盟组合管理能力。首先,对于集

---

① Beckman, C. M., Schoonhoven, C. B., Rottner, R. M., Kim, S., "Relational Pluralism in De Novo Organizations: Boards of Directors as Bridges or Barriers to Diverse Alliance Portfolios?" *Academy of Management Journal*, Vol. 57, No. 2, 2014, pp. 460–483.

② Reuer, J. J., Ragozzino, R., "Agency Hazards and Alliance Portfolios", *Strategic Management Journal*, Vol. 27, No. 1, 2006, pp. 27–43.

中式董事会而言，容易快速做出联盟组合决策，这放大了合作主动性所包含的联盟机会的时间价值。集中式董事会由于其快速的决策过程，加快了新联盟寻找机会的速度，从而提升了联盟组合的价值和企业的可持续性。此外，关系治理和组合协调也可以在集中式董事会中更好地实现，因为董事会可以在联盟组合上投入更多的注意力和资源。由于董事会权力集中者支持关系治理和组合协调，其协同效应显然会更好，董事会效率也会更高。

第二，分散式董事会可能会削弱联盟组合管理能力对投资组合价值和企业可持续性的影响。在分散式董事会中，每一个董事会成员都希望参与战略决策。虽然来自不同董事会成员的多样化知识是企业进行战略决策的有价值信息，但其多样性降低了战略决策的效率，特别是当企业需要快速把握联盟机会时，分散董事会的多样化知识减慢了联盟决策做出的速度。此外，分散式董事会可能将管理层在特定关系投资以及组合协调活动方面的注意和关键资源区分开。因此，当董事会权力下放时，合作主动性可能无法帮助创业企业尽快探索新的联盟机会，关系治理和组合协调职能又不能使企业改善联盟关系和联盟间的协同，从而降低了联盟价值。因此，提出以下假设。

H2a：董事会权力分配会对合作主动性、联盟组合价值与企业可持续性的中介关系起调节作用。

H2b：董事会权力分配会对关系治理、联盟组合价值与企业可持续性的中介关系起调节作用。

H2c：董事会权力分配会对组合协调、联盟组合价值与企业可持续性的中介关系起调节作用。

本章的研究框架见图 6-1。

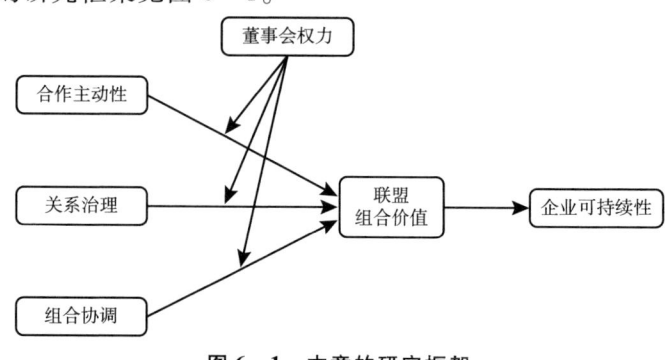

图 6-1 本章的研究框架

第三节 研究设计

一、数据和样本

本章的研究数据是正在构建的 CPSED Ⅱ（中国创业发展研究）数据库的一部分，该数据库的主要对象是新 OTC 市场，行业分类是根据"上市公司分类指南"设置的（从 2013 年 1 月 1 日开始）。研究数据包括二手数据和一手数据。数据库集中在软件和信息技术（代码：I64）、互联网（代码：I65），以及传统制造业（代码：C）行业。根据国家股票交易所和全国中小企业股份转让系统网（www.neeq.com.cn）公布的公司名单，从 2013 年 1 月 1 日到 2016 年 3 月 31 日，I64 和 I65 行业有 1115 家公司，C 行业有 5592 家公司。

由于 C 行业的数据集正处于检查的过程中，因此本章以 I64 和 I65 行业的数据集为样本。在这两个行业的二手数据部分，随机选取 10 家企业进行编码问卷的预测，其他 1105 家企业进入正式的编码过程。由于招股说明书信息不充分、编码过程中出现错误等原因剔除了 136 个样本，因此 I64 和 I65 行业的数据库总共包含 969 家公司。数据来源包括股权转让说明书、年度报告以及联盟公告等其他公告。在数据库中对 969 份招股说明书和 1897 份年报进行编码。以企业人口学特征的 10 项指标为标准对样本进行剔除，剔除后各指标间无显著差异，剔除样本后各样本间不存在均方差。

在 I64 和 I65 行业的问卷调查数据部分，采用了"线下联系"和"在线问卷"相结合的框架，包括 4 个步骤：①发送邀请信；②电话联系；③发送问卷链接；④在线填写问卷。鉴于 CEO 调查中存在的困难，线下联系在调查中非常重要，提高了调查数据的质量。首先，对问卷进行了前测，包括 11 名被调查者对每个调查问题的回答，并在后续的正式调查中根据回答改进了问卷的设计。其次，调查小组在 2017 年 11 月 8 日至 2018 年 1 月 31 日通过电话联系发出 865 份问卷，成功地联系了 293 位 CEO

（包括助理总经理或董事会秘书，33.9%），其中136位CEO愿意接受调查（46.4%），157位拒绝（53.6%）。最后，有效问卷的数量为101份，应答率达到74.3%。

除了编码数据外，还收集了公共二级数据库数据，包括中国的公司治理和企业业绩数据库，即中国股票市场研究（CSMAR）数据库（http://www.gtarsc.com），它被认为是国内有关中国上市公司信息最可靠的数据源之一。CSMAR数据库提供了包括新OTC市场在内的中国股市的财务信息。

二、变量测量

1. 因变量

可持续性（FS）是因变量，指的是企业的长期盈利能力和持久竞争力。目前已有多种方法对此进行测量，其中广泛使用的是Van Horne（1987）和Higgins（1977）的可持续增长模型。他们将利润增长率和销售增长率作为衡量企业可持续性的指标，强调可持续性对经济绩效的解释维度。因此，更高的利润增长率和销售增长率表明创业企业可持续性更高。可持续性数据来源于2017年12月的CSMAR数据库（年度报告）。

2. 自变量

联盟组合管理能力包括三个维度，即合作主动性（PP）、关系治理（RG）和组合协调（PC），通过问卷调查进行测量。问卷测量项目参考了已有关于联盟组合管理能力的研究，并且该研究已经得到广泛应用。问卷的具体题项见附录1。本章对问卷题项进行了探索性因子分析（EFA）。合作主动性（项目1—5，$\alpha = 0.909$）、关系治理（项目6—10，$\alpha = 0.841$）和组合协调（项目11—15，$\alpha = 0.811$）的因子载荷结果表明了良好的可靠性。同时还进行了验证性因子分析（CFA），结果也表明适合三个维度的测量（见表6-1）。联盟组合管理能力数据来源于2017年8月的调查数据，在时间上早于获取因变量的时间。

表 6-1 自变量与因变量的 EFA 和 CFA

变量	EFA	CFA			
	α	GFI	CFI	TLI	RMR
合作主动性	0.909	0.927	0.958	0.916	0.060
关系治理	0.841	0.921	0.945	0.890	0.052
组合协调	0.811	0.889	0.876	0.752	0.096
联盟组合价值	0.896	0.967	0.985	0.954	0.042

注：α 为一致性系数，GFI 为简约匹适度指标，CFI 为简约后匹适指标，TLI 为非规范配适指标，RMR 为残差均方和平方根。

3. 中介变量

本章参考 Schilke 和 Goerzen（2010）的研究，采用 4 个题项测量联盟组合价值（APV），该题项已广泛应用于联盟组合研究中。EFA 和 CFA 表明，焦点企业联盟组合价值的 4 个题项都加载在相同的因子上（项目 16—18，α = 0.896）。

4. 调节变量

董事会权力分配（PDB）是调节变量。本章参考 Finkelstein（1992）的结构权力模型构造了董事会权力分配的测量模型，该模型通过董事之间的最大和最小份额差来计算董事会权力分配。首先对董事会中各董事的持股份额进行编码，计算出最大值和最小值的差。其次将每个董事的份额差与差额平均值进行比较，当差额大于平均值时，将其编码为 1；当差额小于平均值时，将其编码为 0。差额越大表明董事会权力越集中。测量数据来自 2016 年底前收集的档案资料。作为数据补充，本章根据年报对 2016 年底和 2017 年底包括权力分配在内的董事会特征进行了编码。经过 2013—2017 年的董事会变化，数据显示的是 2017 年的最终权力分配结果。

5. 控制变量

本章应用了 5 个控制变量，其中 3 个与 Castro 和 Roldán（2015）的研究相似。前两个控制变量与公司规模相关，公司规模通过总资本（TC）和员工总数（EM）来衡量。选择企业规模作为控制变量有两个原因：一方面，与小型企业相比，大型企业拥有更多的资源来建立、维持和管理联盟组合，从而导致联盟组合的高价值；另一方面，大型企业有更高的市场地位和更大的竞争优势，可以确保其可持续增长水平。从测量的角度来看，不同的测量方式抓住了企业规模的不同方面，从而表现出不同的绩效含义。总资本主要衡量企业的资源，员工总数则重点关注可以投资于业务流程的人力资源。

本章控制了企业年龄（AG），以企业成立到 2017 年的时间范围来衡量。成立时间较长的创业企业在联盟组合管理方面可能拥有更多的经验，从而产生较高的联盟组合价值。此外，成立时间较长的企业在市场上可能享有较高的地位和较好的声誉，因而提高了其可持续生存的可能性。

从董事会的角度出发，本章控制了与董事会属性相关的两个变量。第一个是董事会规模（BN）。董事会成员越多，给企业带来的资源也越多，联盟组合以及财务结果的表现也越好。第二个是董事会知识的多样性（DI）。这个变量是用董事们在大学期间的专业差异来衡量的，运用布劳指数计算董事会知识的多样性。拥有更高水平且知识多元化的董事会可能给联盟组合带来不同的知识和信息，从而激发出新的、有效的联盟管理思想。已有研究表明，董事会的人力资本包括管理经验极其重要。因此，本章遵循 Beckman 等（2007）的研究来测量董事会的人力资本。

变量测量见表 6-2。

表 6-2 变量测量

类别	缩略	变量	测量方式
因变量	FS	可持续性	可持续性用创业企业的利润和销售额的增长进行衡量
自变量	PP	合作主动性	参考 Sarkar 等（2009）、Castro 和 Roldán（2015）的问卷测量
	RG	关系治理	
	PC	组合协调	
中介变量	APV	联盟组合价值	参考 Schilke 和 Goerzen（2010）的问卷测量
调节变量	PDB	董事会权力分配	对董事会中各董事的持股份额进行编码，计算出最大值和最小值的差。将每个董事的份额差与差额平均值进行比较，当差额大于平均值时，将其编码为 1；当差额小于平均值时，将其编码为 0
控制变量	TC／EM	企业规模	总资本/员工总数
	AG	企业年龄	公司成立年限
	BN	董事会规模	董事会总人数
	DI	董事会知识的多样性	董事会成员所学专业的布劳指数

三、共同方法偏差

为了尽量减少共同方法偏差的影响,本章在设计中使用了第一手数据和第二手数据。自变量和中介变量采用调查的第一手数据,因变量采用 CSMAR 数据库的二手数据以及本研究的编码数据库。因此,在这项研究中没有常见的共同方法偏差。

第四节　数据分析与结论

一、数据分析

本章主要采用 Hayes 等开发的 Process 宏来估计中介模型（H1a - H1c）和调节中介模型（H2a - H2c）。Process 宏中包含的 SPSS 语法采用了另一种 Bootstrap 测试中介效应,比 Sobel 测试更加稳健（Preacher and Hayes, 2004）。5000 个重采样中介变量的置信区间为 95%。

表 6 - 3 为样本的描述性统计,其地理分布涵盖了我国的不同地区。

表 6 - 3　描述性统计

单位: 个, %

指标	项目	样本数	占比
区域	东北地区(3 个省份)	3	3.0
	北京周边	44	43.6
	长三角地区(上海周边)	20	19.8
	珠三角地区(广东周边)	18	17.8
	西部地区(12 个省份)	7	6.9
	中部地区(6 个省份)	9	8.9

续表

指标	项目	样本数	占比
企业年龄	8 年以下	47	46.5
	8—10 年	22	21.8
	10 年以上	32	31.7
上市时间	2 年	17	16.8
	3 年	60	59.4
	4 年	17	16.8
	5 年	7	6.9
董事会规模	5 人以下	5	5.0
	5 人	75	74.3
	6 人	7	6.9
	7 人	13	12.9
	9 人	1	1.0

注：样本总数为 101 个。

从表 6-3 可以看出，就区域而言，43.6% 的样本来自北京周边，包括天津和河北；19.8% 的样本来自长三角地区，17.8% 的样本来自珠三角地区。这些地区都是我国经济比较发达的地区。样本中东北地区数量最少（3.0%），东北地区是我国的欠发达地区。就企业年龄而言，46.5% 的样本为 8 年以下。就上市时间而言，76.2% 的样本在 3 年（含）内上市，23.7% 的样本上市时间超过 4 年（含），但不到 6 年。这表明，根据其首次公开募股情况，样本企业是创业企业，尤其是这些企业在新三板市场上市，这是与我国主板上市要求不同的新尝试。就董事会规模而言，79.3% 的被调查企业董事会规模较小（5 人及以下），只有 13.9% 的被调查企业董事会规模稍大（7 人及以上）。除了企业的总资本和员工总数以外，董事会规模是又一表明样本是创业企业的指标，因为创业企业的董事会规模通常较小。

表 6-4 为相关统计分析。数据表明，自变量与因变量之间存在显著相关关系，且不存在多重共线性问题。

表6-4　相关统计分析

变量	PP	RG	PC	APV	BN	TC	EM	AG	DI	PDB	Gr_P	Gr_S
PP												
RG	0.626**											
PC	0.708**	0.580**										
APV	0.537**	0.614**	0.407**									
BN	0.137	0.135	0.096	0.089								
TC	0.094	0.251*	0.108	0.177	0.036							
EM	0.127	0.255*	0.162	0.034	0.194	0.429**						
AG	-0.103	-0.104	-0.047	-0.071	-0.214*	0.073	-0.041					
DI	0.053	0.131	0.119	0.080	0.080	0.021	-0.045	-0.120				
PDB	-0.101	-0.067	-0.016	-0.069	-0.052	-0.062	-0.071	0.057	-0.019			
Gr_P	0.228*	0.372**	0.182*	0.354**	0.207*	0.086	0.053	-0.097	0.190	0.077		
Gr_S	0.270*	0.049	0.147*	0.231*	0.223*	-0.109	0.036	-0.028	0.176	0.067	0.152	

注：①Gr_P为利润增长率，Gr_S为销售增长率。② $**p<0.01$，$*p<0.05$。

二、结果讨论

1. 模型检验结果

表6-5为中介效应检验结果。当引入联盟组合价值作为中介变量时，合作主动性（$Beta=0.0073$，LLCI为-0.0496，ULCI为0.0642）和关系治理（$Beta=0.0051$，LLCI为-0.0582，ULCI为0.0685）不再对企业可持续性产生显著的直接影响，置信区间包含0。然而，这两个维度与企业可持续性之间存在间接影响（合作主动性，$Beta=0.0412$，LLCI为0.0112，ULCI为0.1031；关系治理，$Beta=0.0383$，LLCI为0.0135，ULCI为0.0916），置信区间不为0。基于中介效应的定义，即自变量（X）通过中介变量（M）影响因变量（Y）。完全中介效应意味着当引入M时，从X到Y的直接效应不再存在。这意味着合作主动性、关系治理和企业可持续性之间的关系完全由联盟组合价值所中介。因此，H1a和H1b得到了支持。

表 6-5　中介效应检验结果

路径	Beta	LLCI	ULCI	模型拟合		
				R^2	F	sig
直接效应				模型：$X \to M$		
PP→Gr_P	0.0073	-0.0496	0.0642	0.3171	7.2743	0.0000
RG→Gr_P	0.0051	-0.0582	0.0685	0.2009	3.9397	0.0015
PC→Gr_P	0.0546	-0.0061	0.1153	0.4010	10.4865	0.0000
间接效应				模型：$X \to M \to Y$		
PP→APV→Gr_P	0.0412	0.0112	0.1031	0.1804	2.9252	0.0082
RG→APV→Gr_P	0.0383	0.0135	0.0916	0.1801	2.9184	0.0083
PC→APV→Gr_P	0.0301	-0.0022	0.0879	0.2071	3.4703	0.0024

注：5000 个重采样中介变量的置信区间为 95%，R^2 为模型判定系数，F 为方差齐性检验。

当引入联盟组合价值作为中介变量时，组合协调不再对企业可持续性产生显著的直接影响（Beta = 0.0546，LLCI 为 -0.0061，ULCI 为 0.1153），在此关系中也没有显著的间接影响（Beta = 0.0301，LLCI 为 -0.0022，ULCI 为 0.0879）。联盟组合价值在组合协调与企业可持续性之间没有起到中介作用。因此，H1c 没有得到支持。

表 6-6 为调节效应检验结果。基于权变理论，当路径包含调节变量不同变化水平的中介模型时，可以将调节效应和中介效应结合起来。当董事会权力分配被引入作为调节变量时，合作主动性（Beta = 0.0073，LLCI 为 -0.0496，ULCI 为 0.0642）和关系治理（Beta = 0.0051，LLCI 为 -0.0582，ULCI 为 0.0685）不再对企业可持续性产生显著的直接影响。然而，在不同的董事会权力分配水平下，合作主动性（Beta = 0.0082，LLCI 为 0.0175，ULCI 为 0.0512）和关系治理（Beta = 0.0259，LLCI 为 0.0000，ULCI 为 0.0906）对联盟组合价值和企业可持续性的中介作用均存在。这意味着在不同的董事会权力分配取值下，上述中介作用仍然存在。此外，董事会权力集中时，调节效应比权力分散时更大。总之，在董事会权力分配的调节作用下，合作主动性和关系治理对企业可持续性的影响完全由联盟组合价值所中介。因此，H2a 和 H2b 得到了支持。

表 6-6　调节效应检验结果

路径	Beta	LLCI	ULCI	模型拟合		
				R^2	F	sig
直接效应				模型:$X \to M$		
$PP \to Gr\_P$	0.0073	-0.0496	0.0642	0.3197	5.4040	0.0000
$RG \to Gr\_P$	0.0051	-0.0582	0.0685	0.2200	3.2441	0.0027
$PC \to Gr\_P$	0.0546	-0.0061	0.1153	0.4020	7.7317	0.0000
间接效应				模型:$X \to M \to Y$		
$PP \to APV \to Gr\_P$	0.0082	0.0175	0.0512	0.1804	2.9252	0.0082
$PDB = 1$	0.0450	0.0123	0.1076			
$PDB = 0$	0.0367	0.0075	0.1109			
$RG \to APV \to Gr\_P$	0.0259	0.0000	0.0906	0.1801	2.9184	0.0083
$PDB = 1$	0.0529	0.0191	0.1292			
$PDB = 0$	0.0270	0.0055	0.0836			
$PC \to APV \to Gr\_P$	0.0008	-0.0314	0.0155	0.2071	3.4703	0.0024
$PDB = 1$	0.0297	-0.0021	0.0922			
$PDB = 0$	0.0305	-0.0008	0.0985			

注:5000 个重采样中介变量的置信区间为 95%,R^2 为模型判定系数,F 为方差齐性检验。

当董事会权力分配取不同值时,组合协调对企业可持续性不再有显著的直接影响(Beta = 0.0546,LLCI 为 -0.0061,ULCI 为 0.1153),对企业可持续性的中介作用也不显著(Beta = 0.0008,LLCI 为 -0.0314,ULCI 为 0.0155)。因此,H2c 没有得到支持。

2. 灵敏度分析

本章使用销售增长率作为企业可持续性的测量指标,进行灵敏度分析。将销售增长率作为因变量,原有自变量仍作为自变量进行回归,结果与原结果一致。当董事会权力分配被引入作为调节变量时,合作主动性(Beta = 0.3833,LLCI 为 -0.6214,ULCI 为 0.1453)和关系治理(Beta = 0.5754,LLCI 为 -0.3230,ULCI 为 0.4737)不再对企业可持续性产生显著的直接影响。然而,在不同的董事会权力分配取值下,合作主动性(Beta = 0.1592,LLCI 为 0.1743,ULCI 为 0.8575)和关系治理(Beta = 0.3389,LLCI 为 0.0807,ULCI 为 0.1425)对联盟组合价值及企业可持续性的中介作用仍然存在。这意味着在董事会权力分配的调节作用下,合作主动性和关系治理对企业可持续性的影响完全由联盟组合价值所中介。因此，H2a 和 H2b 得到了支持。

当董事会权力分配取不同值时，组合协调对企业可持续性不再有显著的直接影响（$Beta = 0.3980$，LLCI 为 -0.4802，ULCI 为 0.2761），对企业可持续性的中介作用也不显著（$Beta = 0.0229$，LLCI 为 -0.3270，ULCI 为 0.9770）。因此，H2c 没有得到支持。表明研究结果通过了稳健性检验。

3. 内生性分析

本章从两个方面考虑内生性问题。从理论上讲，基于动态能力理论，能力是由诸如知识、心态等认知因素以及诸如学习等行为因素触发的。从这个意义上说，联盟组合管理能力可能来源于组织对联盟组合管理的知识或经验，这在以往的研究中已经得到证实。同时，企业的可持续绩效并不必然导致联盟组合管理中知识或行为的增多。因此，可持续性与联盟组合管理能力之间不存在很强的因果关系。

就统计分析而言，本章参考 Li（2016）等的研究，利用包含滞后因变量的模型进行内生性分析。该模型用以检验联盟组合管理能力是否对未来的可持续性产生影响。由于企业可持续性具有时间序列的特征，因此引入企业次年可持续性（根据半年度报告，2018 年 8 月），即 $FS_t + 1$，作为模型的因变量。结果表明没有严重的内生性问题。当引入联盟组合价值作为中介变量、董事会权力分配作为调节变量时，合作主动性（$Beta = 0.0143$，LLCI 为 -0.0140，ULCI 为 0.0425）和关系治理（$Beta = 0.0051$，LLCI 为 -0.0270，ULCI 为 0.0372）不再对企业可持续性产生显著的直接影响。然而，在不同的董事会权力分配取值下，合作主动性（$Beta = 0.0009$，LLCI 为 0.0029，ULCI 为 0.0141）和关系治理（$Beta = 0.0048$，LLCI 为 0.0009，ULCI 为 0.0262）对联盟组合价值及企业可持续性的中介作用仍然存在。这意味着在董事会权力分配的调节作用下，合作主动性和关系治理对企业可持续性的影响完全由联盟组合价值所中介。

三、研究结论

本章主要研究在董事会权力分配情境下，联盟组合管理能力对联盟组合价值和企业可持续性的影响。研究表明，创业企业只有管理好自己的联盟组合，才能持续成长。联盟组合管理能力是管理多个联盟的重要组织能力。参考近期研究，本章在三个维度上定义了联盟组合管理能力：合作主动性、关系治理和组合协调。研究发现，合作主动性和关系治理对企业可持续性具有显著的正向影响，而上述关系由联盟组合价值起完全中介作用。本章与先前的研究一致，揭示了联盟组合管理能力在联盟组合层面对绩效的积极作用。此外，研究还发现联盟组合价值在组合管理能力与企业可持续性之间具有桥梁作用。

本章还揭示了董事会权力分配方面的调节作用。将董事会与联盟组合管理联系起来是从公司治理角度分析联盟组合管理的趋势。基于此，本章研究发现，董事会权力分配调节了合作主动性和关系治理对联盟组合价值以及企业可持续性的影响。结果表明，在联盟组合管理过程中，权力集中式董事会具备更高的关注度，对资源管理的投入更大，可以提升合作主动性和关系治理在联盟组合中的作用。权力分散式董事会可能会阻碍决策的前瞻性并降低治理的效率，导致在机会开发时间有限的创业环境中，联盟组合绩效和企业可持续性较差。因此，公司治理结构为联盟组合管理能力的作用提供了更好的解释。

在组合协调与企业可持续性之间的关系中，没有发现联盟组合价值的中介作用，原因主要在于创业研究的特殊情境。与成熟企业不同，创业企业由于资源不足，难以培养跨联盟的协调能力。在联盟层面，合作主动性与关系治理维度更多地关注寻找联盟伙伴和进行关系投资，而组合协调则更多地关注需要更多管理资源承诺的跨联盟管理，从而增加了管理成本。因此，高协调成本可能会降低创业企业联盟价值获取和可持续发展的绩效。

在实践应用方面，本章研究内容有助于引发企业经理和董事对联盟组合管理的反思。对于创业企业的管理者来说，应该积极参与伙伴寻求和关系治理，以便从整体层面管理联盟组合，使协调成本最小化。对董事会而言，创业企业较好地实现了联盟组合管理能力的价值，创业企业在早期应实行集中式权力分配。本章研究结果也与 Hoffman（2005）以及 Castro 和 Roldán（2015）的建议一致，即董事会成员应参与联盟组合管理。

四、理论贡献

本章基于联盟能力同时管理多个联盟的结论对战略联盟研究有三个方

面的贡献。首先，与以往从原子论角度对二元联盟的研究相比，本章从组合的角度对联盟能力进行了分析，即多重联盟的积累。单个联盟与联盟组合的区别在于多个联盟之间具有相互依赖性，这使联盟组合的管理更加困难。随着近年来相关研究将单个联盟单元转化为组合单元，同时企业努力管理跨界联盟，管理多元化伙伴关系组合的能力在解释联盟组合结果和公司绩效的差异方面具有更显著的作用。因此，本章通过研究管理跨界联盟的能力，进一步突出并强调了利用多个合作伙伴的资源和治理关系组合的战略重要性。

其次，相较于现有联盟组合文献重点研究组合的产生和配置，本章在联盟组合管理方面做出了贡献。在联盟组合结构及其对绩效的影响方面，已有研究取得了较大进展。对于如何管理这种结构复杂的组合，人们还知之甚少。根据Sarkar等（2009）的研究，已有研究关注企业联盟的惯例、行为和过程，本章则强调联盟组合管理的基础是能力。基于此，本章通过研究联盟组合管理能力如何提升联盟组合价值，进而帮助创业企业持续成长。

最后，本章对创业企业联盟组合管理能力的作用进行了深入研究。虽然近年来对联盟组合管理能力的研究日益增多，但人们对创业情境的作用知之甚少。面对生存和早期成长的巨大不确定性，创业企业对资源获取有着巨大的需求以支持自身增长。本章从网络资源的角度来更好地解释联盟组合，创业企业有必要认识到联盟组合管理作为获取资源的有价值的工具的重要性。就像Pettigrew等（2001）认为的，参与网络并培养网络管理能力，"现在被认为是解释为什么公司盈利能力不同"的关键附加因素。

本章的研究有助于深刻理解董事会在创业企业中的作用。从服务功能的角度看，董事会可能参与战略决策，包括如何管理战略联盟。董事长控制下的集权型董事会可以提升联盟组合管理能力的效果，因为集权型董事会具有快速决策和更好地执行监督的作用。此外，与关注董事会的人口结构和公司治理结构的文献相比，本章对董事会的权力分配进行了实证研究，揭示了董事会的真正功能。

尽管本章的数据来自中国，但研究结论可以在其他国家得到应用，特别是发展中国家。在类似中国的转型经济中，由于市场结构薄弱、缺乏正式制度的支持、市场力量与政府机构资源配置并存，创业企业面临更多的挑战。不完全的市场转型导致直接从市场购买资源非常困难，在哪里以及如何获取增长资源的信息也十分模糊。从这个意义上说，战略联盟为创业企业获取关键资源提供了有价值的、切实可行的途径。此外，创业企业需要培养联盟组合管理能力，以选择、利用和调动来自不同合作伙伴的多样化资源。

五、研究局限

尽管本章采用了创业企业的一手数据和二手数据，但数据存在若干局限，因此也为下一步的研究提供了方向。

首先，研究样本来自信息技术和互联网行业，这些行业与其他行业相比可能存在偏差。虽然针对单一产业研究在单一技术条件下的理论生成是有益的，但仍然存在一些有待进一步研究的问题，如在联盟更为普遍和更加复杂的传统制造业等行业，联盟组合管理能力的维度是什么？联盟组合管理能力如何影响企业可持续性？了解行业结构对分析联盟组合结构以及联盟组合管理能力的关键背景具有重要意义。因此，建议今后应努力增加跨行业的样本量，以便在不同的情境中测试研究模型。

其次，本章并未验证地理因素的作用。本章的数据来自中国，这是一个拥有许多不同发展区域的大国。研究样本中43.6%的创业企业是在北京周边成立的。由于地处中国首都周边，这些企业拥有丰富的政治资源，有助于其建立政治联系，这对于联盟组合的形成是有价值的。另有37.6%的创业企业来自沿海较发达地区，那里聚集了更丰富的风险资本、供应商或其他服务实体。不同的区域条件培养了不同的联盟组合和联盟组合管理能力。因此，在联盟组合管理中，是否存在区域特定的路径依赖是一个悬而未决的问题。未来应进一步分析地理特征对联盟组合管理的影响。

参考文献

[1] 边燕杰、李路路、李煜、郝大海：《结构壁垒、体制转型与地位资源含量》，《中国社会科学》2006年第5期。

[2] 边燕杰、王文彬、张磊、程诚：《跨体制社会资本及其收入回报》，《中国社会科学》2012年第2期。

[3] 蔡莉、单标安、刘钊、郭洪庆：《创业网络对新企业绩效的影响研究——组织学习的中介作用》，《科学学研究》2010年第10期。

[4] 杜运周、刘运莲：《创业网络与新企业绩效：组织合法性的中介作用及其启示》，《财贸研究》2012年第5期。

[5] 方世建、蒋文君：《国外经典创业网络模型回顾与未来研究展望》，《外国经济与管理》2011年第7期。

[6] 韩炜、杨俊、陈逢文、张玉利、邓渝：《创业企业如何构建联结组合提升绩效：基于"结构-资源"互动过程的案例研究》，《管理世界》2017年第10期。

[7] 韩炜、杨俊、张玉利：《创业网络混合治理机制选择的案例研究》，《管理世界》2014年第2期。

[8] 胡雯、武常岐：《关系网络开发利用的影响因素和结果：对中国民营企业的研究》，《产业经济评论》2004年第2期。

[9] 李新春：《企业战略网络的生成发展与市场转型》，《经济研究》1998年第4期。

[10] 林嵩：《创业网络的动态均衡模型：算法及示例》，《管理评论》2011年第6期。

[11] 林嵩、姜彦福：《创业网络推进创业成长的机制研究》，《中国工业经济》2009年第8期。

[12] 龙勇、郑景丽：《联盟过程管理视角的联盟能力与联盟治理关系研究》，

《管理世界》2013 年第 1 期。

[13] 彭华涛、谢科范：《创业社会网络图谱的特征及形成机理分析》，《科学学研究》2007 年第 2 期。

[14] 彭伟、符正平：《联盟能力对联盟绩效的影响机理研究——以联盟网络构型为中介变量》，《研究与发展管理》2013 年第 4 期。

[15] 彭伟、符正平：《联盟网络、资源整合与高科技新创企业绩效关系研究》，《管理科学》2015 年第 3 期。

[16] 彭伟、符正平：《权变视角下联盟网络与新创企业成长关系研究》，《管理学报》2014 年第 5 期。

[17] 彭伟：《高新技术企业联盟导向、创业导向与企业绩效关系的实证研究》，《管理学报》2012 年第 10 期。

[18] 彭伟、顾汉杰、符正平：《联盟网络、组织合法性与新创企业成长关系研究》，《管理学报》2013 年第 12 期。

[19] 单标安、蔡莉、王倩：《基于扎根理论的创业网络研究多视角分析与整合框架构建》，《外国经济与管理》2011 年第 2 期。

[20] 王世权、王丹、武立东：《母子公司关系网络影响子公司创业的内在机理——基于海信集团的案例研究》，《管理世界》2012 年第 6 期。

[21] 吴冰、王重鸣、唐宁玉：《高科技产业创业网络、绩效与环境研究：国家级软件园的分析》，《南开管理评论》2009 年第 3 期。

[22] 杨隽萍、唐鲁滨、于晓宇：《创业网络、创业学习与创业企业成长》，《管理评论》2013 年第 1 期。

[23] 杨瑞龙、冯健：《企业间网络的效率边界：经济组织逻辑的重新审视》，《中国工业经济》2003 年第 11 期。

[24] 姚小涛、席酉民：《社会网络理论及其在企业研究中的应用》，《西安交通大学学报》（社会科学版）2003 年第 3 期。

[25] 殷俊杰、邵云飞：《联盟组合管理能力对焦点企业合作创新绩效的影响研究》，《管理学报》2018 年第 6 期。

[26] 张光曦：《如何在联盟组合中管理地位与结构洞？——MOA 模型的视角》，《管理世界》2013 年第 11 期。

[27] 张涵、康飞、赵黎明：《联盟网络联系、公平感知与联盟绩效的关系——基于中国科技创业联盟的实证研究》，《管理评论》2015 年第 3 期。

[28] 张慧玉、杨俊:《新企业社会网络特征界定与测度问题探讨——基于效率和效果视角》,《外国经济与管理》2011年第11期。

[29] 张延锋、司春林:《国外创业网络化研究评述》,《研究与发展管理》2008年第5期。

[30] 张玉利、杨俊、任兵:《社会资本、先前经验与创业机会——一个交互效应模型及其启示》,《管理世界》2008年第7期。

[31] 赵良杰、宋波:《联盟网络结构和技术互依性对双元型技术联盟网络创新绩效的影响》,《管理学报》2015年第4期。

[32] 周冬梅、鲁若愚:《创业网络中基于关系信任的信息搜寻行为研究》,《管理工程学报》2011年第4期。

[33] 朱秀梅、李明芳:《创业网络特征对资源获取的动态影响——基于中国转型经济的证据》,《管理世界》2011年第6期。

[34] Adler, P., Kwon, S. W., "Social Capital: Prospects for a New Concept", *Academy of Management Review*, Vol. 27, No. 1, 2002.

[35] Aggarwal, V. A., Hsu, D. H., "Entrepreneurial Exits and Innovation", *Management Science*, Vol. 60, No. 4, 2014.

[36] Ahuja, G., "Collaboration Networks, Structural Holes, and Innovation: A Longitudinal Study", *Administrative Science Quarterly*, Vol. 45, No. 3, 2000.

[37] Alvarez, S. A., Barney, J. B., "How Entrepreneurial Firms can Benefit from Alliances with Large Partners?", *The Academy of Management Executive*, Vol. 15, No. 1, 2001.

[38] Alvarez, S. A., Barney, J. B., "The Entrepreneurial Theory of the Firm", *Journal of Management Studies*, Vol. 44, No. 7, 2007.

[39] Anand, B. N., Khanna, T., "Do Firms Learn to Create Value? The Case of Alliances", *Strategic Management Journal*, Vol. 21, No. 3, 2000.

[40] Anand, B. N., Khanna, T., "The Structure of Licensing Contracts", *The Journal of Industrial Economics*, Vol. 48, No. 1, 2000.

[41] Anand, J., Oriani, R., Vassolo, R., "Alliance Activity as a Dynamic Capability: Search and Internalization of External Technology", *Academy of Management Proceedings*, No. 1, 2007.

[42] Anderson, A., Jack, S., "The Articulation of Social Capital in Entrepreneurial Networks: A Glue or a Lubricant?", *Entrepreneurship &*

Regional Development, Vol. 14, No. 3, 2002.

[43] Argyres, N. S., Liebeskind, J. P., "Contractual Commitments, Bargaining Power, and Governance Inseparability: Incorporating History into Transaction Cost Theory", *Academy of Management Review*, Vol. 24, No. 1, 1999.

[44] Arino, A. M., Ragozzino, R., Reuber, J. J., Pearson, A., "Alliance Dynamics for Entrepreneurial Firms", *Journal of Management Studies*, Vol. 45, No. 1, 2008.

[45] Asgari, N., Singh, K., Mitchell, W., "Alliance Portfolio Reconfiguration Following a Technological Discontinuity", *Strategic Management Journal*, Vol. 38, Issue 5, 2017.

[46] Atuahene-Gima, K., Li, H., "Strategic Decision Comprehensiveness and New Product Development Outcomes in New Technology Ventures", *Academy of Management Journal*, Vol. 47, No. 4, 2004.

[47] Bae, J., Gargiulo, M., "Partner Substitutability, Alliance Network Structure, and Firm Profitability in the Telecommunications Industry", *Academy of Management Journal*, Vol. 27, No. 6, 2004.

[48] Baker, G., Gibbons, R., Murphy, K. J., "Relational Contracts and the Theory of the Firm", *Quarterly Journal of Economics*, Vol. 117, No. 1, 2002.

[49] Bamford, J., Ernst, D., "Managing an Alliance Portfolio", *McKinsey Quarterly*, No. 3, 2002.

[50] Barney, J., "Firm Resources and Sustained Competitive Advantage", *Journal of Management*, Vol. 17, No. 1, 1991.

[51] Bartholomew, S., Smith, A. D., "Improving Survey Response Rates from Chief Executive Officers in Small Firms: The Importance of Social Networks", *Entrepreneurship Theory and Practice*, Vol. 30, No. 1, 2006.

[52] Batjargal, B., Hitt, M. A., Tsui, A. S., Arregle, J. L., Webb, J. W., Miller, T. L., "Institutional Polycentrism, Entrepreneurs' Social Networks, and New Venture Growth", *Academy of Management Journal*, Vol. 56, No. 4, 2013.

[53] Batjargal, B., "The Dynamics of Entrepreneurs Networks in a Transitioning Economy: The Case of Russia", *Entrepreneurship & Regional Development*,

Vol. 18, No. 4, 2006.

[54] Batjargal, B., "The Effects of Network's Structural Holes: Polycentric Institutions, Product Portfolio, and New Venture Growth in China and Russia", *Strategic Entrepreneurship Journal*, Vol. 4, No. 2, 2010.

[55] Baum, J., Calabrese, T., Silverman, B., "Don't Go It Alone: Alliance Network Composition and Startups' Performance in Canadian Biotechnology", *Strategic Management Journal*, Vol. 21, No. 30, 2000.

[56] Beckman, C. M., Burton, M. D., O'Reilly, C., "Early Teams: The Impact of Entrepreneurial Team Demography on VC Financing and Going Public", *Journal of Business Venturing*, Vol. 22, Issue 2, 2007.

[57] Beckman, C. M., Schoonhoven, C. B., Rottner, R. M., Kim, S., "Relational Pluralism in De Novo Organizations: Boards of Directors as Bridges or Barriers to Diverse Alliance Portfolios?", *Academy of Management Journal*, Vol. 57, No. 2, 2014.

[58] Beckman, C. M., Haunschild, P. R., "Network Learning: The Effect of Partner's Heterogeneity of Experience on Corporate Acquisitions", *Administrative Science Quarterly*, Vol. 47, No. 1, 2002.

[59] Bingham, C. B., Heimeriks, K. H., Schijven, M., et al., "Concurrent Learning: How Firms Develop Multiple Dynamic Capabilities in Parallel", *Strategic Management Journal*, Vol. 36, No. 12, 2015.

[60] Blau, P. M., "A Macrosociological Theory of Social Structure", *The American Journal of Sociology*, Vol. 83, No. 1, 1977.

[61] Blodgett, L. L., "Research Notes and Communications: Factors in the Instability of International Joint Ventures: An Event History Analysis", *Strategic Management Journal*, Vol. 13, No. 6, 1992.

[62] Boisot, M., Child, J., "From Fiefs to Clans and Network Capitalism: Explaining China's Emerging Economic Order", *Administrative Science Quarterly*, Vol. 42, No. 4, 1996.

[63] Burt, R. S., *Brokerage and Closure*, Oxford, UK: Oxford University Press, 2005.

[64] Burt, R. S., Kilduff, M. and Tasselli, S., "Social Network Analysis: Foundations and Frontiers on Advantage", *Annual Review of Psychology*,

Vol. 64, 2013.

[65] Burt, R. S., Merluzzi, J., "Embedded Brokerage: Hubs versus Locals", *Research in the Sociology of Organizations*, Vol. 37, 2014.

[66] Burt, R. S., *Structure Holes: The Social Structure of Competition*, Cambridge: Harvard University Press, 1992.

[67] Butler, J., Hansen, G. S., "Network Evolution, Entrepreneurial Success and Regional Development", *Entrepreneurship & Regional Development*, Vol. 3, Issue 1, 1991.

[68] Cafaggi, F., *Contractual Networks, Inter-firm Cooperation and Economic Growth*, Cheltenham: Edward Elgar Publishing, 2011.

[69] Capaldo, A., "Network Structure and Innovation: The Leveraging of a Dual Network as a Distinctive Relational Capability", *Strategic Management Journal*, Vol. 28. No. 6, 2007.

[70] Casciaro, T., and Piskorski, M. J., "Power Imbalance, Mutual Dependence, and Constraint Absorption: A Closer Look at Resource Dependence Theory", *Administrative Science Quarterly*, Vol. 50, No. 2, 2005.

[71] Castro, I., Galán, J. L., Casanueva, C., "Management of Alliance Portfolios and the Role of the Board of Directors", *Journal of Business Economics & Management*, Vol. 17, No. 2, 2016.

[72] Castro, I., Roldán, J. L., "Alliance Portfolio Management: Dimensions and Performance", *European Management Review*, Vol. 12, No. 2, 2015.

[73] Chen, I. J., and Paulraj, A., "Towards a Theory of Supply Chain Management: The Constructs and Measurements", *Journal of Operations Management*, Vol. 22, No. 2, 2004.

[74] Child, J., Lu, Y., "Institutional Constraints on Economic Reform: The Case of Investment Decisions in China", *Organization Science*, Vol. 7, No. 1, 1996.

[75] Child, J., Tse, D. K., "China's Transition and Its Implications for International Business", *Journal of International Business Studies*, Vol. 32, No. 1, 2001.

[76] Cohen, W. M., Levinthal, D. A., "Absorptive Capacity: A New Perspective

on Learning and Innovation", *Administrative Science Quarterly*, Vol. 35, No. 1, 1990.

[77] Collins, J. D., Holcomb, T. R., Certo, S. T., Hitt, M. A., Lester, R. H., "Learning by Doing: Cross-border Mergers and Acquisitions", *Journal of Business Research*, Vol. 62, No. 12, 2009.

[78] Collins, J. D., "Social Capital as a Conduit for Alliance Portfolio Diversity", *Journal of Managerial Issues*, Vol. 25, No. 1, 2013.

[79] Collins, J., Riley, J., "Alliance Portfolio Diversity and Firm Performance: Examing Moderators", *Journal of Business & Management*, Vol. 19, No. 2, 2013.

[80] Cooke, P., Clifton, N., "Spatial Variation in Social Capital among UK Small and Medium-Sized Enterprises", In Westlund, H., *Entrepreneurship and Regional Economic Development: A Spatial Perspective*, Edward Elgar Publishing, 2002.

[81] Cui, A. S., O'Connor, G., "Alliance Portfolio Resource Diversity and Firm Innovation", *Journal of Marketing*, Vol. 76, No. 4, 2012.

[82] Cui, A. S., "Portfolio Dynamics and Alliance Termination: The Contingent Role of Resource Dissimilarity", *Journal of Marketing*, Vol. 77, No. 3, 2013.

[83] Darr, E., Kurtzberg, T., "An Investigation of Partner Similarity Dimensions on Knowledge Transfer", *Organizational Behavior and Human Decision Processes*, Vol. 82, No. 1, 2000.

[84] Das, T., Teng, B., "Between Trust and Control: Developing Confidence in Partner Cooperation in Alliances", *Academy of Management Review*, Vol. 23, No. 3, 1998.

[85] DeMan, A., Roijakkers, N., "Alliance Governance: Balancing Control and Trust in Dealing with Risk", *Long Range Planning*, Vol. 42, No. 1, 2009.

[86] Doz, Y. L., Hamel, G., *Alliance Advantage: The Art of Creating Value through Partnering*, Harvard Business School Press: Boston, MA, 1998.

[87] Draulans, J., DeMan, A. P., Volberda, H. W., "Building Alliance Capability: Management Techniques for Superior Alliance Performance",

Long Range Planning, Vol. 36, No. 2, 2003.

[88] Duysters, G., Heimeriks, K. H., Lokshin, B., et al., "Do Firms Learn to Manage Alliance Portfolio Diversity? The Diversity-performance Relationship and the Moderating Effects of Experience and Capability", *European Management Review*, Vol. 9, No. 3, 2012.

[89] Duysters, G., Lokshin, B., "Determinants of Alliance Portfolio Complexity and Its Effect on Innovative Performance of Companies", *Journal of Product Innovation Management*, Vol. 28, No. 4, 2011.

[90] Duysters, G., Man, A. P., Wildeman, L., "A Network Approach to Alliance Management", *European Management Journal*, Vol. 17, No. 2, 1999.

[91] Dyer, J. H., Hatch, N. W., "Relation-specific Capabilities and Barriers to Knowledge Transfers: Creating Advantage through Network Relationships", *Strategic Management Journal*, Vol. 27, No. 8, 2006.

[92] Dyer, J. H., Nobeoka, K., "Creating and Managing a High-performance Knowledge-sharing Network: The Toyota Case", *Strategic Management Journal*, Vol. 21, No. 3, 2000.

[93] Dyer, J. H., Singh, H., Kale, P., "Splitting the Pie: Rent Distribution in Alliances and Networks", *Managerial and Decision Economics*, Vol. 29, No. 2 – 3, 2008.

[94] Dyer, J. H., Singh, H., "The Relational View: Cooperative Strategy and Sources of Interorganizational Competitive Advantage", *Academy of Management Review*, Vol. 23, No. 4, 1998.

[95] Eisenhardt, K. M., "Building Theories from Case Study Research", *Academic Management Review*, Vol. 14, No. 4, 1989.

[96] Eisenhardt, K. M., Graebner, M. E., "Theory Building from Cases: Opportunities and Challenges", *Academy of Management Journal*, Vol. 50, No. 1, 2007.

[97] Elfring, T., Hulsink, W., "Networking by Entrepreneurs: Patterns of Tie-formation in Emerging Organizations", *Organization Studies*, Vol. 28, No. 12, 2007.

[98] Elfring, T., Hulsink, W., "Networks in Entrepreneurship: The Case of High-technology Firms", *Small Business Economics*, Vol. 21, No. 4, 2003.

[99] Elster, J., "Social Norms and Economic Theory", *The Journal of Economic Perspectives*, Vol. 3, No. 4, 1989.

[100] Faems, D., Janssens, M., Neyens, I., "Alliance Portfolios and Innovation Performance Connecting Structural and Managerial Perspectives", *Group & Organization Management*, Vol. 37, No. 2, 2012.

[101] Faems, D., Visser, V. M., Andries, P., Looy, V. B., "Technology Alliance Portfolios and Financial Performance: Value-enhancing and Cost-increasing Effects of Open Innovation", *Journal of Product Innovation Management*, Vol. 27, No. 6, 2010.

[102] Finkelstein, S., "Power in Top Management Teams: Dimensions, Measurement, and Validation", *Academy of Management Journal*, Vol. 35, No. 3, 1992.

[103] Florin, J., Lubatkin, M., Schulze, W., "A Social Capital Model of High-growth Ventures", *Academy of Management Journal*, Vol. 46, No. 3, 2003.

[104] Foss, N. J., Klein, P. G., Kor, Y. Y., Mahoney, J. T., "Entrepreneurship, Subjectivism, and the Resource-based View: Toward a New Synthesis", *Strategic Entrepreneurship Journal*, Vol. 2, No. 1, 2008.

[105] Freeman, L. C., "Centrality in Social Networks: Conceptual Clarification", *Social Networks*, Vol. 1, Issue 3, 1979.

[106] George, G., Zahra, S. A., Wheatley, K. K., Khan, R., "The Effects of Alliance Portfolio Characteristics and Absorptive Capacity on Performance: A Study of Biotechnology Firms", *Journal of High Technology Management Research*, Vol. 12, No. 2, 2001.

[107] Goel, S., Karri, R., "Entrepreneurs, Effectual Logic, and Over-trust", *Entrepreneurship Theory and Practice*, Vol. 30, No. 4, 2006.

[108] Goerzen, A., "Alliance Networks and Firm Performance: The Impact of Repeated Partnerships", *Strategic Management Journal*, Vol. 28, No. 5, 2007.

[109] Goerzen, A., Beamish, P. W., "The Effect of Alliance Network Diversity on Multinational Enterprise Performance", *Strategic Management Journal*, Vol. 26, No. 4, 2005.

[110] Golonka, M., "Interfirm Cooperation Strategy of Hyper – Growth and

Stable - Growth ICT Firms in Sweden", *Journal of Management and Business Administration*, Vol. 24, No. 4, 2016.

[111] Granovetter, M., "Problems of Explanation in Economic Sociology", In Nohria, N., Eccles, R., *Networks and Organizations: Structure, Form, and Action*, Boston: Harvard Business School Press, 1992.

[112] Greve, A., Salaff, J., "Social Networks and Entrepreneurship", *Entrepreneurship Theory and Practice*, Vol. 28, No. 1, 2003.

[113] Gulati, R., Gargiulo, M., "Where Do Inter-organizational Networks Come from?", *American Journal of Sociology*, Vol. 104, No. 5, 1999.

[114] Gulati, R., Higgins, M. C., "Which Ties Matter When? The Contingent Effects of Interorganizational Partnerships on IPO Success", *Strategic Management Journal*, Vol. 24, No. 2, 2003.

[115] Gulati, R., Lawrence, P., Puranam, P., "Adaptation in Vertical Relationships: Beyond Incentive Conflict", *Strategic Management Journal*, Vol. 26, No. 5, 2005.

[116] Gulati, R., *Managing Network Resources: Alliances, Affiliations, and Other Relational Assets*, New York: Oxford University Press, 2007.

[117] Gulati, R., "Network Location and Leaning: The Influence of Network Resources and Firm Capabilities on Alliance Formation", *Strategic Management Journal*, Vol. 20, No. 5, 1999.

[118] Gulati, R., Nickerson, J. A., "Interorganizational Trust, Governance Choice, and Exchange Performance", *Organization Science*, Vol. 19, No. 5, 2008.

[119] Gulati, R., Singh, H., "The Architecture of Cooperation: Managing Coordination Costs and Appropriation Concerns in Strategic Alliances", *Administrative Science Quarterly*, Vol. 43, No. 4, 1998.

[120] Gulati, R., Sytch, M., "Does Familiarity Breed Trust? The Implications of Repeated Ties for Contractual Choice in Alliances", *The Academy of Management Journal*, Vol. 38, No. 1, 2007.

[121] Guo, C., Miller, J. K., "Guanxi Dynamics and Entrepreneurial Firm Creation and Development in China", *Management and Organization Review*, Vol. 6, No. 2, 2010.

[122] Hallen, B. L., Eisenhardt, K. M., "Catalyzing Strategies: How Entrepreneurs Accelerate Inter-organizational Relationship Formation to Secure Professional Investments", *Academy of Management Journal*, Vol. 55, No. 1, 2012.

[123] Hallen, B. L., "The Causes and Consequences of the Initial Network Positions of New Organizations: From Whom Do Entrepreneurs Receive Investments", *Administrative Science Quarterly*, Vol. 53, No. 4, 2008.

[124] Hamel, G., "Competition for Competence and Inter-partner Learning within International Strategic Alliances", *Strategic Management Journal*, Vol. 3, No. 21, 2000.

[125] Hansen, E. L., "Entrepreneurial Networks and New Organization Growth", *Entrepreneurship Theory and Practice*, Vol. 19, No. 4, 1995.

[126] Hansen, E. L., Allen, K. R., "The Creation Corridor: Environmental Load and Pre-organization Information Processing Ability", *Entrepreneurship Theory and Practice*, Vol. 17, No. 1, 1992.

[127] Hansen, M. T., "The Search-transfer Problem: The Role of Weak Ties in Sharing Knowledge across Organization Subunits", *Administrative Science Quarterly*, Vol. 44, No. 1, 1999.

[128] Harrison, J. S., Hitt, M. A., Hoskisson, R. E., Ireland, R. D., "Resource Complementary in Business Combinations: Extending the Logic to Organizational Alliances", *Journal of Management*, Vol. 27, No. 6, 2001.

[129] Hashai, N., Kafouros, M., Buckley, P. J., "The Performance Implications of Speed, Regularity, and Duration in Alliance Portfolio Expansion", *Journal of Management*, Vol. 44, Issue 2, 2018.

[130] Higgins, M. C., Gulati, R., "Getting off to a Good Start: The Effects of Upper Echelon Affiliations on Underwriter Prestige", *Organization Science*, Vol. 14. No. 3, 2003.

[131] Higgins, R. C., "How Much Growth Can a Firm Afford?", *Financial Management*, Vol. 6, No. 3, 1977.

[132] Hillman, A. J., Withers, M. C., Collins, B. J., "Resource Dependence Theory: A Review", *Journal of Management*, Vol. 35, No. 6, 2009.

[133] Hirt, M., Smit, S., Wonsik, Y., "Understanding Asia's Conglomerates",

McKinsey Quarterly, Vol. 1, 2013.

[134] Hite, J., "Evolutionary Processes and Paths of Relationally Embedded Network Ties in Emerging Entrepreneurial Firms", *Entrepreneurship Theory and Practice*, Vol. 29, No. 1, 2005.

[135] Hite, J., Hesterly, W., "The Evolution of Firm Networks: From Emergence to Early Growth of the Firm", *Strategic Management Journal*, Vol. 22, No. 3, 2001.

[136] Hite, J., "Patterns of Multidimensionality among Embedded Network Ties: A Typology of Relational Embeddedness in Emerging Entrepreneurial Firms", *Strategic Organization*, Vol. 1, Issue 1, 2003.

[137] Hitt, M. A., Bierman, L., Shimizu, K., Kochhar, R., "Direct and Moderating Effects of Human Capital on Strategy and Performance in Professional Service Firms: A Resource-based Perspective", *Academy of Management Journal*, Vol. 44, No. 1, 2001.

[138] Hoang, H., Antoncic, B., "Network-based Research in Entrepreneurship: A Critical Review", *Journal of Business Venturing*, Vol. 18, No. 2, 2003.

[139] Hoang, H. I., Rothaermel, F. T., "The Effect of General and Partner-specific Alliance Experience on Joint R&D Project Performance", *Academy of Management Journal*, Vol. 48, No. 2, 2005.

[140] Hoehn-Weiss, M. N., Karim, S., "Unpacking Functional Alliance Portfolios: How Signals of Viability Affect Young Firms' Outcomes", *Strategic Management Journal*, Vol. 35, No. 9, 2014.

[141] Hoetker, G., Mellewigt, T., "Choice and Performance of Governance Mechanisms: Matching Alliance Governance to Asset Type", *Strategic Management Journal*, Vol. 30, No. 10, 2009.

[142] Hoffmann, W. H., "How to Manage a Portfolio of Alliances", *Long Range Planning*, Vol. 35, No. 2, 2005.

[143] Hoffmann, W. H., "Strategies for Managing a Portfolio of Alliances", *Strategic Management Journal*, Vol. 28, No. 8, 2007.

[144] Hora, M., Dutta, D. K., "Entrepreneurial Firms and Downstream Alliance Partnerships: Impact of Portfolio Depth and Scope on Technology Innovation and Commercialization Success", *Production and Operations Management*,

Vol. 22, No. 6, 2013.

[145] Hsu, D. H., "Experienced Entrepreneurial Founders, Organizational Capital, and Venture Capital Funding", *Research Policy*, Vol. 36, Issue 5, 2007.

[146] Hsu, D. H., Ziedonis, R. H., "Patents as Quality Signals for Entrepreneurial Ventures", Academy of Management Annual Meeting Proceedings, 2008.

[147] Ibarra, H., Barbulescu, R., "Identity as Narrative: Prevalence, Effectiveness, and Consequences of Narrative Identity Work in Macro Work Role Transitions", *Academy of Management Review*, Vol. 35, No. 1, 2010.

[148] Jack, S. L., "Approaches to Studying Networks: Implications and Outcomes", *Journal of Business Venturing*, Vol. 25, Issue 1, 2010.

[149] Jack, S., "The Role, Use and Activation of Strong and Weak Network Ties: A Qualitative Analysis", *Journal of Management Study*, Vol. 42, Issue 6, 2005.

[150] Jack, S., "The Role, Use and Activation of Strong and Weak Network Ties: A Qualitative Analysis", *Journal of Management Study*, Vol. 42, No. 6, 2005.

[151] Jaffe, A. B., "Technological Opportunity and Spillovers of R&D: Evidence from Firms' Patents, Profits, and Market Values", *American Economic Review*, Vol. 76, No. 5, 1986.

[152] Jelle, D. V., Jeroen, S., Arjan, V. W., Wendy, V. D. V., "When Do They Care to Share? How Manufacturers Make Contracted Service Partners Share Knowledge", *Industrial Marketing Management*, Vol. 43, No. 7, 2014.

[153] Jiang, T., "Alliance Portfolios Diversity and Firm Performance", *Journal of Management*, Vol. 31, No. 10, 2010.

[154] Johannisson, B., Alexanderson, O., Nowicki, K., Senneseth, K., "Beyond Anarchy and Organization: Entrepreneurs in Contextual Networks", *Entrepreneurship and Regional Development*, Vol. 6, No. 3, 1994.

[155] Jones, C., Hesterly, W. S., Borgatti, S. P., "A General Theory of Network Governance: Exchange Conditions and Social Mechanisms", *Academy of Management Review*, Vol. 22, No. 4, 1997.

[156] Kale, P., Dyer, J. H., Singh, H., "Alliance Capability, Stock Market Response and Long-term Alliance Success: The Role of the Alliance Function", *Strategic Management Journal*, Vol. 23, No. 8, 2002.

[157] Kale, P., Singh, H., "Building Firm Capabilities through Learning: The Role of the Alliance Learning Process in Alliances Capability and Firm-level Alliance Success", *Strategic Management Journal*, Vol. 28, No. 10, 2007.

[158] Kale, P., Singh, H., Perlmutter, H., "Learning and Proteceion of Proprietary Assets in Strategic Alliances: Building Relational Capital", *Strategic Management Journal*, Vol. 21, No. 3, 2000.

[159] Karahanna, E., Preston, D. S., "The Effect of Social Capital of the Relationship between the CIO and Top Management Team on Firm Performance", *Journal of Management Information Systems*, Vol. 30, No. 1, 2013.

[160] Kenis, P., Proven, K. G., "The Control of Public Networks", *International Public Management Journal*, Vol. 9, No. 3, 2006.

[161] Khanna, T., Gulati, R., Nohria, N., "The Dynamics of Learning Alliances: Competition, Cooperation, and Relative Scope", *Strategic Management Journal*, Vol. 19, No. 3, 1998.

[162] Kim, H. S., Choi, S. Y., "Technological Alliance Portfolio Configuration and Firm Performance", *Review of Managerial Science*, Vol. 8, No. 4, 2014.

[163] Kim, P. H., Aldrich, H. E., "Social Capital and Entrepreneurship", In *Foundations and Trends in Entrepreneurship*, Now Publishers Inc., USA, 2005.

[164] Kogut, B., "The Stability of Joint Ventures: Reciprocity and Competitive Rivalry", *Journal of Industrial Economics*, Vol. 38, No. 2, 1989.

[165] Kor, Y. Y., Mahoney, J. T., Michael, S., "Resources, Capabilities, and Entrepreneurial Perceptions", *Journal of Management Studies*, Vol. 44, No. 7, 2007.

[166] Krackhardt, D., "The Strength of Strong Ties: The Importance of Philos in Organization", In Nohria, N., Eccles, R., *Networks and Organizations: Structure, Firm, and Action*, Boston: Harvard Business School Press, 1992.

[167] Kruss, G., "Balancing Old and New Organizational Forms: Changing Dynamics of Government, Industry and University Interaction in South Africa", *Technology Analysis & Strategic Management*, Vol. 20, No. 6, 2008.

[168] Lahiri, N., Narayanan, S., "Vertical Integration, Innovation, and Alliance Portfolio Size: Implications for Firm Performance", *Strategic Management Journal*, Vol. 34, No. 9, 2013.

[169] Larson, A., "Network Dyads in Entrepreneurial Settings: A Study of the Governance of Exchange Relationships", *Administrative Science Quarterly*, Vol. 37, No. 1, 1992.

[170] Larson, A., Starr, J., "A Network Model of Organization Formation", *Entrepreneurship Theory and Practice*, Vol. 17, No. 2, 1993.

[171] Lavie, D., "Alliance Portfolios and Firm Performance: A Study of Value Creation and Appropriation in the U.S. Software Industry", *Strategic Management Journal*, Vol. 28, No. 12, 2007.

[172] Lavie, D., Miller, S. R., "Alliance Portfolio Internationalization and Firm Performance", *Organization Science*, Vol. 19, No. 4, 2008.

[173] Lavie, D., Rosenkopf, L., "Balancing Exploration and Exploitation in Alliance Formation", *Academy of Management Journal*, Vol. 49, No. 4, 2006.

[174] Lavie, D., "The Competitive Advantage of Interconnected Firms: An Extension of the Resource-based View of the Firm", *Academy of Management Review*, Vol. 31, No. 3, 2006.

[175] Lechner, C., Dowling, M., "Firm Networks: External Relationships as Sources for the Growth and Competitiveness of Entrepreneurial Firms", *Entrepreneurship & Regional Development*, Vol. 15, Issue 1, 2003.

[176] Lechner, C., Dowling, M., Welpe, I., "Firm Networks and Firm Development: The Role of the Relational Mix", *Journal of Business Venturing*, Vol. 21, No. 4, 2006.

[177] Leung, V. K. K., Lau, M. C. K., Zhang, Z., et al., "Explorative

versus Exploitative Alliances: Evidence from the Glass Industry in China", *Journal of Chinese Economic and Business Studies*, Vol. 13, No. 2, 2015.

[178] Liao, J., Welsch, H., "Roles of Social Capital in Venture Creation: Key Dimensions and Research Implications", *Journal of Small Business Management*, Vol. 43, No. 4, 2005.

[179] Li, D., Eden, L., Hitt, M. A., Ireland, R. D., "Friends, Acquaintances or Strangers? Partner Selection in R&D Alliances", *Academy of Management Journal*, Vol. 51, No. 2, 2008.

[180] Li, D., "Multilateral R&D Alliances by New Ventures", *Journal of Business Venture*, Vol. 28, No. 2, 2013.

[181] Li, F., "Endogeneity in CEO Power: A Survey and Experiment", *Investment Analysts Journal*, Vol. 45, Issue 3, 2016.

[182] Li, J. J., Zhou, K. Z., and Shao, A. T., "Competitive Position, Managerial Ties, and Profitability of Foreign Firms in China: An Interactive Perspective", *Journal of International Business Studies*, Vol. 40, 2009.

[183] Lin, N., *Social Capital: A Theory of Social Structure and Action*, Cambridge: Cambridge University Press, 2001.

[184] Li, P. P., "Guanxi as the Chinese Norm for Personalized Social Capital: Toward an Integrated Duality Framework of Informal Exchange", In Henry W. Yeung, *Handbook of Research on Asian Business*, London: Edward Elgar Publishing, 2007.

[185] Li, Y., Chen, H., Liu, Y., et al., "Managerial Ties, Organizational Learning, and Opportunity Capture: A Social Capital Perspective", *Asia Pacific Journal of Management*, Vol. 31, No. 1, 2014.

[186] Luk, C. L., Yau, O. H. M., Sin, L. Y. M., Tse, A. C. B., Chow, R. P. M., & Lee, J. S. Y., "The Effects of Social Capital and Organizational Innovativeness in Different Institutional Contexts", *Journal of International Business Studies*, Vol. 39, 2008.

[187] Marino, L., Strandholm, K., Steensma, H. K., Weaver, K. M., "The Moderating Effect of National Culture on the Relationship between Entrepreneurial Orientation and Strategic Alliance Portfolio Extensiveness", *Entrepreneurship Theory and Practice*, Vol. 26, No. 4, 2002.

[188] Mark, A. H., Galaskiewicz, J., Larson, J. A., "Structural Embeddedness and the Liability of Newness among Nonprofit Organizations", *Public Management Review*, Vol. 6, No. 2, 2004.

[189] Martinez, J., Jarillo, J., "The Evolution of Research on Coordination Mechanisms in Multinational Corporations", *Journal of International Business Studies*, Vol. 20, No. 3, 1989.

[190] McEvily, B., Marcus, A., "Embedded Ties and the Acquisition of Competitive Capabilities", *Strategic Management Journal*, Vol. 26, No. 11, 2005.

[191] McGill, J. P., Santoro, M. D., "Alliance Portfolios and Patent Output: The Case of Biotechnology Alliances", *IEEE Transactions in Engineering Management*, Vol. 56, No. 3, 2009.

[192] Meuleman, M., Locket, T. A., Manigart, S., Wright, M., "Partner Selection Decisions in Interfirm Collaborations: The Paradox of Relational Embeddedness", *Journal of Management Studies*, Vol. 47, No. 6, 2010.

[193] Min, S., Wolfinbarger, M., "Market Share, Profit Margin, and Marketing Efficiency of Early Movers, Bricks and Clicks, and Specialists in E-commerce", *Journal of Business Research*, Vol. 58, No. 8, 2005.

[194] Molm, L., Peterson, G., Takashaki, N., "Power in Negotiated and Reciprocal Exchange", *American Sociological Review*, Vol. 64, No. 6, 1999.

[195] Mouri, N., Sarkar, M. B., Frye, M., "Alliance Portfolios and Shareholder Value in Post-IPO Firms: The Moderating Roles of Portfolio Structure and Firm-level Uncertainty", *Journal of Business Venturing*, Vol. 27, No. 3, 2012.

[196] Newbert, S. L., "New Firm Formation: A Dynamic Capability Perspective", *Journal of Small Business Management*, Vol. 43, No. 1, 2005.

[197] Newbert, S. L., Tornikoski, E. T., Quigley, N. R., "Exploring the Evolution of Supporter Networks in the Creation of New Organizations", *Journal of Business Venturing*, Vol. 28, No. 2, 2013.

[198] Newbert, S. L., Tornikoski, E. T., "Supporter Networks and Network Growth: A Contingency Model of Organizational Emergence", *Small Business Economics*, Vol. 39, No. 1, 2012.

[199] Nickerson, J., Zenger, T. R., "A Knowledge-based Theory of the Firm: The Problem-solving Perspective", *Organization Science*, Vol. 15, No. 6, 2004.

[200] Ostgaard, T. A., Birley, S., "New Venture Growth and Personal Networks", *Journal of Business Research*, Vol. 36, No. 1, 1996.

[201] Oxley, J. E., "Appropriability Hazards and Governance in Strategic Alliances: A Transaction Cost Approach", *Journal of Law, Economics, and Organization*, Vol. 13, No. 2, 1997.

[202] Ozcan, P., Eisenhardt, K. M., "Origin of Alliance Portfolios: Entrepreneurs Network Strategies, and Firm Performance", *Academy of Management Journal*, Vol. 52, No. 2, 2009.

[203] Parise, S., Casher, A., "Alliance Portfolios: Designing and Managing Your Network of Business-partner Relationships", *Academy of Management Executive*, Vol. 17, No. 4, 2003.

[204] Park, G., Kim, M. J. H., Kang, J., "Competitive Embeddedness: The Impact of Competitive Relations among a Firm's Current Alliance Partners on Its New Alliance Formations", *International Business Review*, Vol. 24, No. 2, 2015.

[205] Parkhe, A., Wasserman, S., Ralston, D. A., "New Frontiers in Network Theory Development", *Academy of Management Review*, Vol. 31, No. 3, 2006.

[206] Partanen, J., Chetty, S. K., Rajala, A., "Innovation Types and Network Relationships", *Entrepreneurship Theory and Practice*, Vol. 38, No. 5, 2014.

[207] Peng, M. W., "Institutional Transitions and Strategic Choices", *Academy of Management Review*, Vol. 28, No. 2, 2003.

[208] Peng, M. W., Luo, Y., "Managerial Ties and Firm Performance in a Transition Economy: The Nature of a Micro-Macro Link", *Academy of Management Journal*, Vol. 43, No. 3, 2000.

[209] Penrose, E. T., *The Theory of the Growth of the Firm*, John Wiley: Cambridge, U. K., 1959.

[210] Pettigrew, A. M., Thomas, H., Whittington, R., "Strategic

Management: The Strengths and Limitations of a Field, In Pettigrew, A. M., Thomas, H., Whittington, R., ed., *Handbook of Strategy and Management*, Sage: London, UK, 2001.

[211] Phelps, C. C., "A Longitudinal Study of the Influence of Alliance Network Structure and Composition on Firm Exploratory Innovation", *Academy of Management Journal*, Vol. 53, No. 4, 2010.

[212] Phelps, C., Heidl, R., Wadhwa, A., "Knowledge, Networks and Knowledge Networks: A Review and Research Agenda", *Journal of Management*, Vol. 38, No. 4, 2012.

[213] Phillips, N., Tracey, P., Karra, N., "Building Entrepreneurial Tie Portfolios through Strategic Homophily: The Role of Narrative Identity Work in Venture Creation and Early Growth", *Journal of Business Venturing*, Vol. 28, No. 1, 2013.

[214] Podolny, J. M., Stuart, T. E., "A Role-based Ecology of Technological Change", *American Journal of Sociology*, Vol. 100, No. 5, 1995.

[215] Poppo, L., Zenger, T., "Do Formal Contracts and Relational Governance Function as Substitutes or Complements?", *Strategic Management Journal*, Vol. 23, No. 8, 2002.

[216] Powell, W. W., Koput, K. W., Smith-Doerr, L., "Interorganizational Collaboration and the Locus of Innovation: Networks of Learning in Biotechnology", *Administrative Science Quarterly*, Vol. 41, No. 1, 1996.

[217] Powell, W. W., "Neither Market or Hierarchy: Network Forms of Organization", *Research in Organization Behavior*, 1990.

[218] Preacher, K. J., Hayes, A. F., "SPSS and SAS Procedures for Estimating Indirect Effects in Simple Mediation Models", *Behavior Research Methods, Instruments, & Computers*, Vol. 36, 2004.

[219] Provan, K. G., Kenis, P., "Modes of Network Governance: Structure, Management and Effectiveness", *Journal of Public Administration Research and Theory*, Vol. 18, No. 2, 2009.

[220] Regans, R., McEvily, B., "Network Structure and Knowledge Transfer: The Effects of Cohesion and Range", *Administrative Science Quarterly*, Vol. 48, No. 2, 2003.

[221] Reuer, J. J., Devarakonda, S. V., "Mechanisms of Hybrid Governance: Administrative Committees in Non-equity Alliances", *Academy of Management Journal*, Vol. 59, No. 2, 2016.

[222] Reuer, J. J., Park, K. M., Zollo, M., "Experiential Learning in International Joint Ventures: The Roles of Venture Novelty and Experience Heterogeneity", *Cooperative Strategies and Alliances*, 2002.

[223] Reuer, J. J., Ragozzino, R., "Agency Hazards and Alliance Portfolios", *Strategic Management Journal*, Vol. 27, No. 1, 2006.

[224] Rodan, S., Galunic, C., "More than Network Structure: How Knowledge Heterogeneity Influences Managerial Performance and Innovativeness", *Strategic Management Journal*, Vol. 25, No. 6, 2004.

[225] Rothaermel, F. T., "Incumbent's Advantage through Exploiting Complementary Assets via Interfirm Cooperation", *Strategic Management Journal*, Vol. 22, No. 6-7, 2001.

[226] Rowley, T., Behrens, D., Krackhardt, D., "Redundant Governance Structures: An Analysis of Relational Embeddedness in the Steel and Semiconductor Industries", *Strategic Management Journal*, Vol. 21, No. 3, 2000.

[227] Santos, F. M., Eisenhardt, K. M., "Constructing Markets and Shaping Boundaries: Entrepreneurial Agency in Nascent Fields", *Academy of Management Journal*, Vol. 52, No. 4, 2010.

[228] Sarkar, M. B., Aulakh, P. S., Madhok, A., "Process Capabilities and Value Generation in Alliance Portfolios", *Organization Science*, Vol. 20, No. 3, 2009.

[229] Sauder, M., Lynn, F., Podolny, J. M., "Status: Insights from Organizational Sociology", *Annual Review of Sociology*, Vol. 38, 2012.

[230] Schilke, O., Goerzen, A., "Alliance Management Capability: An Investigation of the Construct and Its Measurement", *Journal of Management*, Vol. 36, No. 5, 2010.

[231] Schutjens, V., Stam, E., "The Evolution and Nature of Young Firm Networks: A Longitudinal Perspective", *Small Business Economics*, Vol. 21, No. 2, 2003.

[232] Shane, S., Cable, D., "Network Ties, Reputation, and the Financing of New Ventures", *Management Science*, Vol. 48, 2002.

[233] Shane, S., "Prior Knowledge and the Discovery of Entrepreneurial Opportunities", *Organizational Science*, Vol. 11, No. 4, 2000.

[234] Shepherd, D., Wiklund, J., "Are We Comparing Apples with Apples or Apples with Oranges? Appropriateness of Knowledge Accumulation across Growth Studies", *Entrepreneurship Theory and Practice*, Vol. 33, No. 1, 2009.

[235] Shipilov, A., Danis, W., "TMG Social Capital, Strategic Choice and Firm Performance", *European Management Journal*, Vol. 24, Issue 1, 2006.

[236] Shi, W. S., Prescott, J. E., "Sequence Patterns of Firms' Acquisition and Alliance Behaviour and Their Performance Implications", *Journal of Management Studies*, Vol. 48, No. 5, 2011.

[237] Siggelkow, N., "Evolution toward Fit", *Administrative Science Quarterly*, Vol. 47, No. 1, 2002.

[238] Simonin, B. L., "The Importance of Collaborative Know-how: An Empirical Test of the Learning Organization", *Academy of Management Journal*, Vol. 40, No. 5, 1997.

[239] Simsek, Z., "Inter-firm Networks and Entrepreneurial Behavior: A Structural Embeddedness Perspective", *Journal of Management*, Vol. 29, No. 3, 2003.

[240] Siren, C. A., Kohtamäki, M., Kuckertz, A., "Exploration and Exploitation Strategies, Profit Performance, and the Mediating Role of Strategic Learning: Escaping the Exploitation Trap", *Strategic Entrepreneurship Journal*, Vol. 6, No. 1, 2012.

[241] Slotte-Kock, S., Coviello, N., "Entrepreneurship Research on Network Processes: A Review and Ways Forward", *Entrepreneurship Theory and Practice*, Vol. 34, No. 1, 2010.

[242] Smith, D. A., Lohrke, F. T., "Entrepreneurial Network Development: Trusting in the Process", *Journal of Business Research*, Vol. 161, No. 4, 2008.

[243] Stam, W., Arzlanian, S., Elfring, T., "Social Capital of Entrepreneurs

and Small Firm Performance: A Meta-analysis of Contextual and Methodological Moderators", *Journal of Business Venture*, Vol. 29, No. 1, 2014.

[244] Steier, L., Greenwood, R., "Venture Capitalist Relationships in the Deal Structuring and Post-Investment Stages of New Firm Creation", *Journal of Management Studies*, Vol. 32, No. 3, 1995.

[245] Stinchcombe, A. L., "Organizations and Social Structure", In March, J. G. (ed.), *Handbook of Organizations*, Chicago, IL: Rand–McNally, 1965.

[246] Strauss, A., Corbin, J.: 《质性研究概论》, 徐宗国译, (台北) 巨流出版社1997年版。

[247] Stuart, T. E., Hoang, H., Hybels, R., "Interorganizational Endorsement and the Performance of Entrepreneurial Ventures", *Administrative Science Quarterly*, Vol. 44, No. 2, 1999.

[248] Stuart, T. E., "Interorganizational Alliances and the Performance of Firms: A Study of Growth and Innovation Rates in A High-technology Industry", *Strategic Management Journal*, Vol. 21, No. 8, 2000.

[249] Sukoco, B. M., "Interrelatedness, Interdependencies, and Domain Learning in Alliance Portfolios", *International Journal of Business*, Vol. 20, No. 2, 2015.

[250] Tan, J., "Venturing in Turbulent Water: A Historical Perspective of Economic Reform and Entrepreneurial Transformation", *Journal of Business Venturing*, Vol. 20, No. 5, 2005.

[251] Tanriverdi, H., "Performance Effects of Information Technology Synergies in Multibusiness Firms", *MIS Quarterly*, Vol. 33, No. 1, 2006.

[252] Tao, Z. G., Tian, Z., "Agency and Self-enforcing Contacts", *Journal of Comparative Economics*, Vol. 28, No. 1, 2000.

[253] Thorelli, H. B., "Network: Between Market and Hierarchies", *Strategic Management Journal*, Vol. 7, No. 1, 1986.

[254] Thornhill, S., Amit, R., "Learning from Failure: Organizational Mortality and the Resource-based View", *Analytical Studies Branch Research Paper Series*, Catalogue No. 11F0019MIE, No. 202, 2003.

[255] Tiwana, A., "Do Bridging Ties Complement Strong Ties? An Empirical Examination of Alliance Ambidexterity", *Strategic Management Journal*, Vol. 29, No. 3, 2008.

[256] Uzzi, B., "Embeddedness in the Making of Financial Capital: How Social Relations and Networks Benefit Firms Seeking Financing", *American Sociological Review*, Vol. 64, No. 4, 1999.

[257] Uzzi, B., "Social Structure and Competition in Interfirm Networks: The Paradox of Embeddedness", *Administrative Science Quarterly*, Vol. 42, No. 1, 1997.

[258] Vandaie, R., Zaheer, A., "Surviving Bear Hugs: Firm Capability, Large Partner Alliances, and Growth", *Strategic Management Journal*, Vol. 35, No. 4, 2014.

[259] Van Horne, J. C., "Sustainable Growth Modeling", *Journal of Corporate Finance*, Vol. 2, No. 3, 1987.

[260] Vassolo, R. S., Anand, J., Folta, T. B., "Non-additivity in Portfolios of Exploration Activities: A Real Options-based Analysis of Equity Alliances in Biotechnology", *Strategic Management Journal*, Vol. 25, No. 11, 2004.

[261] Vasudeva, G., Anand, J., "Unpacking Absorptive Capacity: A Study of Knowledge Utilization from Alliance Portfolios", *Academy of Management Journal*, Vol. 54, No. 3, 2011.

[262] Wassmer, U., "Alliance Portfolios: A Review and Research Agenda", *Journal of Management*, Vol. 36, No. 1, 2010.

[263] Wassmer, U., Dussauge, P., "Network Resource Stocks and Flows: How Do Alliance Portfolios Affect the Value of New Alliance Formations?", *Strategic Management Journal*, Vol. 33, No. 7, 2012.

[264] Wassmer, U., Dussauge, P., "Value Creation in Alliance Portfolios: The Benefits and Costs of Network Resource Interdependencies", *European Management Review*, Vol. 8, No. 1, 2011.

[265] Wassmer, U., Li, S., Madhok, A., "Resource Ambidexterity through Alliance Portfolios and Firm Performance", *Strategic Management Journal*, Vol. 38, No. 2, 2017.

[266] Williamson, O. E., "The New Institutional Economics: Taking Stock,

Looking Ahead", *Journal of Economic Literature*, American Economic Association, Vol. 39, No. 3, 2000.

[267] Williamson, O. E., "The Theory of the Firm as Governance Structure: From Choice to Contract", *The Journal of Economic Perspectives*, Vol. 16, No. 3, 2002.

[268] Williamson, T., "Necessary Existents", In O'Hea, A., *Logic, Thought, and Language*, Cambridge: Cambridge University Press, 2002.

[269] Witt, P., "Entrepreneurs' Networks and the Success of Start-ups", *Entrepreneurship & Regional Development*, Vol. 16, No. 5, 2004.

[270] Xie, E., Peng, M. W., Zhao, W., "Uncertainties, Resources, and Supplier Selection in an Emerging Economy", *Asia Pacific Journal of Management*, Vol. 30, No. 4, 2013.

[271] Xin, K. R., Pearce, J. L., "Guanxi: Connections as Substitutes for Formal Institutional Support", *Academy of Management Journal*, Vol. 39, No. 6, 1996.

[272] Yamakawa, Y., Yang, H., Lin, Z. J., "Exploration versus Exploitation in Alliance Portfolio: Performance Implications of Organizational, Strategic, and Environmental Fit", *Research Policy*, Vol. 40, No. 2, 2011.

[273] Yang, H., Lin, Z., Peng, M. W., "Behind Acquisitions of Alliance Partners: Exploratory Learning and Network Embeddedness", *Academy of Management Journal*, Vol. 54, No. 5, 2011.

[274] Yli-Renko, H., Autio, E., "Social Capital Knowledge Acquisition, and Knowledge Exploitation in Young Technology-based Firms", *Strategy Management Journal*, Vol. 22, No. 6/7, 2001.

[275] Yli-Renko, H., Janakiraman, R., "How Customer Portfolio Affects New Product Development in Technology-based Entrepreneurial Firms", *Journal of Marketing*, Vol. 72, No. 5, 2008.

[276] Yoon, W., Lee, D. Y., Song, J., "Alliance Network Size, Partner Diversity, and Knowledge Creation in Small Biotech Firms", *Journal of Management & Organization*, Vol. 21, No. 5, 2015.

[277] Zheng, Y., Yang, H., "Does Familiarity Foster Innovation? The Impact of Alliance Partner Repeatedness on Breakthrough Innovations", *Journal of

Management Studies, Vol. 52, No. 2, 2015.

[278] Zhu, H. J., Chung, C. N., "Portfolios of Political Ties and Business Group Strategy in Emerging Economies: Evidence from Taiwan", *Administrative Science Quarterly*, Vol. 59, No. 4, 2014.

[279] Zimmerman, M. A., Zeitz, G. J., "Beyond Survival: Achieving New Venture Growth by Building Legitimacy", *Academy of Management Review*, Vol. 27, No. 3, 2002.

附录1 联盟组合研究文献

<table>
<tr><th colspan="2">自变量</th><th colspan="2">中间变量（调节/中介）</th><th colspan="2">因变量</th><th rowspan="2">控制变量</th><th rowspan="2">文献来源</th></tr>
<tr><th>变量名称</th><th>衡量方式</th><th>变量名称</th><th>衡量方式</th><th>变量名称</th><th>衡量方式</th></tr>
<tr><td>多样性（主体多样性、功能多样性、治理多样性）</td><td>①组合中主体所在产业的差异性，通过对比产业代码。②组合中主体所属体制的差异性，国有－国有，私有－国有，私有－私有。③功能多样性即主体所能提供的活动类型，如营销、制造、研发和其他。④治理多样性即采用双方维系关系是否采用产权，如无产权、共享产权占20%及以下、21%—49%、50%、51%—79%、80%及以上</td><td>无</td><td></td><td>企业绩效</td><td>企业层面三年平均净利润</td><td>企业规模（三年平均资产）、组合规模（企业联盟组合的数量）、组合规模的平方、行业</td><td>Collins and Riley (2013)</td></tr>
</table>

续表

自变量		中间变量(调节/中介)		因变量		控制变量	文献来源
变量名称	衡量方式	变量名称	衡量方式	变量名称	衡量方式		
网络资源、相对利润率、相对选择	①网络资源:技术网络资源、营销网络资源、财务网络资源、人力网络资源、网络声望(上市公司伙伴在联盟组合中的比重)。②相对利润率:焦点企业对利润率:焦点企业ROA的平均差异。③相对选择:焦点企业对联盟组合的依赖程度,用公式计算	双边竞争/多边竞争(调节变量)	①双边竞争:焦点企业与伙伴同SIC行业代码的相似度。②多边竞争:Berry-Herfindahl指数	焦点企业的市场绩效	利用股票价格进行计算,反映投资者对企业未来绩效的期望	企业规模、研发密度、组合年限、组合规模、多边联盟、组合国际化(国外伙伴在组合中的比重)、技术合作、市场合作、联结多样性(同一联盟中的联结类型)、合资地位、战略结构(松散、结构洞的网络)、网络闭合(紧密的网络)	Lavie(2007)

续表

自变量		中间变量（调节/中介）		因变量		控制变量	文献来源
变量名称	衡量方式	变量名称	衡量方式	变量名称	衡量方式		
创业企业初始的联盟网络构造：联盟网络的规模、联盟网络的效率，与竞争性对手建立联盟，相较于竞争对手创业企业的范围优势，竞争性对手对的创新能力	①联盟网络的规模：联盟的数量。②联盟网络的效率：网络中联盟的多样性，信息与能力的公式计算。③伙伴类型的多样性：不同类型联盟占总联盟数量的比例的平方和，再除以总联盟数量。④竞争性对手对的新能力：专利数量	无		创业企业绩效	3个指标：财务绩效（收入与研发支出的增长）、成长性指标（非研发员工数量的增长）、创业企业的专利占比	①组织层面：财务资产、无形资产、产品绩效，采用了专利数量、行业、组织类型（营利性、非营利性），企业年限。②环境层面：融资环境、劳动力供给、竞争强度，竞争对手数量，是否进入美国市场	Baum et al. (2000)
联盟组合特征	4种类型：纵向联盟、横向联盟、知识涌现型联盟、知识吸引型联盟	吸收能力（中介变量）	研发支出与专利数量	企业绩效	产品上市数量、企业收入	企业年限、行业范围、企业所有权性质	George et al. (2001)
联盟组合的复杂性	用伙伴多样性代替，在国内伙伴还是国外伙伴、上游伙伴还是下游伙伴方面的多样性	无		创新绩效	新产品上市数量	研发密度、知识来源的广度、知识来源的深度	Duysters and Lokshin (2011)

续表

变量名称	自变量		中间变量(调节/中介)		因变量		控制变量	文献来源
	衡量方式	变量名称	衡量方式	变量名称	衡量方式			
联盟组合规模	焦点企业在第 t 年之前三年内制造联盟累计数量	垂直整合	运用虚拟变量,如果企业只参与设计记为 0,如果企业既参与设计又参与制造记为 1	创新绩效、财务绩效	①创新绩效,用企业在第 t 年申请予的专利数来衡量,且每一项专利根据其 5 年内被引用的次数计入权重。②财务绩效,用公司净收入来衡量	企业年龄、企业规模、研究与开发强度	Lahiri and Narayanan(2013)
联盟组合的本质:探索导向还是开发导向	探索性联盟在所有联盟数量中所占的比重。联盟组合是探索导向还是开发导向,主要通过两个维度予以衡量:一是联盟的目的,直接询问被访者该联盟的目的;二是伙伴过去5 年内,是否与该伙伴存在联盟关系(新关系还是旧关系)	调节变量:①组织匹配(企业年龄)匹配;②战略匹配(成本领先战略、差异化战略);③环境匹配(产业增长速度)	①成本领先战略:单位产出成本水平和单位产出资产效率,用以衡量成本节约。其中,成本效率即相对于总体销售收入来说单位产品成本的比例;资产节约即相对于总销售收入来说厂房和设备的净支出。②差异化战略:相对于总销售收入来说,企业销售与管理费用和研发支出的比例	企业绩效	ROA	员工数量、企业年限、销售收入、研发支出、国际业务收入比重	Yamakawa et al.(2011)

附录 1 联盟组合研究文献

续表

自变量		中间变量(调节/中介)		因变量		控制变量	文献来源
变量名称	衡量方式	变量名称	衡量方式	变量名称	衡量方式		
创业导向	创业导向量表	国家文化	Hofstede 量表:不确定性规避、个人主义/男性主义	联盟组合复杂性	组合中联盟的多样性:首先将联盟类型分为 14 种,用每一种联盟的数量除以全部联盟的数量,再求和	企业绩效与企业年限;行业类型,感知的行业动态性,感知的市场容量	Marino et al. (2002)
联盟组合的规模	焦点企业所建立的所有联盟的总和,即与同一个重复性联盟伙伴的多个联盟	调节变量:①联盟组合范围;②联盟组合的功能多样性;③联盟组合的质量不确定性;④联盟组合的转型不确定性	①联盟组合范围:纵向联盟的数量除以伙伴的数量,再取对数。②联盟组合的功能多样性:将联盟分成 11 种,再用某种类型联盟的数量除以总数量,求方和。③联盟组合的质量确定性:销售收入作为代理变量。④联盟组合的转型不确定性:代理变量	IPO 企业股东收益	计算公式: $R_{i,A} = \prod_{t=1}^{12}(1+r_{it}) - \prod_{t=1}^{12}(1+r_{mt})$	研发密度,资产,负债率,企业年限,托宾Q值,ROA	Mouri et al. (2012)

续表

自变量		中间变量(调节/中介)		因变量		控制变量	文献来源
变量名称	衡量方式	变量名称	衡量方式	变量名称	衡量方式		
强联结、桥梁联结,强联结与桥梁联结的互补作用	量表。①强联结:紧密的个人互动、互惠、相互信任、相互尊重、朋友关系。②桥梁联结:经验、背景、技能、专有知识的多样性	中介变量:知识整合	量表。3个问项,考量项目组合参与者整合知识与技能的程度	联盟双元性	量表。5个项	技术变革、项目持续性、感知新项目创新性、团队规模、每个项目团队的平均以及电子商务经验	Tiwana (2008)
联盟组合的构成	与供应商、分销商、客户、研发机构的联盟	无	无	创新的类型	激进式创新、渐进式创新、系统性创新、自发式创新	无	Partanen et al. (2014)
与不同类型政府建立政党关联结关系的数量,与不同类型政府建立的政治关联结组合的多样性	多样性:Blau的多样性指数	调节变量:企业的资产负债率、市场进入经验	市场进入经验:采用市场进入行动的数量来衡量	非相关产业进入	用二位元行业标准分类系统(2-Digit SICs)衡量非相关产业,用进入此类产业的数量来衡量进入多寡	企业集团的规模、企业年限、ROA、集团多样性、家族所有权、从管制部门中获取的收入、集团专利相关的数量、产业中退出的数量、产业利润水平、产业销售额	Zhu and Chung (2014)

附录1 联盟组合研究文献

续表

自变量		中间变量(调节/中介)		因变量		控制变量	文献来源
变量名称	衡量方式	变量名称	衡量方式	变量名称	衡量方式		
战略联盟数量,探索性联盟和开发性联盟	关注药品研制与开发的技术导向联盟,以及关键的商业性联盟。关注于关键试验、FDA药品注册、营销与销售的市场导向联盟属于开发性联盟	无	无	新产品开发、企业绩效	新产品开发数量,财务绩效	联盟成立年限;权益联盟(强联结)还是非权益联盟(弱联结),从而计算权益联盟占比;焦点企业规模;所从事的细分行业范围	Rothaermel (2001)
研发联盟网络规模,联盟伙伴多样性	①研发联盟网络规模,即联盟总体数量。②联盟伙伴多样性:伙伴组织属性的多样性,采用Herfindahl指数来衡量,即计算每一种组织属性在组合中的组织类型分为商业企业、大学、医院、政府相关机构等	无	无	知识创造	专利数量(调查年份)	技术能力(累计的专利数量)、在技术网络中的地位(技术被引用数量)(先前关系数量)、所有权性质、企业规模	Yoon et al. (2015)

续表

自变量		中间变量（调节/中介）		因变量		控制变量	文献来源
变量名称	衡量方式	变量名称	衡量方式	变量名称	衡量方式		
积极的合作伙伴模式，促进合作积极实现的程度——体现联盟组合的管理（Partnering Proactiveness）	5个问项的李克特七级量表	中介变量：关系治理、组合协调（Portfolio Coordination），3条中介路径，其中包括两个中介同时作用	均为5个问项量表。其中，组合协调反映了企业整合活动、战略与伙伴资源来量表联盟组合管理能力	联盟组合绩效	①Output:4个问项构成的管理者对绩效的满意程度评价。②Input:伙伴所带来的资源数量与质量，由3个问项构成	联盟的功能、企业规模	Castro and Roldán (2015)
探索性经验、探索与开发的平衡、探索与开发的时间	①探索性经验：仍然从功能、结构、属性角度予以衡量。②探索与开发的衡量：与因变量一致，回归的时候，分别将一种探索（开发）与其他维度的探索（开发）进行回归	无		探索性与开发性联盟	合成为一个变量，即并非存在的联盟。从功能角度予以衡量，结构、属性角度表示探索性，值越大表示探索性，值越小表示开发活性	企业规模、企业年龄、研发密度、先前伙伴经验（是否存在以往建立的联盟）、企业过去的财务绩效（利润率、偿债能力、并购活动）	Lavie and Rosenkopf (2006)

附录1 联盟组合研究文献

续表

自变量		中间变量(调节/中介)		因变量		控制变量	文献来源
变量名称	衡量方式	变量名称	衡量方式	变量名称	衡量方式		
探索性联盟	向上游延伸的创新技术开发与应用探索性联盟,向下游延伸的现有技术商业化应用联盟被定义为开发性联盟	联合经济行为、相对中心度	利用Ucinet 6计算约束分数、中心度分数	联盟伙伴并购	0—1二分类变量(是否并购)	权益性联盟指数、战略联盟依赖性、企业规模、财务资源、竞争对手联盟、产业集中度	Yang et al.(2011)
联盟组合的结构维度:冗余和网络密度	用网络的有效规模来衡量非冗余特征,即组合的规模(伙伴总个数)除以平均联盟数量。网络密度采用Brokerage和Ego Betweenness指标,前者是指无关联的双方,后者是指经过焦点企业所联结	中介变量:联盟组合的关系维度和联盟组合的伙伴维度	①联盟组合的关系维度:多维伙伴和重复性联结伙伴数量,前者采用联结指标,后者采用联结数量除以联盟伙伴数量来衡量。②联盟组合的伙伴维度:文化多样性和技术多样性采用Hofstede文化指数来衡量,技术多样性采用Blau的多样性指数来衡量	联盟组合资本的价值	衡量焦点企业伙伴所拥有的资源。首先根据资源多寡,将伙伴分为两类:A类是拥有充足能力和资源,在世界范围内经营的全球领先企业;B类是地理覆盖范围较小的大企业。联盟组合资本价值指标:一是A类企业所占比重;二是组合中A类企业和B类企业数量	企业规模、国际市场增长率	Castro and Roldán (2015)

· 201 ·

续表

变量名称	自变量衡量方式	中间变量（调节/中介）名称	中间变量衡量方式	因变量名称	因变量衡量方式	控制变量	文献来源
选择伙伴时聚焦市场导向战略、聚焦市场导向的关系导向战略、伙伴的积极性、伙伴间的信任	①关系导向战略：熟人、朋友推荐及顾客引荐等。②市场导向战略：媒体报道、网络搜寻、公开信息（会议等）。③合作的积极性：积极性变量识别出了管理者在组合建构决策中的作用，表示管理者不赋值为1，0表示管理者不积极，通过询问伙伴间得到。④伙伴间的信任：通过量表来衡量	中介变量：联盟组合的复杂性	伙伴的类型（地理多样性：国外还是本地）；联盟的类型（功能多样性、治理多样性）；组合中联盟的数量。采用Blau的差异性指标来衡量	焦点企业创新性	焦点企业所有投向市场的新产品或服务；使用两年的时间框架，因为创新投资会影响创新结果	企业年限，企业规模，研发投入	Golonka(2016)
联盟组合的规模	联盟组合中联盟的数量	调节变量：联盟组合的密度，联盟企业间的竞争关系	①联盟组合的密度：计算公式为组合中现有联结数量除以组合中伙伴间的联盟数量。②联盟间的竞争关系：深度（竞争关系的业务领域数量）与广度（竞争关系的数量除以关系的数量）	创新绩效	专利数量	技术能力，研发支出，先前并购经验，制造联盟经验	Park et al.(2015)

附录1 联盟组合研究文献

续表

自变量		中间变量(调节/中介)		因变量		控制变量	文献来源
变量名称	衡量方式	变量名称	衡量方式	变量名称	衡量方式		
联盟组合中联盟的数量、联盟伙伴的数量、结构洞、组合的密度	采用公式计算	无	无	企业绩效	销售增长率、利润增长率	企业规模、企业年限、资产负债率、过往绩效、企业能力(外部能力和内部能力)	Kim and Choi (2014)
小企业能力	避免单纯衡量投入(如研发支出)或单纯衡量产出(如专利数),应二者并举	调节变量:与大企业建立联盟	联盟组合中大企业数量	小企业成长	收入的增长(方程)	联盟经验、预算、电影数量、企业年龄、市场规模	Vandaie and Zaheer (2014)
探索性联盟、开发性联盟	李克特五级量表	①调节变量:市场波动性、技术竞争强度。②中介变量:产品创新、过程创新	李克特五级量表	市场绩效、效率绩效	李克特五级量表	员工数量、企业年限、研发密度、国际销售密度、销售额	Leung et al. (2015)

续表

自变量		中间变量(调节/中介)		因变量		控制变量	文献来源
变量名称	衡量方式	变量名称	衡量方式	变量名称	衡量方式		
资源相关性、资源依赖性	①资源相关性:SIC代码。两家企业的业务相关性,用SIC代码0—1衡量。②资源依赖性:产业同经济交换情况,采用Casciaro和Piskorski(2005)的依赖性公式	无		学习方式:聚合式学习、发散式学习	学习方式的衡量采用SIC方法,联盟代码与焦点企业不同,赋值为1;前三位不同,赋值为0.75。值越大表现为发散式学习,值越小表现为聚合式学习	行业集中度、企业对规模、企业不确定性、功能学习、组合规模、伙伴的社会地位、多边联盟、先前联盟关系、国籍、合资企业所有权、地理位置、市场不确定性、行业范围、时间、联盟占比	Sukoco(2015)
焦点企业伙伴间的竞争关系、竞争关系的广度、竞争关系的深度	①竞争关系的广度用至少两家竞争伙伴企业形成竞争数量来衡量。②竞争关系的深度用竞争关系(全部竞争关系的数量)除以竞争领域的数量(即广度)衡量	调节变量:焦点企业的技术资源	专利数量	焦点企业新联盟的建立	2005—2006年每一个焦点企业所建立的技术联盟伙伴的数量,考虑到搜寻时间,建立联盟需要时间,因此自变量主要是2002—2004年	企业规模、企业年龄、研发支出、先前并购经验、IPO	Park et al.(2015)

附录1 联盟组合研究文献

续表

自变量		中间变量（调节/中介）		因变量		控制变量	文献来源
变量名称	衡量方式	变量名称	衡量方式	变量名称	衡量方式		
联盟组合的重复程度	用几何均数计算	调节变量：技术动态性	先将专利申请数量对专利等级进行回归，再将回归系数的标准误展现以专利申请数量	突破性创新	专利申请和获批的数量，其中专利的被引排名达到97th百分位数要求	企业年龄以及企业年龄的平方，探索性创新的密度（新药开发联盟中的所有研发在所有联盟中的占比），现有的活跃联盟研发密度，联盟组合知识多样性	Zheng and Yang (2015)
联盟组合拓展速度	被调查年份企业所建立的新联盟数量的规模（即联盟组合中所有的伙伴企业数量）	调节变量：拓展节奏联盟组合持续的时间	①拓展的节奏：联盟参与数量的倒数，数值越大表示拓展节奏越快规则。②联盟组合中联盟持续的时间：每个联盟组合中联盟的平均年限	企业利润水平	①企业层面收益衡量企业层面收益：被调查年份企业管理人。②企业层面衡量：G&A支出，主要包括高管的薪酬以及其他支持高管工作的行政管理成本	企业规模，固定资产，总投资，专利申请数量，多元化程度（产品，市场层面），市场前联盟（调查前联盟组合经验，联盟的数量，功能多样性	Hashai et al. (2018)

续表

自变量		中间变量(调节/中介)		因变量		控制变量	文献来源
变量名称	衡量方式	变量名称	衡量方式	变量名称	衡量方式		
不确定性:需求不确定度、竞争强度、技术不确定性、资源不确定性:财务资产、技术能力	李克特七级量表,有具体问项	中介变量:市场导向和关系导向选择战略	首先,将供应商选择战略分为6种。其次,采用因子分析,将6种战略分为两大类,即市场导向和关系导向。资源与能力采用量表进行测量	供应商绩效	按照 Chen 和 Paulraj(2004)的研究,采用5个问项的量表,从供应商的满意度角度进行衡量	企业年限、企业规模、企业所在地理位置	Xie et al. (2013)
与其他企业的联结、与政府的联结	采用 Luk 等(2008)以及 Peng 和 Luo(2000)的衡量方法,用6个问项的量表测量与其他企业的联结。基于 Li 等(2009)以及 Peng 和 Luo(2000)的衡量方式,用3个问项量表测量与政府的联结	调节变量:组织学习(探索式学习,开发式学习)	采用成熟的量表测量,每个变量包含5个问项	机会识别	用3个问项衡量对既定机会的反应与追求利用机会以达到良好的结果	企业规模、企业年限、竞争的可预测性、环境威胁、充足的资本供应(量表测量)	Li et al. (2014)

续表

自变量		中间变量(调节/中介)		因变量		控制变量	文献来源
变量名称	衡量方式	变量名称	衡量方式	变量名称	衡量方式		
在伙伴选择、伙伴管理、伙伴关系中介阶段是否采用编码知识	伙伴选择阶段的编码指南(企业选择伙伴时是否采用预先设定的步骤或标准)、伙伴管理阶段的编码指南(企业是否采用既定计划)、伙伴关系终结阶段的编码指南(企业终结伙伴关系时是否采用衡量标准)	无		战略联盟组合绩效	成功联盟的比例。量标准:五个类别(0—20%、21%—40%、41%—60%、61%—80%、81%—100%)	战略联盟经验(建立战略联盟数量)、联盟部门设置、是否通过正式训练积累联盟知识(是否有联盟价值、联盟对于企业的重要性、高管参与度、企业规模、行业类别、总部所在国家	Bingham et al. (2015)
探索战略、开发战略	李克特五级量表	①中介变量:战略学习。②调节变量:开发调节探索与战略学习的关系	李克特五级量表。其中,战略学习分为三个变量:战略知识传播、战略知识释义、战略知识执行	企业绩效	李克特五级量表	环境动态性(量表)、企业规模、企业车限、冗余资源	Sirén et al. (2012)

·207·

续表

变量名称	自变量		中间变量(调节/中介)		因变量		控制变量	文献来源
	变量名称	衡量方式	变量名称	衡量方式	变量名称	衡量方式		
客户组合规模、客户组合销售集中度、关系嵌入	客户组合规模、客户组合销售集中度、关系嵌入	①客户组合规模：被调查年份客户数量总和。②客户组合销售集中度：采用 Herfindahl 指数计算，某客户销售额的平方和。③关系嵌入：包含3个问项的量表	无	无	新产品开发	新产品开发数量	企业规模、研发支出、客户所在国家（英国或者国外其他地区）、技术创新性（量表）、市场规模、行业	Yi-Renko and Janakiraman (2008)
联盟职能	联盟职能	①采用二分类变量测量，1表示具有联盟专有职能，2表示没有。②采用李克特七级量表测量某企业联盟活动归属某个部门管理或某个团队管理	中介变量：联盟学习过程	自主开发量表（分为表达、整理、分享、内化4项活动，即4个变量）	联盟成功	企业层面的联盟成功：联盟组合层面两个联盟的成功（量表）	联盟经验（1989—1998年企业建立的联盟数量）、企业规模（销售额、员工人数）	Kale and Singh (2007)
联盟经验、联盟职能	联盟经验、联盟职能	①联盟经验时常被用作联盟能力的代理变量，用联盟数量来测量。②联盟职能是指企业确立的用于管理和协调联盟相关活动的特定位置、部门，测量方式同上篇文献	无	无	联盟成功	①联盟发布股后股市价值的增长。②联盟开始两年后管理者对联盟绩效的评价	企业规模以及行业、联盟类型	Kale et al. (2002)

附录1 联盟组合研究文献

续表

自变量		中间变量(调节/中介)		因变量		控制变量	文献来源
变量名称	衡量方式	变量名称	衡量方式	变量名称	衡量方式		
网络资源协同潜力、伙伴资源替代性	①网络资源协同潜力：计算两个整合中出发地与新联盟相匹配的数量，一是现有航线中到达地相匹配的数量,二是现有航线中出发地相匹配的数量。②伙伴资源替代性：首先识别新联盟公布的航线市场以及已有联盟已经拥有的市场，进而用重叠的市场数量除以单个伙伴企业的市场，再求和	无	无	新联盟生成所带来的价值	股市回报	焦点企业与新联盟伙伴的资源互补性、相对伙伴企业规模(焦点企业每英里可获座位数)、伙伴企业的座位数)，联盟经验、先前联盟结,联盟组合的规模、焦点企业年限、效、焦点企业绩效、焦点企业国家GDP和伙伴企业国家GDP、相对市场规模、是否属于同一航空产业联盟	Wassmer and Dussauge (2012)

续表

自变量		中间变量(调节/中介)		因变量		控制变量	文献来源
变量名称	衡量方式	变量名称	衡量方式	变量名称	衡量方式		
董事会异质性(Heterogeneity)、董事会复杂性(Multiplexity)、董事会非对称性(Asymmetry)	①董事会异质性:董事会成员是否来自不同地区;董事会成员所在组织的2位SIC代码是否相同;董事会成员所在组织的属性是否相同。②董事会复杂性:外部董事与企业具有董事关系以外的其他关系,如顾客、投资者、母公司等,计算结合的总体数量。③董事会非对称性:计算董事会成员网络中心度得分	无	无	①多样化联盟组合的建立。②收益事件	①时机(速度),联盟组合中联盟的种类(两种方式衡量:数量和Blau的多样化指数)。②是否以及何时实现收益	创业团队规模、团队经验多样性、董事会中内部董事的比例,企业第一个产品的创新性,企业是否具有制造能力,焦点企业累积的联盟数量和联盟生成速度,企业产品的市场发展阶段,产品竞争强度	Beckman et al.(2014)

附录1 联盟组合研究文献

续表

自变量		中间变量(调节/中介)		因变量		控制变量	文献来源
变量名称	衡量方式	变量名称	衡量方式	变量名称	衡量方式		
联盟组合规模、联盟组合功能多样性、多功能联盟	①联盟组合规模:是否存在联盟组合,组合中联盟的数量。②联盟组合功能多样性:组合中联盟功能(3个功能类型),联盟功能的分布差异。③多功能联盟:多功能联盟成立年限,多功能联盟计数,联盟关系计数	无		流动性事件发生的概率,IPO发生的概率	将流动性事件划分为IPO和并购,即事件发生的可能性	创业企业获得的总投资额、VC的知名度、市场指标、行业指标	Hoehn-Weiss and Karim (2014)
功能活动重叠度、营销重叠、研发重叠、许可重叠	功能活动重叠度:首先,从焦点企业联盟层面,识别特定联盟活动类型;其次,从焦点伙伴层面,计算特定活动出现的概率	调节变量:①焦点企业业务范围;②焦点企业知识水平	①11个虚拟变量表示不同的活动类别,再对其求平均值。②焦点企业一年期的专利数	①创新结果。②退出评价结果	①焦点企业专利引用情况。②创业企业是否实施IPO或收购	焦点组合规模、公开上市比例、公司投资者、焦点组合规模、第一个联盟是伙伴、焦点组合中第一个联盟的比例、产业重合度、权益股票投资、企业规模	Aggarwal and Hsu (2014)

续表

自变量		中间变量（调节/中介）		因变量		控制变量	文献来源
变量名称	衡量方式	变量名称	衡量方式	变量名称	衡量方式		
技术多样性	利用公式计算,即1-（专利分级/专利数量）的平方和。专利所属类别越多,说明技术多样性越高	调节变量:技术距离。	利用公式计算,即1-技术相似性。技术相似性采用 Jaffe（1986）的计算方法。技术距离越小,纵向吸收能力的负担越小	联盟组合的知识利用	通过企业间专利引用情况来衡量。具体衡量方法:在观察年的后续5年时间窗口内,企业应用伙伴企业专利的数量与专利被引用的频次的总和	焦点企业的技术年限（反映企业对所属行业的经验与熟悉程度,用第一个专利从出现到现在的时间来衡量）,焦点企业联盟组合的规模,焦点企业联盟组合的地理多样性。回归特征时的控制变量:焦点企业的技术关注程度,焦点企业的技术波动性,纵向吸收能力。估计知识利用时的控制变量:焦点企业的技术基础,联盟组合中联盟的年限,联盟组合成立的技术价值,企业的吸收能力（专利被引总数）	Vasudeva and Anand (2011)

附录1 联盟组合研究文献

续表

自变量		中间变量(调节/中介)		因变量		控制变量	文献来源
变量名称	衡量方式	变量名称	衡量方式	变量名称	衡量方式		
联盟组合多样性	采用Herfindahl指数进行测量,计算参数来自组合中企业联盟的成分比重,如伙伴数量、非权益联盟的比重;伙伴类型,如竞争者、供应商、非生产业内伙伴、国际合作者等	调节变量:联盟经验、联盟能力	①联盟经验:调查年限之前联盟的数量,数值大于均值,赋值为1,否则为0。②联盟能力:企业执行学习机制的程度。共34个学习机制,分属四大类:职能、工具、控制与管理过程,外部伙伴。对总体值求均值,高于均值的赋值为1,否则为0	联盟组合绩效	联盟获得成功的程度,五分类:0—20%,21%—40%,41%—60%,61%—80%,81%—100%	企业规模(3个同项的李克特量表)	Duysters et al. (2012)

续表

自变量		中间变量(调节/中介)		因变量		控制变量	文献来源
变量名称	衡量方式	变量名称	衡量方式	变量名称	衡量方式		
联盟组合资源多样性	采用联盟伙伴的两位SIC代码,将不同SIC代码的计数代码以联盟组合的规模(即联盟总数)	调节变量:国家分布、功能差异性、控制程度、联盟管理职能、市场不确定性、联盟经验	①国家分布:企业总部所在地的组合规模。②功能差异性:首先将联盟的功能进行类别划分。如果共享同一活动,赋值为1,否则为0。其中将所有的值加总,再除以联盟组合规模,即得出功能差异性的值。③控制程度:对于股权联盟,采用所有权来衡量,如果焦点企业拥有多数股权,赋值为1;较少股权赋值为-1;对等股权赋值为0;非股权联盟赋值为0。	企业创新	利用《财富》杂志的问卷调查,通过专家评议评价样本企业的创新水平(评分范围为1—10)	企业规模,企业年龄;焦点企业研发支出,焦点企业声誉资源,焦点企业多样化程度,焦点企业分支机构的国家分布的数量;联盟组合的规模,联盟组合的范围,焦点企业伙伴间的联盟结数量,组合中非相关联盟的比重(与焦点企业不在同一产业的联盟)的比重,研发联盟的比重	Cui and O'Connor (2012)

续表

变量名称	自变量 衡量方式	中间变量(调节/中介) 变量名称	衡量方式	因变量 变量名称	衡量方式	控制变量	文献来源
			④联盟管理职能:如果公司有专门的高管联盟管理人员,赋值为1,否则为0。⑤市场中销售额的波动性定性:产业除以联盟组合规模。⑥联盟经验:以任联盟的数量				
资源非相似性	对比焦点企业与组合中伙伴企业两位SIC代码的差异性,以反映焦点企业与伙伴企业的资源差异性	调节变量:纵向联系,关系代理联系,替代联系,市场不确定性	①纵向联系:如果焦点企业与其他焦点企业的联盟,将每一同行业代码执行相同活动的联盟,赋值为1。将焦点企业对焦点企业所有联盟伙伴的值求和,再除以组合中联盟总数。②关系联系:焦点伙伴与	联盟终结	采用事件史分析,利用公式建模	组合焦点联盟的范围(联盟中包含的活动数量),焦点企业的规模,焦点联盟的规模,焦点伙伴与企业建立的事件,焦点企业多样性	Cui(2013)

续表

自变量		中间变量(调节/中介)		因变量		控制变量	文献来源
变量名称	衡量方式	变量名称	衡量方式	变量名称	衡量方式		
			其他非直接联系伙伴的联盟数量除以焦点企业全部联盟中全部联盟数量。③替代数量。③替代联盟:如果焦点企业与其他行业代码相同目活动相同的联盟,赋值为1。④市场不确定性:产业中销售额的不确定性,用公式计算				
联盟组合深度、联盟组合范围	①联盟组合深度:焦点企业与特定伙伴联盟的数量以焦点企业全部联盟数量的平方和。②联盟组合范围:首先将焦点企业与伙伴可能展开的活动划分为9项,其次将焦点企业活动数量加总,再除以焦点企业联盟中联盟的总数	联盟组合深度和联盟组合范围的交互作用	技术创新与商业化成功	成功的计数变量。衡量的标准是:一是新药开发进入最后阶段,或者已经开始药品批号的申请;三是药品开发从一个阶段过渡到另一个阶段		企业性质(二分类,是否上市公司)、联盟数量计数、股权联盟(比重)、企业规模、企业年限	Hora and Dutta (2013)

附录1 联盟组合研究文献

续表

自变量		中间变量(调节/中介)		因变量		控制变量	文献来源
变量名称	衡量方式	变量名称	衡量方式	变量名称	衡量方式		
企业建立联盟组合的积极性、关系治理方式、联盟组合的协调	全部采用5个问项的量表来衡量	调节变量:联盟组合职能、联盟组合多样性	①联盟组合职能:测量焦点企业是否有正式的部门、项目、人员管理联盟。②联盟组合多样性:采用Blau指数测量	①联盟组合资本。②企业市场绩效	①联盟组合资本:采用包含3个问项的量表来衡量。②企业市场绩效:从四个方面来衡量——市场份额、销售增长率、市场开发、产品开发,采用五级量表	企业规模(收入的对数)、资源充裕度(4个同项的量表)、联盟经验(当前联盟数量的对数)	Sarkar et al.(2009)
高管层面社会资本、企业层面社会资本	①高管层面:数量——董事会中高管数量;强度——高管作为董事的年限。②企业层面:焦点企业直接参与合资企业数量和伙伴参与合资企业数量;社会资本强度权重再乘以联盟持续年限,直接联盟权重为2,间接联盟权重为1	无		联盟组合多样性	四位SIC代码,采用Blau指数来计算	企业年限、企业绩效(ROA)、产业资本密度、企业收入增长率、投资密度	Collins(2013)

续表

自变量		中间变量(调节/中介)		因变量		控制变量	文献来源
变量名称	衡量方式	变量名称	衡量方式	变量名称	衡量方式		
联盟组合多样性	根据焦点企业的四位SIC代码差异,采用Blau的异质性指数进行测量	调节变量:互惠、地位相似性	①互惠:用企业联盟的密度作为其所面对的互惠的代理变量,采用企业所有直接联结的数量除以所有可能联结的数量。②地位相似性:首先计算焦点企业和伙伴企业各自的网络中心度,其次计算中介指标,采用Freeman(1979)的计算公式	企业绩效	ROA	企业年限、企业规模、产业收入增长率、产业资本密集度、企业收入面和资本投资水平、联盟总体数量和平均持续时间	Collins and Riley (2013)

· 218 ·

续表

自变量		中间变量（调节/中介）		因变量		控制变量	文献来源
变量名称	衡量方式	变量名称	衡量方式	变量名称	衡量方式		
企业地位	中心度，即企业与其他企业相联结的程度。采用Bonacich的特征向量中心度来测量	调节变量：企业特异性知识资源、伙伴技术多元化、行业网络密度	①企业特异性知识资源：专利自我引用数量除以所有引用数量。②伙伴技术多元化：通过企业的联盟伙伴在六类专利中的分布来测量。③行业网络密度：根据每年的行业网络矩阵在UCINET软件中计算。该值的范围为0—1，值越大说明网络密度越大	结构洞	Burt的网络约束系数	企业绩效、企业规模、业务相似性、技术多元化、技术不确定性、企业年限	张光曦（2013）

续表

自变量		中间变量(调节/中介)		因变量		控制变量	文献来源
变量名称	衡量方式	变量名称	衡量方式	变量名称	衡量方式		
高新技术企业创业导向	量表测量	中介变量:联盟能力	联盟伙伴选择能力、谈判协商能力、管理监控能力、知识转移能力、联盟终止能力	联盟绩效	企业利润水平、产品市场占有率、企业竞争优势、合作技能、企业学习分享伙伴特定技能	企业年龄、企业规模	彭伟(2012)
创业企业创业导向	采用Walter等关于创业导向的量表	中介变量:联盟能力	将联盟能力界定为联盟伙伴选择能力、谈判协商能力、联盟管理监控能力、知识转移能力和联盟终止能力5个构念,采用量表测量	联盟网络嵌入性特征	从关系强度、中心性位置两个方面采用量表测量	企业年龄、企业规模、技术领域类型(设置哑变量控制企业所处技术领域的影响)	彭伟(2013)
联盟网络(关系强度、中心性位置)	①关系强度:从互动频率、资源投入合作交流范围、互惠性等方面测量。②中心性位置:采用量表测量	中介变量:资源整合	采用量表测量	创业企业绩效	投资回报率、销售回报率、利润增长率、销售增长率、总体运营效率、市场份额提升幅度、现金流	企业年龄、企业规模	彭伟、符正平(2015)

续表

自变量		中间变量(调节/中介)		因变量		控制变量	文献来源
变量名称	衡量方式	变量名称	衡量方式	变量名称	衡量方式		
创业企业联盟网络(关系强度、中心性位置)	①关系强度:从互动频率、资源投入、互惠性范围等方面测量。②中心性位置:采用量表测量	中介变量:组织合法性	采用关键利益相关者对企业的认可度评价来测量	创业企业成长绩效	采用主观指标评价法,从销售额增幅、雇员数量增幅、市场份额提升幅度三个方面来测量	企业年龄、企业规模	彭伟等(2013)
联盟能力	将联盟能力划分为伙伴选择能力、谈判协商能力、管理监控能力、知识转移能力、合作终止能力5个维度,采用量表测量	调节变量:联盟网络构型	从网络中心性位置两个方面进行量表测量	联盟绩效	企业利润水平、企业产品的市场占有率、企业的竞争优势、企业学习分享技能、合作伙伴特定技能	企业员工人数、企业成立年限、企业资产规模	彭伟,符正平(2013)
联盟网络(关系强度、中心性位置)	①关系强度:从合作交流范围、资源投入、互惠性等方面测量。②中心性位置:采用量表测量	调节变量:制度环境完善性、行业环境动态性	采用量表测量	创业企业成长绩效	销售额增幅、雇员数量增幅、市场份额提升幅度三个方面来测量	企业年龄、企业规模、行业类型	彭伟,符正平(2014)

续表

变量名称	自变量		中间变量(调节/中介)		因变量		控制变量	文献来源
	衡量方式	变量名称	衡量方式	变量名称	衡量方式			
联盟网络结构	联盟网络结构:网络平均联通度、小世界系数	调节变量:技术互依性	技术互依性:利用NK模型中的参数K描述技术的互依性特征,K值越大,技术之间的耦合程度越高,技术的互依性就越强	双元型技术联盟网络短期和长期创新绩效	采用联盟网络中所有企业创新绩效的平均值进行刻画。令双元型技术联盟网络短期和长期创新绩效分别等于仿真时间$t=3$和$t=100$(即仿真终止时)联盟网络中所有企业创新绩效的平均值	两个刻画联盟网络结构特征的指标:匹配系数和网络中心性	赵良杰、宋波(2015)
联盟网络(网络规模、关系强度)	采用量表测量	调节变量:公平感知	采用量表测量	联盟绩效	采用量表测量	无	张涵等(2015)
交易成本、联盟能力	①测量交易成本的两个维度:资产专用性和不确定性。②测量联盟能力的三个维度:协调能力、沟通能力、凝聚能力	无		联盟企业效率边界	用合作范围和契约复杂性来分别刻画效率边界的广度和深度	无	龙勇、郑景丽(2013)

附录2 联盟组合管理能力与联盟组合价值的量表

1. 联盟组合管理能力

项目	极不认同————强烈认同						
我们密切观察环境,识别可能的合作或联盟机会	1	2	3	4	5	6	7
我们经常从不同的渠道(如互联网、产品交易展示会、贸易展览会等)收集有关潜在合作伙伴的信息	1	2	3	4	5	6	7
我们时刻关注能够创造潜在联盟机会的市场	1	2	3	4	5	6	7
我们通过与关键企业结盟,努力抢占竞争先机	1	2	3	4	5	6	7
我们经常主动向其他企业提出联盟建议	1	2	3	4	5	6	7
在逆境或面临挑战时,不离不弃对我们双方维系关系非常重要	1	2	3	4	5	6	7
我们努力建立基于相互信任和承诺的关系	1	2	3	4	5	6	7
当出现问题或有需要时,我们力求灵活应对并包容合作伙伴	1	2	3	4	5	6	7
当出现争议时,我们时常重新评估事实以形成相互满意的折中方案	1	2	3	4	5	6	7
我们不拘泥于合同而以非正式途径与合作伙伴进行频繁的信息交换	1	2	3	4	5	6	7
我们将所有的外部合作关系视为一个整体来协调	1	2	3	4	5	6	7
我们能够协调不同合作伙伴之间的关系	1	2	3	4	5	6	7
我们的战略能够适应不同的联盟合作	1	2	3	4	5	6	7
我们具有在不同的合作伙伴间传递知识的规范流程	1	2	3	4	5	6	7
企业不同部门的管理人员会定期会面,考察我们如何在不同的合作伙伴间建立协同合作	1	2	3	4	5	6	7

2. 联盟组合价值

项目	极不认同————强烈认同						
我们在市场中的口碑是"值得信赖的合作方"	1	2	3	4	5	6	7
我们布局的合作关系网络具有极强的竞争实力	1	2	3	4	5	6	7
我们与合作伙伴的关系非常牢固	1	2	3	4	5	6	7
总体来看,我们对合作关系网络的业绩表现很满意	1	2	3	4	5	6	7
总体来看,我们的合作关系网络实现了最初设定的目标	1	2	3	4	5	6	7
我们对在合作关系网络中积累的知识感到满意	1	2	3	4	5	6	7
我们的合作关系网络是有利可图的投资	1	2	3	4	5	6	7

索 引

C

创业企业绩效　11，12，15，17，26，33，46，52—55，59，67，73，79，82，100，104，106—110，117—119，146

创业网络　1—5，10—19，21—23，25—33，41，45—52，54—58，61，80—86，103，113—124，131，137—143，150，168—170，225，227

D

董事会　35，36，47，144，145，148，149，153，154，156—158，160，162—166

多样性　1，4，10—13，15，23—25，30，34，36—38，46，49—51，53—55，57，63，64，66，69，75，80，88，91—104，106—112，153，154，158，227

G

股权治理　29，91，94，100，101，103，104，106，108，109，112

关系传递　64，69，80，117—119，124—126，134，135，137，138，140，142，143，227

关系驱动　131

H

行业多样性　92，98—101，104，106—111

互补性　23—25，37，38，55，60，69，70，72，73，79—81，98，99，101，152

L

联结主体　17，18，28，50—52，54，55，57—59，63，69，73—75，79—82，119，227

联结组合　1—5，9—19，21—23，25，27，29—32，38，41，42，46—70，72—74，76，78—84，86，113，116—124，127，129—131，137，138，140—142，150，168，227

联盟组合　4—11，21，24，25，33—45，47，48，51，56，64，83，84，86—104，106—112，144—154，156—158，161—167，169，193，223

联盟组合管理能力　88，98，144—147，
　　149，150，153，154，156，164—167，
　　169，223
联盟组合价值　97，103，144，149—154，
　　157，158，161—166，223

Q

权力分配　144，145，148，149，153，
　　154，157，158，162—166

T

体制多样性　92—94，101—104，106—
　　110

Y

演化过程　9，14，29—33，44，45，47，
48，54，113—119，121，122，138，
227

Z

治理机制　13，15，16，25—29，33，46，
　　80，83—88，94，95，98—101，103，
　　104，106—112，116，117，147，168，
　　227
资源匹配　36，47，49，52，55，58，59，
　　61，64—67，70—73，76—79，81—83，
　　227
资源组合　23，24，37，39，49，54，55，
　　60，66，72，81—83，99，101，109，
　　111，137

后 记

本书是我承担的2014年度国家自然科学基金面上项目的核心成果。这一课题研究历时4年的时间，倾注了我大量的心血与努力，本书的撰写也同样历尽艰辛。尽管这是一部偏重于理论研究的学术成果，但聚焦创业情境，揭示创业企业利用创业网络谋求成长、促进创业绩效提升的实践，对提升我国创业活动的质量、促进创业经济的发展仍具有重要意义。本书不仅是对我所从事课题研究的总结，而且是对我的研究热情与投入的诠释，更重要的是体现了我在漫长的思考与写作过程中不断增加的学术积淀和日益提升的领悟力，以及时刻感受到的关怀与帮助。

感谢那些在我申请国家自然科学基金过程中给予帮助的学者朋友们，特别是张玉利教授、王迎军教授和杨俊教授，他们对我的课题论证进行了悉心的指导，使本课题成功获得国家自然科学基金的资助。同时，感谢那些对本课题进行匿名评审的专家们，正是他们对课题研究价值的肯定，极大地增强了我的研究信心。还要感谢《中国社会科学博士后文库》的评审专家们，他们对本书学术价值的认可，使得这一研究成果有幸借助这样一个高端的平台与读者见面。

感谢我的工作单位西南政法大学。本课题是我在2012年调入西南政法大学工作后承担的首个国家自然科学基金项目，西南政法大学助力我实现了由青年项目向面上项目的跨越。本书的写作以及本人的成长过程也凝聚了西南政法大学校领导及各位同人的关怀与帮助，正是西政学人勤于思考、注重理论的学术氛围，使得本书最终得以完成。

感谢社会科学文献出版社责任编辑冯咏梅老师。冯老师是我见过的最认真负责的编辑，从句意表达到学术用语，从文献格式到标点符号，每一个细微之处的修改都凝结了冯老师的心血。冯老师的精心编校，是本书最终付梓的关键。

  感谢在我学术求索的道路上一直鼓励并支持我的挚爱家人。在家中父母年长、孩子年幼的情况下，爱人汪青松教授承担起诸多的家务，以减轻我兼顾家庭与工作的压力和负担。在我因科研工作而感到身心疲惫时，女儿汪熙敬总是贴心地安慰，给我以无限的温暖。家是我休憩的港湾，家人的关爱是我执着前行的不竭动力。

  尽管始终以追求卓越为目标，但囿于能力，本书不足之处在所难免，恳请各界学人批评指正、不吝赐教。

韩 炜

2020 年 3 月

征稿函附件：

第八批《中国社会科学博士后文库》专家推荐表1

《中国社会科学博士后文库》（以下简称《文库》）由中国社会科学院与全国博士后管理委员会共同设立，旨在集中推出选题立意高、成果质量高、真正反映当前我国哲学社会科学领域博士后研究最高学术水准的创新成果，充分发挥哲学社会科学优秀博士后科研成果和优秀博士后人才的引领示范作用，让《文库》著作真正成为时代的符号、学术的标杆、人才的导向。

推荐专家姓名	张玉利	电话	13803092299
专业技术职务	教授、博士生导师	研究专长	创业管理
工作单位	南开大学	行政职务	
推荐成果名称	创业网络联结组合的资源匹配、治理机制与演化过程		
成果作者姓名	韩炜		

（对书稿的学术创新、理论价值、现实意义、政治理论倾向及是否具有出版价值等方面做出全面评价，并指出其不足之处）

该书是作者主持国家自然科学基金从青年项目到面上项目以来所取得的研究成果。作者保持了对创业网络研究的长期关注，始终聚焦在这一方向上开展系列研究。该书采用一手数据与二手数据相结合的研究设计方法，从联结组合的协同作用而非单一联结的独立作用切入，对创业网络联结组合的资源构成、治理机制与演化过程进行了深入研究。该书揭示了具有高度不确定性与资源不对等关系的联结组合的独特内容与管理规律，有助于丰富对创业网络内容、过程与治理的理论解释。书中所呈现的观点，能够引导创业企业思考如何有效管理外部网络联结组合以促进企业快速成长，为创业企业从单一联结的关系管理提升至对联结组合的网络管理提供相关建议。该书具有一定的理论贡献与实践意义，具有出版价值。

签字：张玉利

2018年12月18日

说明：该推荐表须由具有正高级专业技术职务的同行专家填写，并由推荐人亲自签字，一旦推荐，须承担个人信誉责任。如推荐书稿入选《文库》，推荐专家姓名及推荐意见将印入著作。

第八批《中国社会科学博士后文库》专家推荐表 2

《中国社会科学博士后文库》(以下简称《文库》)由中国社会科学院与全国博士后管理委员会共同设立,旨在集中推出选题立意高、成果质量高、真正反映当前我国哲学社会科学领域博士后研究最高学术水准的创新成果,充分发挥哲学社会科学优秀博士后科研成果和优秀博士后人才的引领示范作用,让《文库》著作真正成为时代的符号、学术的标杆、人才的导向。

推荐专家姓名	张维	电话	13602104318
专业技术职务	教授、博士生导师	研究专长	管理科学与工程
工作单位	天津大学	行政职务	
推荐成果名称	创业网络联结组合的资源匹配、治理机制与演化过程		
成果作者姓名	韩炜		

(对书稿的学术创新、理论价值、现实意义、政治理论倾向及是否具有出版价值等方面做出全面评价,并指出其不足之处)

该书是作者在其主持的博士后基金项目"关系传递视角下创业网络的嵌入演化过程及绩效影响研究"基础上的拓展研究,也是其国家自然科学基金面上项目研究过程中的重要成果。该书以联结组合为分析单元解读创业网络的构成结构与运行规律,从质量维度而非数量维度揭示了联结组合的构成内容,挖掘联结组合本质的资源匹配特性而不是关注联结主体的多样性;同时该书从治理成本角度挖掘适应创业企业联结组合的治理机制,探究了如何通过塑造联结组合管理能力来实现治理目的;该书还从动态过程视角探讨了联结组合的演化,挖掘出了关系在联结组合演化过程中的重要推动作用,从而与其博士后研究相呼应。该书在理论上对创业网络研究与网络治理研究的推进,以及在实践上对创业企业成长过程与行为的指导,均具有重要的意义,具有出版价值。

签字:

2018 年 12 月 18 日

说明:该推荐表须由具有正高级专业技术职务的同行专家填写,并由推荐人亲自签字,一旦推荐,须承担个人信誉责任。如推荐书稿入选《文库》,推荐专家姓名及推荐意见将印入著作。